대한민국

한 교사의
삶과 생각

주삼환 교육 75

주삼환 저

학지사

머리말

대한민국의 한 사람으로 그리고 한 교사로서 무엇을 생각하고 어떻게 살아왔으며, 또 살아오면서 무엇을 생각했는지, 그리고 삶과 생각이, 생각과 삶이 어떻게 얽히고설켰었는지 살면서 생각하고 또 생각하며 살았다. 삶과 앎은 일치해야 한다. 삶과 앎의 지난 75년을 되짚어 보는 기회를 갖게 되었다.

지나고 나니 자꾸 잘못한 일만 생각나고 후회되는 일만 쌓인다. 지나간 것은 어쩔 수 없다고 하더라도 잘못하고 후회되는 것이라도 남겨 놔야 다른 사람들이라도 그것을 피해 가는 데에 도움이 될 것으로 생각된다. 또 그렇게 발자국이라도 남겨 달라는 사람도 있다. 대한민국 한 교육자의 75년간 삶과 생각이 궁금하기도 한 모양이다. 그래서 부끄러운 것이 있더라도 남겨 놓기로 하였다. 지금 하고 있는 생각을 그때의 내가 좀 일찍 앞당겨서 생각하고 실천했더라면 더 좋은 내가 되지 않았을까? 발전하는 자는 현재에 충실하되 현재에 머물지 말고 앞을 당겨서 생각하고 준비해야 한다. 세상은 자꾸 변하고 있다. 변화에는 가속이 붙고 있다. 한국교육도 가속을 붙여 변화해야 한다.

마침 광복 70주년 기념 특별세미나에서(한국교육행정학회, 2015)
발표한 것과 75년 교육자 인생을 구술(口述)해 달라는 문태현 선생
님의 요청에 응했던 것이 있어서 이를 묶어 남겨 놓기로 한다. 특별
세미나 발표물은 '받은 교육, 한 교육, 해야 할 교육'으로, 구술 기록
물은 '한 교사로 만들어지기까지'란 제목을 붙여 보았다.

　그때는 좋은 교사가 되는 길이라 생각했고 아이들을 위한 최선의
방법(Best interests of the students)이라고 생각하고 그렇게 했던 것
들이 지금 생각하면 부족했던 것 같고 옳지 못했던 것 같다. 아이들
을 아이들로 보고 가르치지 못하고 어른으로 보고 어른처럼 가르치
다 보니 제대로 가르치지 못한 것 같다. 초등학교 1학년을 딱 한 번 1
년 가르쳐 보았는데 그때 내가 가르쳤던 내 1학년 아이들보다 지금
초등학교 1학년인 내 손자가 훨씬 더 어리고 약한 것같이 보인다. 사
실은 지금 내 손자가 훨씬 더 약고 깨었을 텐데 말이다. 1학년을 1학
년으로 보고 가르친 게 아니라 어른으로 보고 잘못 가르친 것 같다.
인간을 가르치는 일을 너무 쉽게 생각했던 것 같다. 가르칠 생각을
하지 말고 배우게 할 생각을 했어야 했는데……. 아이들 앞에서 권
위적일 필요가 없었을 텐데 권위적이고 접근하기 어렵게 만들지는
않았는지 모르겠다.

　나는 그때나 지금이나 아이들을 좋아하고 가르치는 일을 좋아한
다. 내가 초등학교 교사를 할 때는 초등학교 교사가 너무 무시당했
다. 정부로부터 무시당하고 사회로부터 무시당했다. 그때나 지금이
나 초등학교 교사는 전문성을 인정받지 못했다. 자존심을 팽개치고
살아야 했다. 그때 내가 조금만 더 자존심과 전문성을 인정받았더라

면 아마 나는 대학 교수가 되지 않았을 것이다. 아이들과 아이들 가르치는 일을 좋아했기 때문에 공부를 더 하게 되고, 그리고 나쁜 교육행정을 받다 보니 교육행정이 무엇인지 알아보려고 하다가 교육행정을 공부하게 되었다. 지금의 교사도 무시당하고 전문성을 인정받지 못하고 나쁘고 잘못된 거친 교육행정을 받고 있어 속상할 것으로 짐작한다. 결국 손해 보는 것은 대한민국이다. 아이들과 교사가 교실에서 학습하면서 행복했으면 좋겠다.

그동안 나를 가르쳐 주시고 나쁜 길로 빠지지 않도록 보살펴 주신 은사님과 동료 선생님들께 감사드리고, 나와 만났던 제자 여러분을 충분히 사랑해 주지 못한 점 용서를 빈다. 그리고 어려운 구술 녹음과 기록을 해 준 문태현 선생님께 감사한다. 생각해보면 좋은 분들을 만나 행복했다.

어려운 시절에도 건강하게 낳아주시고 키워주신 부모님께 지금이라도 때늦은 감사를 드려야겠다. 어머님은 남에게 피해를 주지 말라는 것을 첫째로 강조하셨다. 항상 자기 양의 7할 정도만 먹고 서운하다고 할 때 숟가락을 내려놓으라고 가르치셨다. 그리고 제발 공부 좀 그만하고 불 끄고 자라고 하셨다. 모두 허약한 나의 건강을 염려하셔서 그랬을 것이다. 그리고 공부가 다가 아니라고 하셨다. 공부보다 더 소중한 것이 많다는 뜻이었던 것 같다. 아버님은 원칙을 강조하셨다. 세금을 축내고 책임을 다하지 못하는 사람을 제일 싫어하셨다. 반찬이 없어도 소금이나 간장, 새우젓만 있어도 밥 먹을 수 있다고 항상 극한 상황을 가정하여 참을성과 인내심, 고통 극복을 가르치셨다. 지금 생각해보면 부모님의 가르침이 몸에 밴 것 같다. 그래서 나는 인생행로의 어려움을 이겨낼 수 있었고 70%에도 행복할 수 있었다. '쥐꼬리만 한 월급'이라고 했던 초등학교 교사의 어려운 시절 학비를 대며 잘 참아 준 가족들에게도 고마웠다고 이제야 말한다. 내가 교육자가 된 것은 정말 행운 중의 행운이었다.

저자 주삼환

차 례

부 록 / 201

I

받은 교육, 한 교육, 해야 할 교육

좀 새삼스러울 수 있으나 교육이 가장 중요하다는 점을 먼저 말하고자 합니다. 교육은 모든 것의 출발이요 종점이라고 볼 수 있습니다. 교육을 통해서 사람을 길러 내기 때문입니다. 정치인도 경제인도 기술자도 결국은 교육을 통해서 길러집니다. 그래서 교육은 모든 것의 '출발'입니다. 그리고 우리 조상들과 유태인들은 나라를 빼앗기고 잃었을 때도 교육을 통해서 찾으려 했습니다. 일제에서 벗어나는 최후 수단으로 우리 선조들은 어린이 청소년 교육, 학교 설립을 선택했습니다. 남북통일도 결국은 총알(군대와 정치)과 돈(경제)이 아니라 민족

---

* 이 글은 한국교육행정학회의 광복 70주년 기념 특별세미나 '광복 70년, 한국의 교육정책: 후학이 묻고 원로가 답하다'의 4주제 교원정책(2015. 8. 11, 성균관대학교) 발표 원고를 수정 · 보완한 것이다.

동질성 교육을 통해서 마무리해야 할 것입니다. 유태인들도 정신교육을 통해서 2,000년 만에 이스라엘이라는 나라를 다시 세울 수 있었다고 봅니다. 독일의 피히테는 『독일 국민에게 고함』에서 나라를 잃은 것이 교육을 잘못했기 때문이라 했고, 개선장군 몰트케는 시민들이 개최한 승전환영식 답사에서 "우리가 전쟁에서 이긴 것은 군인들이 잘 싸워서가 아니라 우리 선생님들이 잘 가르쳤기 때문" 이라고 하였던 것입니다. 우리 새마을 운동의 롤 모델이 된 덴마크의 달가스나 그룬트비히의 부흥운동도 같은 맥락이라고 봅니다. "교육은 국가를 지키는 최후의 보루입니다. 잃은 나라를 찾는 마지막도 교육입니다." (주삼환, 2005, p. 57). 그래서 교육을 '종점'이라고 한 것입니다.

또 교육에 있어서 가장 중요한 요소는 교사입니다. 시설과 돈도 중요하지만 교육은 결국 교사라는 사람에 의하여 학생이라는 사람과의 인간상호작용에 의하여 이루어지는 것입니다. 학생들에게는 교육부장관이나 교육감, 교장보다 자기를 가르치는 교사가 더 중요하다고 생각합니다.

정치 지도자들도 교육과 교사를 강조합니다. 영국 전 총리 토니 블레어는 "우리의 최우선 과제는 첫째도 교육, 둘째도 교육, 셋째도 교육(Our top priority was, is and always will be education, education, education)" 이라고(The Guardian, 2001. 5. 23. 연설에서) 했습니다. 버락 오바마 미국 대통령은 자기가 대통령이 된 것은 "훌륭한 선생님들을 만났기 때문" 이라고 하며 한국의 교육자를 '국가건설자(Nation builder)'(한국경제, 2015. 1. 9.)라고 부르고, '모든 이를 위한 좋은 선생님(Excellent Educators for All) 정책'을 채택했습니다. 시진핑 중국 국가주석도 "학생의 인생 첫 단추를 잘 끼워야" 한다는 '단추론'에서 "교사를 사회에서 가장 존경받는 직업으로 만들겠다."고 약속하며[2014. 9. 9, 베이징(北京) 사범대를 방문한 자리] 교사의 (1) 이상과 신념, (2) 도덕성과 지조, (3) 견실한 학식, (4) 어짊(仁)과 사랑이라는 4가지 덕목을 강조했다고 합니다. 그런데 우리나라 박근혜 대통령은 4대개혁의 하나로 덜렁 '교육개혁'만 내놓고 '꿈과 끼'를 키우겠다고 하고 있습니다.

나는 일제강점기 1941년(단기 4274년) 1월에 태어나 1945년 8월 15일 광복을 맞고(5세), 미군정기를 거쳐 1948년 8월 15일 정부수립 직후 1948년 9월, 미국식 가을 신학기제에 의하여 초등(국민)학교에 입학하여 3학년 때 1950년 6·25동란(그때는 그렇게 불렸지만 지금은 '한국전쟁'이라고 많이 부름. 한 3개월간 북한 교육을 받은 것 같음.)을 맞고, 1954년 3월 31일(다시 일본식으로 4월 신학기제로 복귀했을 때)에 초등학교를 졸업했습니다. 1954년 4월에 입학하여 1957년 3월에 중학교를 마치고 1년 **농사일**을 하고, 1958년~1961년 2월(지금의 3월 신학기제로) 농업고등학교를 졸업하고[1960년 4·19혁명과 5·16혁명(당시는 그렇게 부름)을 겪었다.], 다시 1년 **농사일**을 돕고(겁도 없고 정보도 없어서 서울대 사대 영문과에 지원했다 떨어져서), 1962년 3월 26일(늦게 개교) 서울교대(설립 당시 서울대학교 병설 교육대학교라고 하고 1년간 이 명칭을 사용함.)에 1회로 입학하여 **교사교육**을 받고(2년제 초급대학), 1964년 3월 7일부터 서울 시내(서울 홍인, 은로, 은천, 난곡) 초등교사로 약 17년간 교직을 수행하였습니다. 초등교사 생활을 하면서 군

생활(1965. 1. 15.~1967. 8.)과 야간대학 3, 4학년(1969. 3.~1971. 2.)과 석사 2년(1973. 3.~1975. 2.), 박사 3년(1979. 1.~1981. 8. 21.) 을 마쳐 9년은 가르치는 교사생활과 배우는 학생생활이 겹쳐지는 기간이고, 1981년 10월~2007년 8월(27년)은 대학교수생활 기간이고, 2007년 9월~2016년 8월(8년)은 강사생활 기간으로 1964년 3월(23세 출발)부터 오늘(2016년 8월)까지 만 75년 중 52년을 교사로 살아온 셈입니다. 그래서 서울교대 1회 졸업생들은 작년 2014년 10월 24일 대학졸업(교직) 50주년 기념행사를 가졌습니다.

교사 주삼환의 삶

- 1941. 1.(음력 1940년 12월) 生, 일제강점기
- 1945. 8. 15. 광복, 해방, 미군정기(5세)
- 1948. 9.~1949. 7. 30. 1학년 수료, 정부수립
- 1950. 6. 25.(3학년)~1954. 3. 31. 초졸
- 1960. 4. 19.와 5. 16.(고3), 1961. 2. 25. 고졸
- 1962. 3. 교대(2년)
- 1964. 3. 7. 교사(군대, 대학 3, 4학년, 석사, 박사)
- 1982.~2007. 8.~2014. 교직 50주년 "어려웠지만 행복했던 50년"

그러므로 취학전 7년 + 초·중고·대 공식교육 16년(2년 공백) + 교사 17년(군 2년, 대학 2년, 석사 2년, 박사 3년 배우며 가르치며 이중경력 9년) + 교수 35년(강사 8년 포함) = 75년의 삶이 되는 셈입니다.

이 기간은 짧은 기간이지만 마침 인류발달 과정에서 **농경사회**, **산업사회**, **지식정보사회**(지향해야 할 선진국의 문화·창조도덕사회)에 해당

되고〈〈부록 1〉〉, 20세기에서 21세기의 문지방을 넘고, 2천 년 대에서 3천 년 대의 대전환기에 해당됩니다. 그래서 나는 이 농경, 산업, 지식정보의 세 번의 세(농경, 산업, 지식정보) 변화하는 사회와 두 세기, 두 밀레니엄을 사는 행운의 장수세대라고 표현한 적이 있습니다. 이 기간을 (1) 내가 받은 교육(취학 전 7년 포함), (2) 내가 해 온 교육, 그리고 (앞으로 후배 여러분과 국가가) (3) 해야 할 교육의 세 부분으로 나누어 이야기하고, 마지막에 (4) 교직의 전문직화로 정리하고자 합니다(이 제목은 이미 오래전에 사용하여 강연하고 게재한 적이 있었습니다. 〈부록 2〉 내가 받은 배운 교육, 해 온 교육, 해야 할 교육).

내가 태어나고 받은 교육의 사회는 주로 농경사회고, 내가 교사로 교육을 하기 시작한 시기는 마침 산업사회의 발동을 걸기 시작한 농공병진 정책으로부터 산업사회와 지식정보사회고, 후배 교사 여러분이 앞으로 해야 할 교육의 사회는 지식정보사회이며, 이 사회에서 여러분은 문화창조, 윤리도덕 선진사회 지향을 추구해야 한다고 봅니다.

1. 내가 받은 교육

내가 대한민국 공식 교육을 받기 전의 시대 상황에 대하여 간단히 기술하고 나서 내가 받은 교육으로 들어갈까 생각합니다.

한국교육은 전통적인 우리교육에 일제강점기 일본교육과 미군정기와 해방 후의 미국교육의 영향이 스며들어 있을 것으로 봅니다(〈부록

3) 한국교육의 딜레마). 그리고 우리의 전통교육에는 자연히 중국교육의 영향도 스며들어 있을 것입니다. 우리 마을에서 행해졌던 전통적인 **글방**과 **서당교육**이 계속되어 발전하였더라면 자연스럽게 지방교육자치제와 인성교육, 통합식 교육, 개별화 교육으로 발전되어 21세기형 교육으로 발전되었을지도 모릅니다. 저는 이를 21세기에 필요한 '21세기형 서당교육'이라고 말한 적이 있습니다.

최소한 1900년대부터 일본의 영향을 받기 시작하여 1945년 8월 15일 해방까지는 일본 강압에 의한 일제강점기 교육의 영향을 받게 되고, 사실은 그 후까지도 모르는 사이에 일본식 교육이 우리교육 속에 암암리에 배어 있었을 것으로 봅니다. 해방이 되어 우리 손으로 우리교육을 하게 되었어도 학생들은 일제교육을 받은 교사들로부터 가르침을 받게 되었고, 법과 제도도 일본 것을 베끼다시피 하였으니 일본교육의 영향은 강렬할 수밖에 없었을 것입니다. 식민교육을 얼마나 철저히 시켜 놨으면 아베 노부유키(阿部信行)가 "우리는 조선인에게 총과 대포보다 더 무서운 식민교육(植民敎育)을 심어 놨다."고 하면서 '식민교육 → 우리끼리 이간질 → 노예적 삶'의 예언이 지금 적중하고 있다는 것입니다(조선일보, 2015. 7. 20, 문갑식, '아베의 예언, 스님의 경고'). 내가 태어난 1941년(단기 4274년)은 일제강점기로 태평양 전쟁을 일으키고 곡식은 말할 것도 없고 놋그릇과 쇠붙이, 송진까지 공출이라고 하여 집안을 샅샅이 뒤져 **빼앗아** 갔던 시절인데 지금도 조금씩 생각납니다. '민족 말살 정책'으로 우리말과 글을 못 쓰게 하고, 창씨개명까지 하고 일본 교사가 칼을 차고 교실에 들어왔다는 말을 형님들로부터 들었습니다. 형, 누나들이 가끔 일본 노래를 부르고, 해방 후까지도 오랫동안 일본말이 우리말 속에 스며들어 있어(벤또, 게다 등) 무의식적으로 사용되고 있었습니다.

그러나 일본 교사의 학생에 대한 철저성과 세심함과 그리고 강한 책임의식은 지금도 우리가 배워 와야 할 것입니다. 2002년 일본에서 만난 대전의 한 일본 유학생 부인이 자기 자녀가 한국 교사에게서 (대접)받은 교육과 일본에 전학 가서 일본 교사에게 받은 대접을 비교해 보면 일본 교사에게 "눈물 나게 감사하다."고 말하는 것을 들은 적이 있습니다. 그래서 그 한국인 학부모가 일본 교사에게 감사하다고 하면 감사할 필요가 없고 그건 당연히 교사로서 마땅히 해야 할 일이라고 하는 말을 듣고는 더 고맙게 생각되더라는 것입니다. 일본 교사에게 당연한 것이 한국에서는 감사할 일인 셈입니다.

일제강점기 교사의 보수와 대우는 대단히 좋았다는 말을 당시 교사를 했던 한 퇴임 선생님으로부터 들은 적이 있습니다. 그 당시 충남 공주에서 요리점(고급 음식점) 안에 들어가 상 차려 놓고 음식을 사 먹을 수 있는 사람은 선생님들밖에 없었다고 합니다. 순경이나 면서기들 보수 수준으로는 요릿집에 가지도 못하고 선술집, 그것도 밖에서 막걸리 한 잔 마시는 정도밖에 안 됐다고 합니다(그때 정확한 봉급액수를 받아 적어 놓지 않은 것이 후회됩니다). 나중에 공부하면서 알고 보니 조선총독부가 교사를 통하여 '황국신민' '내선일체' 식민지 회유교육을 하기 위하여 교사 우대정책을 썼다고 합니다. 이 시기 사범학교에는 최고의 실력자가 입학하여 최고의 대접을 받았던 것입니다. 당시 학비가 비쌌는데 사범학교만은 무료이고 성적 상위 30%에 해당하면 조선총독이 하사하는 15원의 학비 보조금도 받을 수 있었는데 당시 일반 중산층 가정의 월 평균 생활비가 30~40원 이라는 점을 감안할 때 15원은 학생에게 어마어마한 금액이었다고 합니다. 그리고 사범학교 사비생은 2년, 관비생은 4년의 졸업 후 의무 복무규정이 있었다고 하는데 여기에는 두 가지 음모가 숨어 있었다고 합니다. 친일적 교사를 통한 식민교육을 하려는 정책과 다른 하나는 우수한 사람을 다른 곳으로 못 가도록 사범학교에 잡아 두려는 정책이었다고 합니다.

해방 후 1948년 8월 15일 정부수립까지 미군정에 의한 **미국식 교육제도의 영향**과 정부수립 이후 미국 유학에 의한 미국식 교육의 영향이 직간접적으로 배어 있을 것으로 봅니다. 마침 미국의 진보주의 교육이 '새교육'이라는 이름으로 아동중심, 흥미중심, 놀이중심의 물결이 들어왔던 것 같습니다. "영이, 바둑, 순이, 철수, 이리 와, 이리 와, 바둑아 이리 와 나하고 놀자……." 하고 초등학교 1학년 1학기 국어 책을 붙잡고 일제독 하던 소리가 지금도 귓가에 쟁쟁하게 울리는 듯합니다. 대한민국 교육에서 배우는 첫 글자가 왜 하필 "영이, 바둑, 순이, 철수……."로 시작되어야 했었는가?(책 제목 자체가

'새교육' 시대 국어교과서

아예 '바둑이 와 철수'로 되어 있군요. 그 후 '머리, 모자, 이마, 바지, 저고리' '어머니, 아버지, 우리 아가'를 거쳐 '나, 너, 우리, 우리나라, 대한민국'으로 바뀌었습니다.) 아마 이것도 지금 생각하면 미국교육의 영향으로 볼 수 있습니다. 그러나 미국교육에서 '다양성과 개별화 교육'만큼은 지금도 우리가 배워 와야 할

것입니다.

어쨌든 오늘날 우리의 교육은 한국 전통교육 방식과 일제교육의 잔재, 미국식 교육이 스며들어 있을 것으로 봐야 합니다. 우리 교사들을 볼 때도 이런 영향을 완전히 무시하기는 어렵습니다. 교사들은 자기가 배운 대로 가르치기 쉽기 때문입니다.

나의 초등(국민)학교 입학은 정부수립 하던 해 1948년 9월이었습니다. 일제강점기 4월 신학기에서 1945년부터 미국 학기제로 갑자기 바뀌어 그해 초등학교 졸업생은 3월에 졸업하고 5개월이나 놀다가 9월에 중학교에 입학했다고 합니다. 미군정기가 지나고 우리나라 정부수립 후 1948년 이후 1년에 1개월씩 앞당겨 다시 1953년 4월 신학기로 되돌렸다가 1961년에야 지금의 3월 신학기제가 되었다고 합니다. 단기를 서기로 바꾸고, 점수제에서 수우미양가 평가제로 바꾸고, 도량형 단위를 바꾸는 것도 너무 갑자기 이루어지니까 교육을 받는 어린 학생들은 혼란스러울 수밖에 없었습니다. 여기서 우리 교육행정학도는 많은 시사점을 얻을 수 있습니다. 교육개혁을 할 때에는 치밀하게 그것도 어린 학생과 국민의 입장을 우선 고려하여 계획하고 추진해야 한다는 것입니다.

농경시대의 나의 초등학교 시절에는 어느 정도 엉성하고 낭만적인 측면도 있었습니다. 공부하다 싫증 나면 시간표와 상관없이 아이들이 좋아하는 운동도 하고, 자습도 많이 하고, 방죽에 나가 목욕(멱)도 했습니다.

당시 초등학교 수업장(성적통지표)을 보니 국어(1학년 때는 읽기, 쓰기, 말하기, 글짓기로 세분되었다가 2학년부터 '국어'로만 표시), 사회생활, 잇과(현재의 과학교과, 1~3학년은 없고 4학년부터 성적 표시됨.), 산수, 보건, 음악, 미술(1학년 때는 도화, 공작, 습자로 세분되었다가 2학년 때부터 '미술' 하나로 통합), 가사(남학생이라 부여 안 한 것 같음.) 과목이 있었고, 과목마다 실제 점수로 평가하고 석차가 표시되어 있었습니다. 출석일수가 189~234일 정도 되었습니다.

내가 다닌 학교는 농촌의 조그만 학교인데도 한 반 학생수가 76명이나 되었고, 3학년 때 남자반과 여자반으로 분리된 것을 알 수 있었고, 늦은 나이에 학교에 들어온 학생들이 있어서 나이 차이가 있었고, 결혼하고 초등학교에 늦게 다니는 학생도 6학년에는 몇 명 있었던 것으로 알고 있습니다. 대부분의 아이들이 바지저고리를 입고 나무 게다(일본식 나막신)를 끌고 다니고 책 보따리를 옆에 끼거나 메고 다녔습니다. 양복을 입거나 가방을 메고 다니는 사람은 전교에 몇명 안 되었습니다. 검은 고무신만 신고 다녀도 사정이 좋은 편이었습니다. 한때는 교과서가 없어서 선생님들이 '백로지'에 등사하여 사용한 적도 있고, 학습장(노트)은 넓은(전지) 좀 흰 백로지나 거무스름하고 때로는 구멍이 숭숭 난 '마분지'라는 종이를 학생들이 스스로 썰어서 실로 묶어 사용하는 경우가 많았습니다. 연필과 크레용은 잘 부러지고, 도시락을 못 싸오는 아이들도 있었습니다. 모두가 가난할 때이니까요. 국제연합한국재건단(UNKRA)의 원조에 의하여 제작된 교과서라고 표시된 조그만 크기의 교과서를 사용하기도 하고, 학교에서 끓여 주는 원조 강냉이죽을 얻어먹기도 하고, 분유로 끓여 주는 우유를 처음 마셔 보기도 했습니다.

어려서 잘 몰랐다가 나중에 알게 되었는데 선생님 중에는 초등학교 학력으로 초등학교 교사가 되었던 선생님도 계셨는데 '습자(서예)'도 잘 하시고 체육도 잘 하셔서 학생들에게 인기도 있었습니다. 과거에는 교사가 모자라 시험으로 교사가 되는 '준교사' 제도가 있었고 검정고시를 통하여 초등학교 학력을 가지고도 대학까지 마치고 성공적으로 인생을 사신 분도 있습니다. 풍금(오르간)을 칠 수 있는 선생님이 별로 없어서 음악시간이면 바꿔서 대리수업하는 경우가 많았고, 풍금도 전교에 한두 대뿐이어서 음악시간이면 아이들이 풍금을 이리저리 이 교실 저 교실로 끌고 옮겨 다녀야 했습니다.

　한 담임 선생님은 특정 아이를 노골적으로 편애하여 안아 주고 코 씻겨 주기까지 하여 어린아이들 전체의 분노를 사기도 하였습니다. 그래서 내가 교사가 되었을 때는 이때를 생각하여 학생들을 편애하지 않으려 했었는데 내가 가르쳤던 아이들 눈에는 내가 어떻게 비쳐졌었는지 모르겠습니다. 내가 가장 존경하고 본받고 싶은 선생님은 3학년 때 선생님으로 학생자치와 동기유발을 잘 시키셨던 분입니다. 공부도 1등, 청소미화도 1등, 심지어는 풀을 베어 퇴비 만들기도 6학년을 제치고 3학년인 우리 반이 1등……. 어느 날 선생님은 "너희들은 떠들기도 1등"이라고 하셔서 모두가 웃었던 기억이 납니다. 나중에 알았지만 이 선생님은 대전사범학교을 나오신 훌륭한 선생님으로 중학교 입시성적이 우수하다고 하여 표창도 받으시고 나중에 중등으로 옮기셔서 교장 선생님으로도 이름을 날리셨습니다. 나도 교사가 되어 6학년 여자 반을 담임했을 때 이 선생님을 본받아 학급자치를 강조하고 학급조직을 정부조직을 본 따서 반장을 '대통령', 어린이회장을 '국회의장', 생활부장을 '대법원장', 학습부장을 '교육부장관' 등으로 하여 재미있게 학급운영을 했던 적이 있습니다.

6 · 25 때 한 3개월은 공산 점령하에 있었는데 3학년 때 동네 청년 몇 명과 누나뻘 되는 사람들이 선생님이라고 하며 갑자기 학교에 와서 우리를 가르친다는 것입니다. 그때의 기억은 하루 종일 북한 노래를 부른 것밖에 없습니다. 지금도 그때 부른 '장백산 줄기줄기……'만 조금 기억납니다.

가난하거나 시험에 떨어져서 중학교에 못 가는 학생들이 많아서 그랬는지 **초등학교 졸업식** 때는 울음바다였습니다. 지금 생각하니 나는 그 후로도 여러 번 더 졸업식을 할 기회가 있었고 또 학생들의 졸업식을 많이 보아 왔지만 그때 중학교에 진학하지 못한 학생들에게는 그 졸업식이 인생 마지막 졸업식이 되고 만 것입니다. 오늘날 졸업식이 무질서한 것을 보면 졸업식의 의미를 모르는 것 같아 한심하고 불쌍한 생각이 듭니다.

중학교는 통학거리가 멀어서(한 10km) 그랬는지 초등학교 때처럼 1, 2등의 우수한 성적은 못 받고 330명 중 '상'으로 표시되었고, 1990년 중학교 3학년 때에는 수우미양가로 평가되었습니다. 영어만은 만점이었으나 농촌이고 농업고등학교라서 그랬는지 아니면 재수가 없어서 그랬는지 중학교에서 농업고등학교 때까지 제대로 영어를 전공한 교사로부터 영어를 배워 보지 못했습니다. 과목상치교사가 많았습니다. 그래서 친구들은 지금도 가끔 합덕농고 영어 가지고 미국 유학 갔다 온 사람이라고 나를 놀려 댑니다.

중학교 1학년 여름방학 때 수학 숙제에 1~1,000까지 1,000번을 써 오라는 숙제를 받은 적이 있습니다. 너무 황당했고 내가 교사가 됐을 때 이 선생님을 생각하여 나는 그러지 말아야지 했었는데 지금 생각하면 나도 이와 비슷한 목적 없는 쓸데없는 숙제를 낸 적이 많은 것 같습니다. 단순히 아이들을 책상 앞에 앉혀 놓기 위한 수단으로 숙제를 냈던 것 같습니다. 모두 후회됩니다.

중학교 졸업하고 고등학교에 진학하지 못하고 1년 농사를 거들었습니다. 논밭에서 일하다가 교복을 입은 학생들이 지나가면 한없이 울기도 했습니다. 방황도 했습니다. 초등학교만 졸업하고 초등학교 선생님을 하신다는 선생님을 만나 호되게 혼났습니다. "나는 초등학교만 나오고도 초등학교 선생님을 하는데 너는 공부도 잘하던 놈이 왜 이 모양이냐?"고 하셔서 정신이 번쩍 들었습니다. 그때서야 그 선생님이 초등학교만 나오신 것을 처음 알았습니다. 그 선생님은 초등학교만 나오신 것을 숨기고 싶었을 텐데 나를 따끔하게 혼내기 위해서 그런 말씀을 했던 것 같습니다. 내가 교수가 되어 찾아뵈려 했더니 그 선생님은 이미 이 세상에 안 계셨습니다. 저를 기다려 주지 않았습니다.

1년 후에 중학교와 같은 면소재지에 있는 농업고등학교를 들어갔더니 예상했던 대로 엉망이었습니다. 우선 학교 건물이 따로 없고 양철로 된 흙바닥 창고를 쓰고 있었는데 농업과와 축산과 두 개 학과만 있는 학교였습니다. 나는 농업과였는데 다행히 '특대생'이라고 하여 전교생 중 단 한 명에게 주는 3년간 등록금 면제의 장학금을 받게 되어 고마워서, 그리고 학교의 그 은혜에 보답해야겠다는 마음에서 마음잡고 열심히 공부하였습니다. 농업을 전공하기 위해서 농고에 간 것이 아니고 내가 갈 수 있는 유일한 학교가 이 학교뿐이니

선택의 여지없이 이 학교에 간 것이지요. 1주일에 6시간씩 농장에
가서 일하는 실습을 해야 했습니다. 고등학교 2학년 때 4·19가 일
어났으나 우리는 시골 실업(전문계) 학교라서 어둠 속에서 지낸 셈인
데 들떠서 엉뚱하게 학생이 교사를 치는 일도 있었습니다. 3학년 때
는 대학 간다고 학교에 거의 나가지 않고 혼자 집에서 꼼짝하지 않
고 공부만 한다고 하고 있었습니다. 한번은 담임선생님이 내가 정말
집에서 공부하고 있나 확인차 가정방문까지 하셨습니다.

아무 입시정보도 없는 사람이 겁도 없이 서울사대 영문과에 지원
했다가 낙방하고 또 1년간 농사일을 돕다가 지방행정공무원시험이
있다고 하여 응시하여 군(郡)에서 1등으로 합격했었는데 그 시험 면
접 때 면접위원이 누구였는지 모르지만 "네가 왜 이런 데 왔느냐?"
는 말에 충격을 받았습니다. 고등학교 3년간 1등에 특대생 장학금을
받은 놈이 이런 데나 시험 치르고 다니느냐는 의미였습니다. 나는
면서기나 한 1년 하면서 등록금을 벌어 대학 가려 했는데, 그 면접
관의 말에 충격을 받았습니다. 그때 아무 데나 시험 치르고 다니는
게 아니구나 하는 것을 느꼈습니다. 학교의 명예와 나의 자존심이란
것을 생각해야겠다는 것을 깨달았습니다.

초등학교 때 편애하던 선생님과 중학교 때 1~1,000까지 1,000번
쓰기 숙제 냈던 수학 선생님이 내가 만난 불만스런 선생님인 셈이
고, 불쌍하게 느껴졌던 선생님은 6학년 때 담임 선생님이신데 내가
초임 교사로 근무하던 서울의 그 초등학교(서울 홍인)에까지 제자인
나를 찾아 용돈을 얻으러 다니던 선생님이십니다. 아마 술을 좋아하
셨는지 아니면 무슨 사고가 있으셨는지 그런 처지로 돌아다니셨습

니다. 점심 사 드리고 교통비 조금 드렸는데 더 줄 것을 기대했었는
지 서운한 표정으로 가시던 장면이 지금도 떠오릅니다. 학생자치를
잘 시키신 사범학교 출신 선생님과 초등학교 학력의 초등학교 선생
님, 서울교대를 가도록 권유하신 고 3 때 담임선생님이 잊지 못할
선생님으로 기억됩니다.

　고등학교 졸업하고 1년 농사일을 도와 가을 추수기가 되어 벼 탈
곡(바심)을 하고 있는데 건국대학 다니는 초등학교 동기 친구가 찾
아와 2년제 교육대학이 생긴다는 소식을 전해 줬습니다. 처음 생기
는 학교니 아마 취직은 될 것이고 2년 짧은 기간에다 등록금도 쌀 것
이니 가 보라는 권유까지 해 주었습니다. 참 고마운 친구였습니다.
일단 하던 농사일을 마치고 옛날 교과서를 꺼내 한 달 정도 훑어보
고 '국가고사'라는 것을 치르고 '체력장' 점수 50점을 합쳐 서울교
육대학에 합격했습니다. 1년 전 담임선생님이 합격 가능성은 따지
지도 않고 "너는 서울로 가야 공부할 기회가 있다."고 서울교대를
권유해서 교육자의 길로 들어서게 된 셈입니다. 당시에는 '서울대
학교 병설 교육대학'이라고 하고, 서울대학교 교복을 입고 다니라고
해서 우리는 진짜 서울대학인 줄 알았습니다. 그러다가 교육대학이
서울대학에 붙어 있어서는 발전하지 못한다고 하여 1년 후 2학년 때
'서울교육대학'으로 떨어져 나오게 되었습니다.

　1962년 꿈에 그리던 대학이라고 **서울교육대학**에 입학했으나 우리
에게 안겨 준 것은 실망뿐이었습니다. 사범학교 그 자리에 그 선생
님, 교과서도 없고……, 모든 것이 고등학교 식이었습니다. 같은 캠
퍼스에 부속초등학교, 병설중학교, 사범학교(2, 3학년), 교육대학(1학

년)이 같이 있었습니다. 대학을 만들려면 그래도 한 2년은 준비해서 개교를 해야 하는데(그러면 내가 대학에 못 가게 되었을지도 모르지만) 나라가 하는 일이 즉흥적인 것 같았습니다(교육행정에 관여하는 사람은 이런 일을 참고해야 할 것입니다). 40명씩 4개 반 160명이 3월 26일에야 입학식을 했습니다. 교수진도 다 구성이 안 되고 석사학위라도 가지고 있는 교수도 한두 명이라도 되었는지 모르겠습니다.

　당시 교육계에서 교육대학에 대하여 제일 우려했던 것이 풍금(오르간) 실기였던 것 같습니다. 손이 굳은 대학생들 2년 연습으로 사범고등학교에서 3년 연습하고 훈련받은 졸업생만큼 학생들 음악지도를 할 수 있겠느냐는 걱정이었습니다. 그래서 기악(풍금)실은 24시간 이용할 수 있었던 것으로 기억됩니다. 무용, 가사실습(조리, 재봉, 염색) 미술(회화, 공작, 서예)……, 정신이 없었습니다. 주로 초등학교 8개 교과목 실기 지도에 집중되고 교육학과 교직과목은 충분히 배울 시간이 적었던 것 같습니다. 2년 만에 메가폰의 넓은 곳으로 들어가서 초등학교교사라는 팔방미인이 되어 좁은 구멍으로 빠져나와야 한다는 '메가폰 교육' 방식이라고 했습니다. 이러한 '팔방미인' 교사교육은 문화결핍의 시골 출신 농고 졸업생 나의 인생살이에도 많은 도움이 되었습니다. 내가 교대교육을 안 받았더라면 어떻게 풍금과 피아노를 만져 보고, 요리실습, 재봉질을 하고, 장작개비 같은 내가 어떻게 무용, 포크댄스를 해 볼 수 있었겠습니까? 당시는 이런 것들은 남자들이 할 일이라고 생각하지 못하던 때입니다. 그때 남자도 이런 일을 해야 하는구나 느꼈습니다. 지금 생각하면 짧은 2년이지만 초등학교 교사교육은 내 인생을 기름지게 하는 밑거름이 된 것 같습니다.

학교에서는 1회 졸업생의 이미지가 교육대학 성패를 좌우한다고 하여 학생들 쥐어짜기, 들볶기 방침을 쓴다고 공공연하게 말하였습니다. 첫 학기 중간고사에 반수 이상의 학생이 E학점, F학점을 받았습니다. 그리고 한 학기에 26~30학점씩 이수하여 2년에 총 112학점을 이수했는데 27학점이 교직과목과 교육실습이었습니다(24%). 1964년 2월 18일 교대 졸업장과 동시에 대한민국 초등학교 2급 정교사 자격증을 따고 시울 시내 초등교사 발령을 기다리게 되었습니다.

나 개인은 다행히 '아동연구회'라는 서클을 만들어 아동과 교육에 관한 연구를 한다고 하여 거기서 교육학에 관한 관심을 갖게 되고, 또 **학교도서관** 일을 하면서(필자가 모든 책을 분류하여 서가에 꽂기까지 전 과정을 책임짐.) 외국 교육저널과 서적을 접하게 된 것이 나중에 교육행정전공 공부와 해외유학으로 이어지게 된 것 같습니다. 내 인생 최초의 활자화된 글이 교대시절 「불가능의 성취」(새교육, 1963. 5)이고, 「교육실습을 마치고」(새교육, 1964. 2), 「어린이 숙제지도의 한 작은 연구」(교육평론, 1963. 9)도 서울교대 학생시절에 쓴 글입니다. 이런 활동을 통하여 내 나름대로 많은 것을 배운 것 같습니다. 그래 봤자 2년이지요.

내가 받은 2년간의 **교사교육**은 거칠지만 하드 트레이닝이었고, 자부심을 갖게 하는 것이었습니다. 그런데 나중에 생각하니 아무리 열심히 했어도 겨우 2년간 **교육** 냄새를 맡는 정도에 그치는 것이었는데 그때 가졌던 자부심은 일종의 오만이 아니었나 반성하게 됩니다. 그리고 8개 교과(국어, 산수, 사회, 자연, 음악, 미술, 체육, 실과) 실기도 중요하지만 예능교과 이외에는 교사로서의 기본적인 자세와 태도가 더 중요하지 않은가 합니다. 나머지는 교사가 되어 연구하면서 가르쳐도 될 것입니다. 헨리 반 다이크의 「무명교사 예찬」(《부록 4》)을 열심히 외우며 참된 초등교사가 되고자 다짐했지만 그때 외우는 것으로 끝나고 교사가 되어 현장에서 실천하지 못한 것 같습니다. 마침 군대생활 2년간을 동작동 '현충원' 무명용사묘(상) 옆에서 하면서 '무명교사'의 정신을 많이 다짐했었는데 그것도 실패한 것 같습니다. 무명교사도 못 되고, 유명교수도 못 된 것 같습니다. 루소의 『에밀』은 여러 번 시도했었는데 솔직히 오늘까지도 다 읽지 못했습니다. 피히테의 『독일국민에게 고함』은 읽었습니다. 교사가 되었을 때 오천석의 「스승」과 「교사의 기도」(《부록 5》) 「사도헌장」도 외우고 또 필사도 했었습니다.

  이것이 1948년 9월 1일부터 1964년 2월 18일까지 내가 16년간 받은 교육이고, 1941년 1월부터 23년간 살아온 삶이고, 교사가 되기 위한 준비교육 2년인 셈입니다.

2. 내가 해 온 교육

  내가 교사로 해 온 교육의 시기는 주로 산업시대의 공장식 교육의 시기라고 할 수 있습니다. 집단중심이어서 교사는 학생(사람)을 가르치는 게 아니라 학급과 학년이란 집단과 교과목을 가르친 것입니다. 그래서 학생들은 선생님을 내 선생님(my teacher)으로 생각하지 않

〈표 1-1〉 산업사회 공장식 교육과 21세기 새시대의 교육

	산업사회 공장제 교육과 학교	21세기 새시대 교육과 학교
1	집단중심(학교, 학급) 획일교육 • 교사는 학급을 가르친다. • 교사는 동질집단을 가르친다.	개별중심 다양화 · 특성화 교육 • 교사는 개별 학생을 가르친다. • 다양한 학생을 가르친다.
2	시간중심 일제식 이동(동시성)	개별 중심, 탈동시성
3	분업 · 조립식 교육 • 교사의 분업 · 조립식 교과에 대한 책임(지식 부분 책임) • 매시간 매번 단기로 로테이션식 조립식 교육	통합 · 협동식 전인교육(지식, 문화의 융합) • 교사의 학생 인격 전체에 대한 책임(사람에 대한 책임) • 보통교육 기간 전체에 대한 연속 · 연계교육
4	교사만의 학생교육책임	교사 · 학부모 · 지역사회의 공통 책임, 팀워크 • 학생의 학교 · 교사 선택과 교사의 학생 선택
5	대량 · 대형 싸구려 교육	질의 교육

고 몇 반 선생님, 몇 학년 선생님, 무슨 과목 선생님이라고 부릅니다. 시간중심 일제(一齊)식이어서 동시에 출발하여 같은 속도로 달려야 하고, 시험시간도 같은 시간 내에 끝내야 합니다. 공장처럼 분업 · 조립식이어서 국어, 영어, 수학⋯⋯ 교과목을 분업으로 가르치면 아이들 스스로 이 과목들과 지식의 조각들을 다 합치고 조립하여 전인(全人)이 될 것이라는 가설입니다. 그래 놓고는 전인교육, 인성교육이 안 된다고 합니다. 교사는 교과목 지식은 책임져 줄지 모르지만 학생 인생을 책임져 주지 않습니다. 전인교육, 인성교육에는 서당식교육이 더 잘 맞았을지 모릅니다. 그래서 나는 '21세기형 서당식 교육'을 생각했던 것입니다. 교사만이 가르치는 일을 책임져야

하는데 그것마저도 책임질 생각도 않고 아이들보고 알아서 하라고 하고 심지어는 학원에 떠넘기기도 합니다. 공장시대 학교의 가장 큰 특징 중 하나는 **대량교육, 싸구려 교육**이었습니다. 나도 이 속에서 17년간 초등교사 생활을 한 것입니다. 어쨌든 이때 직공인 교사로서 원료이면서 생산품인 학생들에게 죄스러울 뿐입니다.

1964년 3월 7일 서울홍인초등학교 교사를 시작하여, 2007년 8월 31일 충남대 교수로 정년하고, 2016년 8월 11일 오늘까지 시간강사를 하며 52년 교육자의 길을 걷고 있습니다. 앞에서 말한 대로 1970년 3월부터 1981년 8월 사이 7년(군 생활까지 9년)은 공식적으로는 '교사로 가르치며 동시에 학생 신분으로 배우는 중복 기간'입니다.

초등학교는 서울 홍인, 은로, 은천, 난곡 네 학교에서 근무하고 대학은 충남대 하나입니다. 초등학교 교사시절을 회상해 보면 나는 아이들을 좋아하고, 아이들이 귀엽고 예쁘다고 생각하고('어린이는 천당의 열쇠이다.'라는 리처드 스토다드의 시처럼), 가르치는 일과 수업하기를 좋아했고, 반면에 지시받는 것이 싫고 초등교사라고 무시당하는 것이 제일 싫었습니다. 지금도 대학교수로 가르쳤던 학생들은 잊었어도 초등학교 때 가르치던 아이들의 얼굴은 지금도 선연하게 떠오릅니다. 1년간 가르치고도 가르쳤던 아이들의 이름이 생각 안 나는 것은 나의 사랑이 부족했다는 증거입니다. 아무리 아이들이 많아도 1년간 가르치고도 자기가 가르친 아이를 잊는다는 것은 사랑이 없었다고 하지 않을 수 없습니다. 1년간 사귄 연인이라면 그 이름까지 잊을 수 있겠습니까?

당시는 **중학교입시**가 있어서 지금의 대학입시 이상의 심각한 문제가 되었습니다. 초등학생들이 학교에서 늦게까지 입시공부를 하고, 저녁반, 새벽반까지 과외공부를 해야 했습니다. 초등학생 얼굴색이 노랗게 되어 있었습니다. 중학입시 출제 문제 파동이 세상을 시끄럽게 하기도 했습니다('무즙파동', 1964. 12. 7., 서울시 전기 중학 입시 문제). 그러다 중학교무시험제(1969)가 되자 이번에는 고등학교입시가 문제가 되는데(1974년 고교평준화) 이를 '병목현상'이라고 하고 '입시지옥'이라고 합니다. 어른들은 아이들을 '지옥'에 두고도 아무렇지도 않게 생각했으니 무서운 나라입니다. 누가 '지옥'에 가 보고 이런 이름을 붙였는지 모르겠습니다.

서울 시내 초등학교를 근무하기 어려운 정도에 따라 A~E급으로 나누었는데 나는 좋은 축에 속하는 B급 학교에 첫 발령을 받았는데도 가정 형편이 어려운 학생들이 많았습니다. 가정방문을 하다 보니 청계천 썩은 물이 흐르는 옆에 천막 치고 사는 어린이도 있고, 다리 밑 캄캄한 곳에 평상 매고 사는 맹인 집도 있었고, 하숙집을 한다고 해서 가 봤더니 창녀촌이었습니다. "어떻게 선생님이 이런 데까지 오셨느냐?"고 하시던 장님 아버지의 목소리를 잊을 수가 없습니다. 그런 아이들에게 도화지를 안 가져왔네, 숙제를 안 해 왔네 내가 노래했던 것이 후회되었습니다. 그때 가정방문이 교육적으로 꼭 필요하다는 것을 절실히 느꼈습니다. 1960, 1970년대는 '콩나물 교실' '과밀학급' '과밀학교'가 공식 교육용어가 되다시피 하였습니다. 내 친구 중에는 4부제에 한 학급 120명까지 있었고, 1개 학년에 20여 개 반까지 있는 '다인수 학교'에 근무했다고 합니다. 한 교실에 팻말이 1학년 1, 2, 3, 4반, 5, 6, 7, 8반이라고 아래로 쭉 붙어 있고, 한 학급당 100명 이상이라 책상 사이에 빈틈이 없어 학생들이 뭘 받으러 앞 교단 쪽으로 나오려면 학생들 책상 위를 밟고 나오고 들어가고 해야 했다고 합니다. 하여간 세계에서 제일 큰 학교로 기네스북에 오른 초등학교가 서울 시내에 있었다고 했었습니다. 나는 2부제에 학급당 100여 명 가까이 되고 한 학년 20여 개 학급이 있는 학교에서 근무한 적은 있습니다. 아마 하루 종일 담임교사인 나와 눈 한 번 마주치지 못하고 집에 가는 어린이가 내 반에 있었을 것입니다. 그래서 나는 꾀를 내어 아침에 출석 부른 후 무조건 아무 말 없이 아이들 머리를 한 번씩 쓰다듬어 주는 나만의 의식을 치렀습니다. 한 번 터치라도 하려고요. 이런 아이들에게 나는 많은 죄를 졌습니다. 공부 잘하는 몇 아이만 데리고 가르친다고 했을 것입니다. 최근의 선생님들 중에는 2부제, 3부제란 말 자체를 모르는 사람도 있습니다. 어떻게 아이들을 '콩나물'에 비유하고도 아무렇지 않게 '콩나물 교실'이라는 말을 거리낌 없이 사용했었는지 모르겠습니다. 지금도 콩나물국을 먹을 때면 '콩나물 교실'이 떠오릅니다. 그때는 모든 잘못된 것을 '콩나물'에 핑계 댈 수 있었으니 좋았을 것입니다.

　나는 일단 학교에는 제일 **일찍** 출근하여 하루를 시작했습니다. 일찍 출근하면 시간도 벌고, 내 시간도 가져 책도 볼 수 있고, 학생들도 조용히 안정되게 하루를 시작할 수 있어서 좋았습니다. 어떤 때는 숙직 선생님이 채 잠자리에서 일어나기도 전에 나는 학교에 출근을 했습니다. 이 시대는 가정보다 직장을 더 중시하던 시절입니다. 우리 위 세대는 더 했습니다. 일요일에 결혼(식)하고 월요일 출근하고(그때는 토요일을 반공일이라고 하여 근무일이었습니다.), 전날까지 출근하여 수업을 모두 하고 그다음 날 아기를 낳고 1주일 후에 출근하는 것을 당연하게 생각하고 때로는 자랑으로 내세우는 사람도 있었습니다. 그런데 어느 날 갑자기 교원정년 3년 단축을 하고, 고령교사 1명을 쫓아내고, 젊은 피 3명을 수혈하겠고 했습니다(1999년). 내 친구들은 더러워서 못해 먹겠다고 명퇴하면서 내가 도대체 무슨 죄를 졌는지 모르겠다고 했습니다. "아무리 생각해 봐도 국가에 충성한 죄밖에 없는 것 같다."고 하더군요. 평생을 바친 학교에서 "개 쫓겨나듯 쫓겨나서 진돗개 신세가 되어 지금은 집을 지키고 있다."고 하던 친구의 전화 목소리가 지금도 생생합니다. 충성한 국가에 배신당한 것 같다고 했습니다. 힘 있는 정부는 연약한 선생님들을 이렇게 취급해도 되는 것입니까?

교훈, 급훈이 있었는데, 나는 '스스로, 내 힘으로'를 제일 많이 급훈으로 내세웠던 것 같습니다. 이것은 내 자식들에게도 똑같이 강조하고 지금 손자들에게도 써 주었습니다. 좀 잔인하기는 했지만 우리 자식들은 학원에도 안 보내고, 과외도 안 시키고, 학습지(學習紙)도 안 했습니다. 독서실은 보냈습니다. "네 인생, 네 힘으로 살아가라."고 했습니다. 두 아이들 미국유학도 자기들 힘으로 공부하고 왔습니다. 그래서 우리 자식들은 나 때문에 어렵게 공부하고 소위 3류, 4류 대학을 나왔지만 자기들 인생을 그런대로 잘 꾸려가고 있습니다. 솔직히 대한

내가 강조한 급훈

민국에 '사교육비' 어쩌고 말하는 높은 사람치고 사교육 안 시킨 사
람이 몇이나 있는지 모르겠습니다. '반미' 어쩌고 하면서 자기 자식
은 미국유학 보내는 이런 사람들이 대한민국 지도자라고 하는 데 문
제가 있습니다. 우리나라 지도자는 좀 솔직해질 필요가 있습니다.

나는 학생들과 자식들에게 "공부하라."는 말을 안 하기로 결심하고
또 실천하려고 했습니다. 학생들에게 "공부해라." "몸 튼튼해라." 하
는 말은 어느 선생님이나 모든 부모가 다 하는 소리로 학생들에게는
일종의 '자장가'에 불과한 무의미한 소리로 들립니다. 공부하는 것은
학생의 직업으로 너무나 당연한 것입니다. 학생들이 공부하라고 해
서 하고, 말라고 해서 안 합니까? 말로 가르칠 수 있다면, 그것 같이
쉬운 일이 어디 있습니까. 말로 해서 교육한다면 아마 정치인들이 제
일 잘 가르칠 것입니다. 거짓말 섞어 가며……. '몸으로, 행동으로 가
르치려니' 교사와 부모, 어른이 어려운 것입니다. 학생들보고 공부하
라고 말하는 것은 일종의 직업 침해라고 할 수 있습니다. 나도 "공부
하라."는 소리를 누구로부터도 못 들어 보고, 반대로 "공부 좀 제발
그만해라." 소리만 듣고 자랐습니다. "병날라 공부 그만해라." "석유
닳는다 공부 그만해라." "남들은 공부 안 해도 잘만 먹고 잘 살더라."
"공부해라, 공부해라." 하는 말을 입 밖에 내지 않고도 아이들로 하여
금 더 공부하고 싶게 만드는 일이 한 차원 더 높은 동기유발 방법이
될 것입니다. 그다음 수준이 "공부해라."라는 직접적인 말을 쓰지 않
고도 아이들로 하여금 공부하지 않고는 못 배기게 만드는 일일 것입
니다. '배움에 목마르고 배고파야'(졸저, 교육이 바로서야 나라가 산다,
한국학술정보, 2009.)(〈부록 6〉) 합니다. 스티브 잡스도 'Stay hungry'

2. 내가 해 온 교육
2. 내가 해 온 교육

라고 했고 히딩크도 항상 골(goal)에 배고프다고 했습니다.

내가 교사를 하면서 지키려고 한 것 몇 가지가 있는데, 첫째, 학생을 '편애' '차별'하지 않으려고 했던 것입니다. 초등학교 때 내가 차별을 받아 봤기 때문에 그렇게 하려고 했던 것인데, 나도 인간이기에 잘 지켜졌는지 장담할 수 없고, 학생들에게 그렇게 비쳐졌는지 모르겠습니다.

두 번째 신념은 '공정한 성적평가'였는데, 이것도 잘 지켜졌는지 모르겠습니다. 성적타령과 성적을 구걸하지 말고 학생이 할 도리만 열심히 하고, 평가는 전적으로 교사에게 맡기라고 하고 공정하게 하려 했습니다. 요즘은 대학원에서까지 A+ 타령을 하는 사람이 있습니다. A+ 사냥하려고 대학원에 왔나 봅니다.

그리고 셋째, 내 학급에서 만큼은 요령과 반칙과 변칙이 통하지 않게 하려고 했습니다. 그리고 나 자신도 그렇게 살려고 했습니다. 그래서 놀이를 하거나 게임을 하더라도 경기규칙을 엄격하게 적용하려고 했습니다. 교수들이 신사 게임인 골프를 치면서도 요령을 피우고 자신을 속이는 것을 보면 더 이상 그 사람과는 상종도 하고 싶지 않습니다. 대한민국 청와대와 국회라면 몰라도 선생님은 최소한 자기 학교, 자기 학급에서만큼은 '위장전입' '병역미필' '부동산 투기' '전관예우' '논문표절' 부정세트가 통하지 않게 해야 먼 훗날에라도 대한민국은 바로 서게 될 것입니다(졸저, 교육이 바로 서야 나라가 산다. 한국학술정보, 2009). 어리다고 봐 주고, 모른다고 봐 줘서는 영원히 못 고칩니다. 같은 일로 3번 이상 실수하게 해서는 안 됩니다. 유신정권 때인지 우리나라에서 선거라는 자체를 없애려고 학교에서 반장을 선거(투표)로 뽑지 말고 담임이 임명하라고 한 적이 있었는데, 나는 이때 이를 어기고 엊그제 입학한 초등학교 1학년 아이들에게 투표를 하도록 했습니다. 초등학교 1학년 반장 누가 한들 무슨 상관있습니까?

어느 해 4학년 담임을 했을 때 사회과 공개수업을 했는데 우리 반 아이들이 활발히 조리 있게 발표를 잘하는 것을 보고 많은 선생님들이 놀랐는데 특히 3학년 때 지도했던 전 담임들이 자기가 가르쳤던 학생들이 2, 3개월 만에 달라진 것을 보고 감탄을 하는 것이었습니다. "내가 담임할 때는 한 마디도 발표를 못했었는데……." 이런 장면들을 생각하면 대학교수 생활보다 초등학교 교사의 보람이 더 많은 것도 같습니다. 나는 아무래도 초등학교 교사체질인가 봅니다. 대학교수가 된 다음에도 "주 교수는 꼭 초등학교 선생 같아."라고 하는 말을 들으면 그렇게 좋을 수가 없었습니다. 몸은 대학에 있는 교수지만 마음은 꼭 초등학교 교사로 살고 싶었습니다.

변두리 학교에 근무할 때 학생들의 기초학력이 부족하다고 매달 '산수' 일제고사를 봐서 90점 이상 맞은 학생에게 무조건 상을 주었습니다. 19개 반 중 다른 반에서 90점 이상이 2~5명 나올 때, 내 반에서는 반 이상이 넘는 38명이 나와 교장과 학부모로부터 인정을 받을 수밖에 없었습니다. 4학년 남자 400m 릴레이, 여자 400m 릴레이와 5학년 1500m 오래달리기 육상 지도를 하였는데, 시울시 전체에서 우승을 하고, 다른 부문도 성적이 좋아 우리 학교가 서울시 전체 종합우승을 했습니다. 교장이 "가자!" 하더니 전 선수와 교사, 학부모를 이끌고 서울 용산 남영동 음식점으로 가서 한턱내던 장면을 생각하면 지금까지도 잠을 자다가도 흐뭇해집니다. 6학년 우리 반 아이들이 소년한국일보에서 주최하는 그리기 대회에 나가고 싶다고 하여 일요일에 11명이 나가 전원이 상을 받아 왔을 때도 성취감을 느꼈습니다. 그때 미술 전문가라고 알려진 한 5학년 어떤 반 선생님 은 학급 전원을 데리고 나갔는데, 겨우 4~5명이 상을 받아 왔으니 교장은 이를 어떻게 보겠습니까? 나는 미술, 음악을 잘 못하기 때문 에 기교는 가르치지 못하고, 그때 내가 학생들에게 해 준 말은 단지 하나, "복잡하게 여러 가지 많이 그리려고 하지 말고 한 가지 주제만 뚜렷하게 그려라." 였습니다. 학생들은 내 말을 따라 줬고 심사위원 들은 아마 나와 뜻을 같이했던 것 같습니다. 보이스카우트 가장행렬 에서도 서울 시내 대상을 받아 교장에게 자랑스럽게 알릴 때의 그 쾌 감은 이루 말할 수 없었습니다. 나중에 공부하고 보니 이것이 허즈버 그 동기위생이론의 성취감과 인정감이었던 것 같습니다. 그래서 그 랬는지 허즈버그 이론 검증이 나의 석사논문 주제가 되었습니다.

나는 6학년 여자 반을 많이 담임했는데, 우리 반에는 '이야기 공 책'과 '노래 공책'이 따로 있었습니다. 하루에 하나씩은 생각하게 하 고 재미있는 교훈적인 이야기를 들려주고 줄거리와 느낀 점을 '이야 기 공책'에 적게 하고 검사하였습니다. 대학에서도 한마디 이야기를 하고 강의에 들어갔는데, 제자들 중에서도 자기도 이를 꼭 실천하고 있다는 편지를 받기도 했습니다. 이야기 소재를 찾느라고 고생도 많 이 했습니다. 이야기 카드를 지금도 버리지 못하고 있습니다. 그리 고 교과서 외에 아이들이 좋아하는 노래를 많이 같이 부르게 하고, '노래 공책'에 가사를 적게 했습니다. 우리 반 아이들은 소풍 갈 때

끝없이 노래가 이어질 수 있었습니다. 내가 음악을 잘 못하니까 이것으로 나의 약점을 커버하려고 했던 것 같습니다. 일기를 쓰게 하고 반응을 적어 주었는데, 솔직히 일기쓰기 지도는 양심에 걸립니다. 교사인 나는 일기를 안 쓰면서 아이들 보고만 일기는 좋은 것이니 쓰라고 했으니 말입니다. 그때는 아이들에게 일기가 좋다고만 했습니다.

　1966년부터 1977년까지 초등학교에서 보이스카우트(유년대)를 지도하게 되었었는데, 그렇게 많은 야외활동과 야영을 했어도 사고가 한 번도 없었다는 것은 지금 생각해도 신(神)께 감사드릴 일입니다. 내가 맡았던 아이들이 크게 다치거나 사고를 당한 일이 없는 것만도 지금 생각하면 감사한 일입니다. 보이스카우트 운동에서도 많은 것을 배울 수 있었습니다. 보이스카우트의 활동과 지도방법 중 짧은 이야기, 촌극(역할극), 노래, 게임, 집단활동 등을 내 수업에 도입하면서 무미건조했던 수업이 좀 재미있어졌던 것 같습니다. 전에는 뭐가 그리 중요하다고 주목(注目)하라고 하고, 또 조용히 하라고 애원하다시피 하고, 뭐 잘났다고 내 얼굴만 처다보고 내 눈에 눈 마주치라고 했었는지 모르겠습니다. 재미있으면 아이들은 저절로 조용히 하고 주목하게 되어 있는데 말입니다. 그리고 내가 교사연수를 받을 때 하루 종일 강의를 들으며 딱딱한 의자에 앉아 있어 보니까 몸이 비틀리고 못 참겠더라고요. 그러니 내 아이들은 오죽했을까? 그런 반성에서 수업시간에 이야기, 노래, 활동을 좀 더 많이 도입하여 조금 나아졌던 것 같습니다. 선생님들도 자기가 당해 봐야 알아요.

　대학으로 옮겨 와 교직 20년이 되었을 때(1984년), "20년 동안 내가 가르친 것 다 어디로 날아갔나?" 다 허공으로 사라진 것 아닌가 하는 생각이 들었습니다. 그래서 그동안 썼던 글을 모아 놓기 시작한 것이 책이 되기 시작했습니다. 그래서 내 책은 체계가 없습니다. 이 것저것 모아 놔서요. 20년 반성 중 중요한 하나는 "학생들만 잘 되라 고 가르쳤지 나 **자신을 가르칠 생각을 못했다.**"는 것입니다. "남들만 잘되라고 가르칠 생각을 하지 말고, 이 세상에서 가장 가까운 나를 먼저 가르쳐야겠다."는 것입니다. 교사는 남을 가르칠 생각만 하지 말고 배울 생각을 먼저 해야 합니다. 교사는 가르치는 일을 직업으로 하다 보니 무조건 가르치려고만 합니다. 남편도 가르치려고 하고, 시어머니도 가르치려 하고, 아내가 제자인줄 알고 남편은 아내를 가 르치고 심부름시키려고 합니다. 최근에 어떤 사람이 남자들(man)은 3초를 못 참고 설명(explaining)하려고만 한다고 'mansplaining (man+explaining)'이라는 단어를 만든 것에 힌트를 얻어 저는 '가르 치려고만 한다'는 말을 'teachonly(teath+only)'라고 만들어 썼습니 다. 학교는 가르치는 곳이기 전에 배우는 곳입니다. 학생들만 배우는 것이 아니라 교사도 배우고 교장도 배우는 곳입니다. 가르치는 곳이 아니라 배우는 집이기 때문에 교교(敎校)가 아니고 학교(學校)라고 나는 말합니다.

　나는 교사를 하면서도 틈만 나면 학교에 굴러다니는 교육잡지와 교육신문을 읽고 또 여기저기에 글을 실으려고 애쓴 점이 계속 공부 하는 길로 연결된 것 같습니다. '바보를 양성하자'(교육평론, 1964. 4.), '잡초 가꾸기'(수도교육, 1977. 12.), '교육일선에서'(교대학보, 1964. 9.), '초임교사 선도를 바란다'(새교육, 1964. 8.), '가르친 만큼 응보 받는 직업'(교육평론, 1976. 3.) 등은 모두 초임교사 시절에 쓴 글들입니다. 초등학교에서 대학으로 옮겨 오니까 어느 교수가 초등교사 하다가 교수가 된 사람이라고 깔보는 식으로 말하더라고요. 그때 저는 그랬습니다. "그래! 나 초등학교교사 했다. 너 일찍 대학교수 돼서 술 퍼마시고 다닐 때, 나는 초등학교 교사로 책 보고 다녔다." 이제 나는 할 수 없이 『공부하다 죽어라』(혜암스님, 정찬주, 2013) 하는 명령을 따라야 할 것 같습니다.

네팔인들은 인생 100세 시대를 예측했는지 인생 100세를 4기로 나누어 0~25세는 배우는 시기, 25~50세는 배운 것을 실천하는 시기, 50~75세는 배우고 실천한 것을 반성·참회하는 시기, 75~100세는 모든 것으로부터 자유로운 시기로 나누었다고 하는데, 나는 마침 반성과 참회의 나이고 광복 70도 반성과 참회의 숫자라고 생각하여 '광복·교육 70년'이 세미나에서 나는 '반성과 참회'에 초점을 맞추었습니다. 그리고 반성해야 발전할 수도 있습니다. 교사로 살아오면서 잘못한 것이 너무 많아 부끄럽고 후회도 많이 됩니다. '나의 교육고백'(《부록 7》)으로 이미 몇 마디 내뱉어 놓은 것도 조금 있지만 다 말하지 못한 것이 많습니다.

근본적으로는 제자들 학생들을 진정으로 사랑하지 못한 것 같습니다. 특히 어려운 아이들, 공부 못하는 아이들, 협심증으로 체육을 못하던 아이, 뇌전증(속칭 간질병)으로 가끔 발작하던 아이, 두 다리 의족으로 어려웠던 아이들을 충분히 사랑해 주지 못하고 보살펴 주지 못한 것이 가장 큰 후회입니다. 첫 교단에 섰을 때 소아마비 아이 손을 붙잡고 교문 앞 길을 건너 주면, 다른 선생님들이 '지가 무슨 페스탈로치라고!' '며칠이나 가나 보자!'라고 비웃는 거 같더니 그

비웃음이 바로 현실의 옳음이 되었습니다. 다리(橋, bridge)의 다리(脚, legs, piers)는 평균(average)이 아니라 제일 약한 교각을 기준으로 삼아야 한다는데 나는 평균도 아니고 공부 잘하는 아이들 몇 명만 데리고 공부한 것 같습니다.

꼭 그럴 필요도 없었을 텐데 괜히 단체기합을 주고 체벌까지 하였으니 나는 교사가 아니고 폭군이었습니다. 지금 같으면 퇴출 대상일 것입니다. 교대를 나올 때 체벌을 않겠다고 그렇게 다짐하고도 초심을 잃은 채 그 어린 것들을 때려서 가르친다고 했으니 말입니다. '사랑의 매'니 애들이 많다는 핑계를 댔는지 모릅니다. 아니면 군대에서 당한 것을 어린 아이들에게까지 퍼뜨렸는지도 모릅니다. 좋게 말하면 내가 '과업지향적'이다 보니 그랬는지도 모릅니다. 나는 지금까지도 과업지향적인 것 같습니다. 오천석 님의「스승」「교사의 기도」「사도헌장」을 읽고, 외우고, 또 베끼기도 했던 내가 어린아이들에게 못되게 했던 것이 부끄럽습니다. 공부를 못 가르치는 한이 있더라도 애들을 체벌하지 말아야겠다고 다시 결심한 것은 다 늦은 미국 유학에서였습니다. 너무 늦은 것이죠. 유학 이후에는 그 좋아하던 그 애들을 영원히 교실에서 못 만나게 되었습니다. 그렇게 아이들과 헤어지게 될 줄 정말 몰랐습니다.

교사를 하면서 '봉사'한다는 것을 한 번도 생각해 보지 못했습니다. 그때 봉사를 하고 있다고 생각했으면 '쥐꼬리만 한 월급'(1964년 3월 첫 월급 수령액 3,541원, 4월 4,773원, 같은 해 첫 양복 맞춤 1벌 값 5,300원)에도 만족할 수 있었을 것입니다. 봉사를 생각했으면 '콩나물 교실'에도 불평하지 않았을 것입니다. 그때는 먹고살기 급하다고 봉사가 뭔지도 몰랐습니다. 지금 아프리카 오지에 가서도 즐겁게 봉사하고 있는 우리나라 사람들도 많지 않습니까? 지금 내 나이 친구도 남의 나라에 가서 봉사하는 사람들이 있습니다. 교사와 교수를 하는 동안을 봉사로 생각했으면 참 좋을 뻔했습니다. 미국 아이비리그 대학 졸업생 5명 중 1명이 터치 포 아메리카(Teach for America: TFA)라는 단기교사교육을 마치고 빈민가 교사로 떠난다는 세계교육 소식을 봤습니다(조선일보, 2011). 쿠바 의사들이 무보수 의료봉사로 세계 각처로 떠나고 자국에서도 봉사로 일한다는 얘기를 듣고(EBS 지식채널e, '어떤 의사들−쿠바의사 이야기') 교직을 봉사로 생각하지 못한 나의 52년 교육자 생활이 부끄러웠습니다.

그때는 왜 그랬는지 "만화책 보지 말아라." "길거리 걸어 다니며 뭐 먹지 마라." "위 셔츠는 반드시 아랫바지에 넣고 혁대를 잘 매라." "머리를 짧게 깎고 단정하게 하라."고 노래를 했었는데, 지금은 내가 내 입으로 했던 말과 반대되는 짓을 하고 다닙니다. 티셔츠를 늘어트리고 아이스콘이나 커피통을 들고 세계의 도시 서울 한복판 거리를 걸어 다니는 내 꼬락서니를 내가 보며 그때를 반성합니다.

초등학교 때 '사친회비'를 못 내 집으로 쫓겨 가는 일을 당하고도, 내가 교사가 되어 '육성회비' 성적이 우리 반이 꼴찌라고 그 어린 것들을 독촉하고 혼냈으니 그 벌을 어디 가서 받아야 할까요? 교장한테 내가 당하고 말면 될 걸 그걸 아이들에게까지 전가시켰으니……. 소지품 검사도 하고, 손톱·발톱 때 검사도 했습니다. 아이들 인격과 프라이버시를 지켜 주지 못했습니다.

'북한 괴뢰집단', 간첩 포스터 그리기, '중공오랑캐'라고 열심히 가르쳤는데, 어느 날 중공 비행기가 강릉에 불시착하자 정부가 그들을 칙사 대접하는 것을 보고, 초등학교교사였던 나는 그때의 애들에게 무엇이 되었겠나요? 초등교사였던 나는 보리혼식 도시락 검사, 저금 독려, 국산품 애용에 이용당하는 소모품이었단 말입니까? 남북통일이 되면 북한 사람들을 어떻게 만나야 할지 걱정입니다. 초등교사로 이용당한 삶이 억울합니다.

'하나만 낳아 잘 기르자.'더니 30년 만에 거덜 나게 되었습니다. 언제까지 초등교사는, 때로는 교육행정 교수는 국가정책에 '억지 춤을 춰야'((부록 8)) 합니까? 언제는 대학교수들이 '준칙주의'로 대학을 늘리는 데 춤을 춰 주더니 이제는 '대학구조조정' '대학평가'에 또 다른 춤을 춰 주고 있습니다. 세상에 대학을 무슨 재주로 평가할 수 있습니까? 정책연구 한다고 추지 말아야 할 춤을 춰서는 안 됩니다. 또 싸구려로 정책연구를 해 줘도 안 됩니다. 역사의 평가를 받습니다.

나는 '교사 이미지 관리'에 실패했습니다. 주삼환은 차가운 사람, 바늘로 찔러도 피 한 방울 안 나올 사람, 주삼환과 사는 부인은 참 괴로울 것이다, 용서를 할 줄 모르는 사람, 접근하기 어렵고 말 부치기 어려울 사람……. 어느 학생이 나보고 학생들이 '칼맨'이라고 별명을 부른다고 해서 은근히 좋아했더니, 그 칼맨이 음악하는 칼맨(카르멘)이 아니고 '칼 같은 사람'이라 칼맨이라나? 그 학생은 4년간 한 시간도 내 과목을 수강하지 않고 졸업하고 말았습니다. 나는 왜 나 스스로 이런 이미지를 만들었을까? 좀 따뜻하고 인간적인 이미지를 줄 수는 없었을까? 어떤 교수님은 "주 교수는 왜 학생들을 다 쫓아내느냐?"고 합니다. '인간관계론'에 수강신청했던 수백 명 학생

들이 첫 시간 강의계획서 설명을 듣고는 3/4이 달아나던 것을 보고
어느 교수가 하던 말이었습니다. 학생들로 하여금 나를 좋아하게 만
들어 놓고 같이 공부를 하더라도 해야 할 것이 아니었을까? 속으로
는 아이들을 사랑하고 좋아하면서 겉으로는 학생들이 무서워하고
엄하게 느끼도록 만들었으니 인간교육에는 실패할 수밖에 없었을
것입니다. 그때는 내 생각이 짧아서 엄한 이미지를 가져야 권위가
서고 많은 아이들을 통솔하고 가르칠 수 있을 것이라고 생각했었던
것 같습니다. 어떤 아이는 졸업 후 수십 년이 지난 지금까지도 내가
자기를 정말로 미워했던 줄 오해하고 있을지도 모릅니다. 무서움에
도 불구하고 내 가까이 와 본 사람은 주삼환 선생도 따뜻한 가슴이
있는 것 같다고 의아해하는 사람도 몇 명은 있는 것 같습니다. 몇 사

충남대 대학원 졸업생들이 만들어 주었던 사진 엽서

람은 내가 충남대에 부임 기념으로 교정에 심은 나무를 가리켜 '아
낌없이 주는 나무'라고 이름 붙였으니 감히 나를 거기에 비유한 것은
과분할 따름이지요. 그래도 몇 쌍 부자(父子), 부녀(父女), 부부(夫
婦), 숙질(叔姪), 자매를(초·중·고등학교, 대학학부에서는 흔히 형제,
자매도 가르치게 되지만) 대학원에서 가르칠 수 있었던 것은 특별한
경우로 내 교직 인생의 보람이었습니다. 그러나 확실히 나는 교사로
서의 이미지 관리에 실패한 것 같습니다. '인사(人師)'도 '경사(經
師)'(오천석, 1997)도 못된 것 같습니다. 퇴임하면서 학자도 아니고
교육자도 못 되었다고 소감을 말한 적이 있습니다. 학생들로 하여금
교사를 좋아하고 존경하게 만들고, 자기가 가르치는 과목 배우기를
사랑하게 하는 일부터 해야겠습니다. 스승의 날, 어버이날 아이들이
내 가슴에 꽃을 달아 줄 때, 이들이 어떤 마음으로 달아 줄까 걱정했
습니다. 교사는 존경을 먹고 삽니다.

　"주삼환 너는 어디 있었니?" 하고 물으면 나는 대답할 말이 없습니
다. 4·19, 유신, 5·18, 민주화 운동, 고비 고비마다 제자들이 최
루탄 속에 있을 때 주삼환은 그 곁에 없었습니다. 제자들보고 감옥
에 가지 않도록 하라고만 했습니다. 그게 교사의 학생 '보호본능'으
로 생각했던 것 같습니다. 그 학업이 무엇인지 학업을 중단하지 않
도록 하라고만 했습니다. 남들이 아무 죄 없이 감옥에 가서 몇 년씩
썩을 때, 나는 "감옥 가는 셈 치고 유학 가서 고생하자."고 했습니다.
'옳음(Right)'을 택하지 못하고 '좋음(Good)'만 찾아 산 것 같습니
다. 민주화를 위해 투쟁한 사람들이 목숨을 걸고 쟁취한 것을, 지금
나는 수고 없이 공짜로 먹고 사는 것 같습니다. 초등교사일 때 조금

삐딱하게 글을 써서 출판(신문)사에 보내 놓고는 중정원(중앙정보원)에 잡혀갈까 봐, 초등교사 못하고 리어카 끌게 될까 봐 밤잠을 못 자고 끙끙 앓거나 하는 용기 없는 사람이었습니다. 그때 초등교사보다 더 망가질 게 없다는 생각을 왜 못했을까? 주삼환은 태생적으로 체제순응적인 사람인가 봅니다. 그러고서도 지금 산업화와 민주화 세대라고 무임승차하고 있습니다. 죄송하다고 입을 벌릴 수조차 없습니다. 어느 교수님이 정년을 하면서 '더 잘할 수 있었는데……'라고 말했다는데, 나도 '왜 못했을까?' 후회됩니다.

3. 해야 할 교육

앞으로 우리가 해야 할 교육은 내가 잘못했다고 후회하는 교육을 후배들이 되풀이하지 말고, 또 내가 하고 싶었는데 사정상 하지 못했던 교육을 앞으로 해 주기를 바라는 교육이라고 할 수 있습니다. 현대학교는 대부분 산업화를 위한 공장식 모델로 설계된 것입니다. 우리나라도 이 공장식 교육을 가지고 단기간 내 산업화에 성공한 나라입니다. 그런데 앞으로의 세상은 이 공장식 모델을 가지고는 안 됩니다. "이미 낡아 버린 19세기의 옛 교육체제는 (혁명적으로 변하는) 이런 세상을 염두에 두고 설계되지 못했다. 그런데 겨우 전통적인 표준이나 높여서 개선하려는 정도 가지고는 지금 우리가 부닥친 도전을 맞기에는 충분치 못한 것이다." (Robinson & Aronica, 2015)라고 합니다. 빌 게이츠도 미국 고등학교는 고쳐 쓰기에는 너무 낡았다고 하면서 완전히 다르고 새로운 '미래의 학교'를 세우고 있습니다. 21세기를 피자 한 판이라고 한다면 우리는 이미 16년이란 한 조각을 다 먹어치워 버렸지만 무엇보다 늦었더라도 21세기에 맞는 교육, 나아가서 문화창조·윤리도덕·선진사회를 위한 교육을 이제라도 해 주기를 기대하는 것입니다.

　이제는 집단을 가르치지 말고 개인 학생을 가르치고, 교과목을 가르치지 말고 사람을 가르치도록 노력해야 할 것입니다. 지식을 조각내 가르치려고 하지 말고 가능한 한 통합적으로 가르치려고 해야 할 것입니다. 한 학생을 7, 8년 책임지고 보살펴 주는 일반교사(general teacher)와 고등학교 수준의 전문교사(special teacher)의 협동이 필요하다고 봅니다. 여기서 일반교사는 일반과목과 인성, 학생의 인생을 책임지고, 진로와 전문방향을 권유하는 교사입니다. 슈타이너 학교에서는 한 교사가 같은 학생을 8년간 맡아 가르칩니다. 핀란드도 한 교사가 한 학생을 7년간 가르치고 있습니다. 나는 우리나라에서 대안학교가 정규학교가 될 정도로 학교가 다양화되어야 한다고 주장하는 사람입니다. 실제로 거창의 한 대안 고등학교는 외국 의과대학에만 보내어 의사를 길러 내고 있다고 합니다. 부모를 학생일 때 가르치고 또 그 자식을 가르치기도 합니다. 집안 내력까지 알아서 가르치게 됩니다. 미국 플로리다 공립고등학교 89세 할머니 영문학 교사의 정년퇴임 파티에 어머니 제자, 딸 제자 등 500여 명의 제자가 모인 광경을 연상해 보십시오. 이 선생님은 69년 교직생활 중 67년을 한 학교에서 근무하고, 한 교실을 54년간 사용하고, 13,500명의 학생을 가르치고 영국 대처 수상의 표창을 받기도 하였다고 합니다.

그리고 퇴임 때는 자기가 쓰던 교실 문의 손잡이를 선물로 받았습니다(《부록 9》, 플로리다 주에는 베테랑 교사는 오랫동안 잡아 둘 수 있는 제도가 있다고 합니다). 미국 노스캐롤라이나 주에서는 75세 최고령 중학교 교사의 노련한 경험을 값비싸게 사고 있습니다(《부록 10》). 이들이 학생을 샅샅이 알아서 가르치는 선생님들입니다. 11년간 초등학교교사를 하고 한국교육개발원으로 떠나는 친구에게 초등을 떠나는 소감을 내가 물을 때 '아이들을 몰랐어……'라고 하더니 나도 아이들을 모르고 어른 취급을 하며 가르친다고 했던 것 같습니다.

　이제는 대량 교육, 싸구려 교육이 아니라 '질의 교육'을 해야 합니다. 더 많이 더 많이 주의(The more, the moreism)는 더 이상 21세기에는 통하지 않습니다. 더 많은 시간 가르치고, 더 많이 교사 월급을 주고, 더 많이 더 많이만 교사 연수 시킨다고 교육이 잘 될 수는 없습니다. 교육개혁이 더 많이 주의(제1의 물결)에서 **구조개혁**(restructuring, 제2의 물결), **문화개혁**(reculturing, 제3의 물결)을 거쳐 **GERM**(Global Educational Reform Movement, Sahlberg, 2015)이라는 데까지 왔습니다. 우리는 지금 쓸데없는 것을 많이만 가르치려고만 하고 있습니다. 그래서 많이 가르치고도 실패하는 한국교육을 하고 있습니다(졸저(2009). 많이 가르치고도 실패하는 한국교육. 한국학술정보). 좀 적게 가르치더라도 쓸데 있는 유용한(useful) 것(Glasser, 1990, 1993)을 질 높게 철저히 가르쳐야 할 것입니다. 우선 삶에 필요한 것, 일하는 데 필요한 것을 먼저 가르쳐야 할 것입니다. 삶과 경력에는 융통성과 적응성, 주도성, 사회성과 범문화 기능, 생산성과 책무성, 리더십과 책임성이 강조되어야 한다고 합니다(http://www.p21.org/our-work/

p21-framework). 우리의 교육은 배우는 것과 살아가는 것이 분리되어 있습니다. 배웠으면 배운 대로 살아가고 또 살아가면서 배워야 할 것입니다. 지금은 배운 것은 시험 보는 데만 써먹고 살아가는 것은 배운 것과 다른 방식으로 살아가고 있습니다. 어떻게든 '삶과 앎'이 일치되도록 하는 교육을 해야겠습니다. 배운 대로 살고 살면서 배운 사람이 유리한 사회를 만들어야겠습니다. 아이들이 학교를 좋아하고 배우기를 즐기고 재미있게 해야 합니다. 학생도 교사도 직장인도 '신나게' 해야 합니다. 한국인은 아이들이나 어른이나 '신바람 문화'가 있습니다. 기업에서도 'Fun 경영'이 있지 않습니까? 학생들이 행복해야 합니다. 행복한 교사에게서 행복한 학생이 나옵니다. 교사들도 교실에서 행복을 찾아야 합니다. 꿀단지를 교실에 놔둬야 합니다. 아이들은 놀아도 노는 게 아닙니다. 놀면서(play) 배웁니다. 그리고 놀면서 창조를 합니다. 아이들은 놀게 해야 합니다. 아이들을 아이들이게 하고, 놀게 해야 합니다. 노는 게 배우는 방법입니다.

최근에 창의성과 혁신성, 비판적 사고력와 문제해결력, 의사소통과 협동성이 강조되어 이제는 기초 기능 3Rs에 더하여 문제해결력, 비판적 사고력, 컴퓨팅 기능을 기본으로 하기도 합니다. 4Cs, 7Cs를 제시하기도 합니다. 4Cs는 (1) 비판적 사고(Critical Thinking), (2) 의사소통(Communication), (3) 협력성(Collaboration), (4) 창의성(Creativity)입니다. 7Cs는 여기에 (1) 다문화이해(Cross-Cultural Understanding), (2) 컴퓨터와 ICT문해(Computing/ICT Literacy), (3) 직업과 자신감 학습(Career & Learning Self-reliance)을 더한 것입니다.

객관식으로 시험공부만 시킨 사람에게서 어떻게 갑자기 최고의

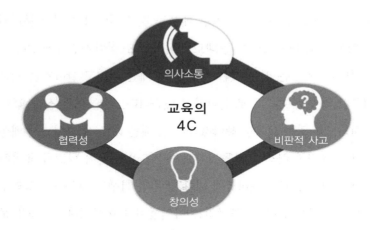

고등정신 기능인 창의성이 나오리라 기대합니까? 수능공부에 노량
진에서 임용고사 공부만 하고 교사가 된 사람보고 어떻게 창의성 공
부를 시키라는 것입니까? 창의성 교육에서 중요한 것은 우선 '다름
을 인정하고 존중하는 것'(하버드대학 핵심 가치 중 하나)부터 시작하
라고 하고 싶습니다. 스티브 잡스가 강조한 것처럼 '다르게 생각하
기(Think different)'를 허용하고 격려하는 것이 우선이라고 생각합
니다. 블룸의 교육목표 분류에서 과거의 지식 → 이해 → 적용 → 분
석 → 종합 → 평가에서 종합 대신에 창의로 바꾸고 그것을 맨 꼭대
기에 올려놓아 기억하기 → 이해하기 → 적용하기 → 분석하기 →
평가하기 → 창의(조)하기로 하고 모두 동명사로 바꾸었습니다
(Anderson & Krathwohl, 2001). 모든 것을 종합해야 창의가 나온다
고 생각을 바꾼 것이지요. 최근에 창의성에 관한 연구를 한다고 창
의성이 이런 것이라고 제한해 놓으면 그것은 더 이상 창의적이지 못
합니다. 켄 로빈슨은 '학교가 창의력을 죽인다(Do Schools Kill

Creativity?'(TED.com, 2006, 전 세계에서 3억 이상이 접속했다고 함.)고 하면서 이 'death valley'에서 탈출하는 방법을 얘기하고 있습니다 (How to escape educational 'death valley', TED.com, 2013. 5.). 그 러고는 최근(2015년 4월) *Creative Schools*란 책을 썼습니다(우리나 라에서 『학교혁명』으로 번역 출판됨.). 교육에서 창의적인 사람을 길러 놓지 않고 정치인들이 '창조경제'만 외치면 갑자기 무엇이 나오겠 습니까? 근본적으로 교육을 통해서 먼저 창의성을 심고 창의적인 인 간을 길러 놓고 실천해야 할 것을 경제와 정치에서 먼저 공짜로 창 조 열매를 따 먹으려 문제지요. 인성이 무엇인지도 모르는 교육부 직원들이 무슨 재주로 인성시험 문제를 냅니까? 학생도 선생님도 팀 으로 협력(collaboration)하도록 협력의 문화를 형성해야 합니다. 협 력도 다름의 인정과 존중이 바탕이 되어야 합니다. '같음'보다 '다 름'들이 협력해야 효과가 더 클 것입니다. 같음을 가지고 협력하여 더해 봐야 같음밖에 나올 것이 무엇이 있습니까? 같음의 양만 불어 날 뿐이지요.

내가 더 좋아하는 21세기 기능 모델은 싱가포르 모델(www.moe. gov.sg)로, (1) 21세기에 역량을 갖춘 인간상을 먼저 겉바퀴에 제시 하고(겉으로 나타나야 하니까), 이에 필요한 (2) 핵심 가치(core values, 맨 중심)를 제시하고(가치는 잘 안 보이니까), 이 가치의 바탕에서 나오 는 (3) 사회정서적 역량(그다음 원)과, (4) 21세기 핵심역량을 동심원 으로 하여 종합적으로 제시하고 이를 달성하기 위해서 노력하고 있 는 것입니다.

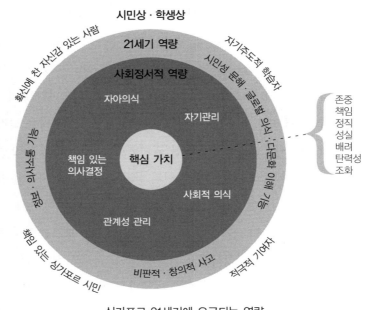

싱가포르 21세기에 요구되는 역량

    싱가포르 교육을 통하여 산출로 바라는 학생상인 동시에 21세기 싱
가포르 시민상으로는 (1) 확신에 찬 자신감 있는 사람(confident
person), (2) 자기주도적 학습자(self-directed learner), (3) 적극적 기
여자(active contributor), (4) 책임 있는 싱가포르 시민(concerned
citizen, '배려하는 시민'으로 번역할 수 있으나 내용상 책임이 강조되어 '책
임 있는 시민'으로 번역함.)을 제시하고 있습니다. 이것을 싱가포르교육
부는 '기대하는 교육 결과(Desired Outcomes of Education: DOE)'라
고 하는데 자아의식(self-awareness)과 건전한 도덕심(sound moral
compass)과 미래 도전에 필요한 기능과 지식을 갖춘 사람을 기르고
자 한다고 합니다. 이러한 사람은 가족과 지역사회, 그리고 국가에 책

임을 질 수 있고, 자기를 둘러싸고 있는 세상의 아름다움을 느낄 수 있고, 건전한 정신과 신체를 갖고 생을 찬미할 수 있는 사람이라고 합니다.

싱가포르의 21세기역량의 **핵심 가치**는 (1) 존중(respect), (2) 책임(responsibility), (3) 정직 성실(integrity), (4) 배려(care), (5) 탄력성(resilience), (6) 조화(harmony)입니다.

다음은 **사회정서적 역량**(Social and Emotional Competencies)으로 (1) 자아의식(self-awareness), (2) 자기관리(self-management), (3) 사회적 의식(social awareness), (4) 관계성 관리(relationship management), (5) 책임 있는 의사결정(responsible decision-making)이고, 마지막으로 싱가포르가 지향하고 있는 **21세기역량**은 (1) 시민성 문해 · 글로벌 의식 · 다문화 문해 기능과, (2) 비판적 · 창의적 사고, (3) 정보 · 의사소통 기능의 셋(이것을 3Cs로 압축해서 표현할 수도 있겠죠.)을 내세우고 있습니다. 싱가포르 교육부에서는 이렇게 21세기에 대비하는 교육의 방향을 제시하고 노력하는 데 비하여 우리 교육부는 우리의 교육이 어느 방향으로 어떻게 나아가고 있는지 국민들이 알 수 없게 만들어 놓고 그저 공부 열심히 하기만을 기대하고 있는 형국입니다. 우리나라 교육부 조직 구성을 보면 이런 방향을 제시할 만한 인력조차 없고, 이런 생각 자체를 못하고 있는 셈입니다.

우리나라 교사교육도 대한민국 국민의 인간상, 학생상을 먼저 제시하고, 다음에 이러한 학생을 길러 내기 위해서 대한민국이 원하는 교사가 어떤 사람이어야 하는가 하는 대한민국이 원하는 교사상부터 결정해야 한다고 봅니다. 지금은 교대나 사대에서 제각각의 교육과정에 의하여 교육시켜 자격증을 부여해 놓고, 임용고사는 또 임용고사대로 적당히 평가하여 뽑아 놓고, 근무평정 따로, 교사평가 따로, 성과급 평가 따로, 연수 프로그램 따로 일정한 기준 없이 중구난방으로 하고 있는 셈입니다. 대한민국 국민상 → 학생상 → **교사상** → 양성 · 연수기관 교육과정, 자격기준 → 임용고사 평가 → 교사평가(근무평정, 성과급) → 전문성 평가(연수, 승진)의 일관성이 요구됩니다.

말로만 하지 말고 이제는 정말로 '학생중심 · 배움중심' 교육이 되어야겠습니다. 교육부가 태양이 아니라 학생이라는 태양을 중심으로 교사, 교장, 교육청, 교육부가 위성으로 돌도록 해야 합니다. 'Best Interests of the Student'(졸역, 교육윤리 리더십)에 최우선 가치를 둬야 합니다. 교사 앞으로 학생이 지나가는 게 아니라 학생 앞으로 교사가 지나가는 것입니다. 선생님들이 정년퇴임을 하면서 자기 앞으로 지나간 제자가 몇 천, 몇 만이라고 자랑합니다. 이것은 정년퇴임하는 선생님을 중심으로 하여 보았을 때 그렇습니다. 그런데 학생 입장에서 보면 자기들 앞으로 선생님들이 지나가는 것입니다. 초등학교 1학년 때 가르친 선생님도 지나갔고, 6학년 때 선생님도 1년 동안 뭔가 떠들며 지나갔습니다. 중학교 영어 선생님도, 고등학교 수학선생님도 뭔가 일 년간 열심히 떠들며 지나갔습니다. 일 년씩 뭔가 열심히 가르친 것 같은데 학생들 머릿속에 하나도 남아 있는 것이 없고, 때로는 선생님 이름도 생각 안 나고 얼굴도 떠오르지 않습니다. 모든 선생님이 '공부 잘해라, 몸 튼튼해라.' 하는 말은 하고 지나갔을 텐데 그런 선생님은 별로 기억에 안 남습니다. 마치 미인대회에 나온 미인들이 심사위원들 앞으로 억지 미소 지으며 지나가듯이 아이들 심사위원, 평가위원 앞으로 선생님이 지나간다고 생각하면 심사위원인 제자들을 두려워하지 않을 수 없습니다. 제자와 후배를 두려워하라!(주삼환, 2005, pp. 218-223).

옛날에는 '교수학습'이라고 했는데, 지금은 '학습교수'라고 합니다. 학생들이 배울 것을 배우기만 하면 됩니다. 가르치지 않아도 배우는 것도 많습니다. 가르치지 않았는데도 학생들이 배울 것을 배울 수 있다면 그것 같이 좋은 게 또 어디 있습니까? 그런데 교사와 학부모는 무조건 가르칠 생각만 합니다. 맥도 안 짚어보고 침놓을 생각만 하는 것 같습니다. 학교가 가르치는 곳이라면 아마 '교교(敎校)'라고 했을 것입니다. '학교(學校)'는 배우는 곳이기 때문에 학교입니다. 학생만 배우는 곳이 아니라 교사도 배우고 교장도 학부모도 배우는 곳입니다. 교사도 배우고 연구해야 가르칠 수 있습니다. 배우고 공부하고 '연구하는 교사'가 되어야 합니다. 논어의 첫 글자가 '學'이라고 합니다. 주어진 교육과정, 주어진 교과서 주어진 것(givens)만 가르치는 것이 아니라 교사가 연구해서 만들어서(made) 학생으로 하여금 배우게 해야 할 것입니다. 핀란드 교사교육과정은 5년제 석사과정으로 연구하는 방법을 연구하는 과정입니다. 어떤 사람들은 '학습'이란 말도 싫어서 '배움' '배움학'이라고 하고 '배움중심' 학교, '배움중심 장학'이라고 하더군요. 그래도 가르치기는 쉬워도 배우게 하기는 어려워 한 단계 더 높은 수준으로 올라가야 할 것입니다. 학생들을 배움에 배고프게 하는 것도 한 방법일 것입니다.

앞으로 해야 할 교육은 21세기에 맞는 질 높은 교육이라고 할 수 있는데, 학생과 학습이 확실하게 중심이 되어야 한다고 봅니다.

4. 교직의 전문직화: 교사를 부품 취급할 것인가

교직은 가장 어려운 직업이라고 합니다. 교사 출신이 한 말이 아니라 가장 어려운 직업이라고 하는 의사(M.D.)가 한 말입니다(Glasser, 1990, 1993). 그 이유를 읽어 봤더니 여러 가지 이유를 들 수 있겠지만 고객인 학생이나 학부모가 교사에게 매달리지 않기 때문이라는 것입니다. 우리나라에서 옛날에는 말이라도 "선생님에게 자식을 맡기니 선생님만 믿는다."고 했었지요. 그런데 이제는 학부모가 갑(甲)이라는 것입니다. 생명을 다루는 의사가 어려운 직업이기는 하지만 환자나 보호자가 의사에게 '살려 달라고 매달리기' 때문에 일하기는 쉽다는 것입니다. 환자나 보호자가 배를 째더라도, 또 쓴 약이라도 먹을 테니 제발 살려만 달라고 매달리니까 의사 노릇하기는 쉽다는 것입니다. 이발(미용)사나 목수, 디자이너, 미술가 등 많은 직업에서는 자기 마음대로 고객과 재료를 다뤄서 일을 할 수 있는데, 교직은 욕구가 다 다른 사람을 다루는 데다가 사람들이 교사에게 매달리기는커녕 시키는 대로 하지도 않고 요즘 우리나라에서는 '갑질'까지 하고 있으니 어려운 직업임에 틀림없습니다. 법조계 판·검사도 꼭 머리가 좋을 필요도 없다는 것입니다. 죄가 어느 법조문에 해당되는가만 판단하면 되기 때문이라는 것입니다. 이제 이런 것은 인공지능(AI) 로봇에게 맡겨도 됩니다. 우리가 서로 다른 직업을 존중해야 하지만 이런 말들은 일면 일리가 있습니다. 그런데 우리나라에서는 머리 좋다는 사람들이 다 의·법 쪽으로 편중되게 몰리는 데 문제가 있습니다. 핀란드에서는 의학, 법학 분야보다 상층의 우수자들이 교직에 오고, 교사교육 기관에 들어오기가 의학이나 법학 분야보다 어렵다고 합니다(The New York Times, 2011. 12. 12.). 지원자의 10퍼센트만이 대학 교사교육과정에 들어올 수 있다고 합니다. 이는 월급을 많이 받아서가 아니라(2008년 기준, 핀란드 연봉 2만 9천 달러, 미국 연봉 3만 6천 달러) 최고의 전문직으로서 국민의 **신뢰와 협력, 존경과 자율**을 받기 때문이라고 합니다(http://hechingerreport.org). 핀란드에서는 교직이 최고의 전문직으로 인정받고 존중받는 것입니다. 장관이 직접 그렇게 말하고 있습니다. 이것도 겨우 1970년대 말에 개혁된 것인데, 40년 만(실제는 1930년부터)에 핀란드는 지금은 세계가 부러워하는 성공의 열매를 따 먹고 있는 것입니다. '철밥통' 가지고는 국민의 교육을 제대로 시킬 수도 없고, 좋은 나라를 만들 수도 없습니다. 그래서 국가 지도자들이 교직을 존경받는 직업으로 만들려고 하는 것 아니겠습니까(미국 오바마 대통령은 또 얼마 전에 '한국에서 교사들이 의사만큼 보수를 받는다고 칭찬했다는데(The Independent, 2015. 7. 22.)' 잘못된 정보를 갖고 한 말인 것 같고, 만약 그랬으면 얼마나 좋겠습니까). 교직을 의사나 법조인 이상의 전문직으로 만들어야 합니다.

　네덜란드 암스테르담의 한 주택가에 창밖으로 막대기가 걸쳐져 끝부분에 가방이 하나씩 걸려 있었는데, 이게 교사와 중학교 졸업을 앞둔 학생의 부모가 학생 진로에 대하여 상담한 결과 일반 고등학교 진학이 아닌 직업 전문학교 코스로 결정되면 "우리 아이가 학업을 마쳤어요."라는 뜻의 '일종의 책거리' 표시로 이렇게 책가방을 창밖으로 내건다는 것입니다(조선일보, 2015. 7. 9, 조중식).

교사의 권위가 이 정도는 돼야 교사가 신뢰를 받는 것입니다. 독일이나 영국에서는 교사의 권유가 곧 학생의 진로로 확정됩니다.

핀란드는 지금 세계의 교육개혁과 거꾸로 가고 있습니다. 핀란드에는 "죽은 물고기나 물결에 떠내려간다(Only dead fish follow the stream)."는 말이 있는데, 핀란드는 죽은 물고기가 아니고 살아 있는 물고기라는 이유로 핵심교과(core subjects), 경쟁, 표준화, 평가에 의한 책무성, 통제(control)라는 자유시장화(Marketization)를 세계교육개혁운동(Global Education Reform Movement)을 GERM(병균)(Sahlberg, 2015)이라고 하며, 이와 반대로 협력, 개성화, 신뢰에 의한 책임, 형평성이라는 전문직주의(Professionalization)의 방향으로 거슬러 올라가 성공하고 있는 것입니다.

세계교육개혁운동(GERM)		Sahlberg의 핀란드 교육방향
경쟁	↔	협력
표준화	↔	개성화
시험평가에 의한 책무성	↔	신뢰에 의한 책임
선택의 자유	↔	형평성
자유시장화	↔	전문직주의

우리나라에서 교직이 전문직으로 인정받으려면 최고 수준의 고등학교 우수 졸업생이 교직을 희망할 수 있도록 해야 합니다. 우선 교직자들이 프라이드를 갖게 되어야 하고 우선 자기 자녀부터 자기 후배 교직자로 먼저 빼돌려 놔야 합니다. 자기 자식 맘대로 안 된다고 하

지만 교직자들이 자기 자녀를 의사나 변호사에 앞서 교직으로 빼돌려야 합니다. 그리고 자기 반, 자기 학교 우수 학생을 자기 후배 교사로 만들기 위해 다른 곳으로 못 가게 해야 합니다(좀 웃기는 얘기지만). 미국 교사들이 교직에 우수 고등학생을 확보하기 위해 기꺼이 봉급의 일부를 털어 장학금을 마련한다는 글을 읽은 적이 있습니다.

그리고 교사교육에 의사 양성연수교육 모델을 도입하는 방안을 연구 적용할 필요가 있습니다. 아니 이보다 교직은 더 치열하게 교육훈련시켜야 합니다(글래서의 말처럼 의사보다 더 어려운 직무를 수행하게 하려면 최고 수준의 양성·연수교육을 해야 합니다). 이미 교사 장학에서 수련의 모형을 제안하고 있습니다(Marzano, Frontier, & Livingston, 2011). 초임 교사와 교장에게 멘토제를 적용할 수도 있습니다. 10년의 법칙, 1만 시간의 법칙이라는 말이 있습니다. 어느 분야에서나 최소한 10년, 1만 시간은 치열하게 노력해야 전문가로 인정받습니다.

교직이 전문직으로 인정받으려면 전문화를 위해서 치열하게 교육·훈련하고 연구하고 공부하는 동시에 투쟁(militancy)도 해야 합니다. 교직이 전문직이어야 한다는 것은 말할 것도 없고, 전문직이기 위해서 이렇게 노력하고 있고, 좀 부족한 점이 있더라도 계속 전문직이라고 세상을 설득하고 때로는 좀 우겨 대기도 해야 합니다. 이 세상에 전문직 치고 쉽게 전문직으로 인정받은 직업은 없습니다. 모두 투쟁의 과정을 거쳤습니다. 어린이집 교사, 유치원교사, 보건교사, 영양교사들이 교사신분을 확보하기 위해 투쟁했듯이 진짜 초·중·고등학교 교사가 의사 이상의 신분을 확보하기 위해 신분 투쟁을 해야 합니다. 교원단체가 단결해야 합니다. 일반인 교장, 일반인

정치인 교육감을 허용해서는 안 됩니다. 교사자격증제를 채택하고 있는 우리나라에서 무자격 교장을 둔다는 것은 위법입니다. 교장은 행정가이기 이전에 교사입니다. 그것도 교장이 원래 수석교사 (Principal Teacher)입니다. 교육감도 우선적으로 교육자이지 일반인이나 정치가가 아닙니다. 행정과 사무가 우선이 아니라 학습과 교육이 우선이라는 것을 알아야 합니다. 교육을 하기 위해서 행정이 필요한 것입니다.

이것은 매우 지독한 결심을 해야 가능한 일인데 교사의 **전문성의 경력 사다리**를 고려해 볼 수 있습니다. 미국의 '시작신분 교사 → 전문교사 → 멘토교사 → 수석교사', 영국의 'QTS → Core → Post Threshold → Excellent Teacher → Advanced Skills Teacher'와 같은 전문성의 단계처럼 말입니다.

미국이나 영국에서는 경력 연수만 채웠다고 상위 단계로 올라가는 것이 아니라 전문적 속성, 지식과 이해, 기능 등 영역별로 역량을 갖춰야 하고 단계에 따라 보수를 다르게 적용합니다. 그런데 우리나라에서 '지독한 결심을 해야 가능한 일'이라고 한 것은 우리나라는 '정(情)'의 사회이기 때문에 2급정교사에서 1급정교사로 올라가듯이 대학에서 조교수, 부교수, 교수의 직급에 차이가 없이 승진하듯이 적용된다면 교사직에서도 이 전문성 단계가 또 의미가 없게 되기 때문입니다. 지금 '수석교사'제를 엄격하게 구별 짓기 어려운 것과 마찬가지가 되기 쉽기 때문에 조심해야 한다고 한 것입니다.

앞으로 **교사 연수**는 각 단계에 필요한 요소를 충족시키기 위한 연수를 해야 할 것이고 양성교육(Initial Teacher Training)과 달라진 것에 대한 전문적 능력개발(Professional Development: PD)에 초점이 맞춰져야 할 것입니다. 우리나라에서도 한때 하다 하다 "할 것 없으면 선생질이나 하지." 하는 때도 있었고 여자의 직업은 부업(side job) 정도로 여기던 시절도 있었지만, 이제 교직은 인생을 건 전문직 중의 전문직이어야 합니다. 정부나 학부모 국민과 사회도 교직을 '철밥통'이라고 하기보다는 부족하더라도 전문직으로 인정하고 격려하는 방향이 훨씬 더 효과적이고 학생과 국민에게 유리할 것입니다.

우리 정부가 참 미련합니다. 우수한 교사를 뽑아 놓고도 우수한 인력을 잘 활용할 생각을 못하고 교사를 교체해서 쓸 수 있는(inter-changeable) 한 개의 기계부품(Weisberg, Sexton, Mulhern, & Keeling, 2009) 정도로 생각하고 활용하고 있기 때문입니다. 정책마다 교사의 사기를 꺾어 놓고 있습니다. 교원 정년단축도 교원을 부품 정도로 생각하고 교체해서 쓸 수 있다고 본 것이고, 기간제 교사도 값싼 교사로 교체해서 임시로 쓰겠다는 것이고, 거친 교사평가, 학교평가, 성과급 평가도 자세히 들여다보면 교사를 기계부품 정도로 보는 철학에서 나온 것입니다. 교원 **정년단축**은 단순한 3년 일찍 정년이란 의미보다는 과거 65세 정년은 그래도 전문직으로 인정하는 듯한 흉내라도 내던 입장에서 완전히 노동직으로 전환하는 의미가 있었기 때문에 나는 교원 정년단축을 절대 반대했던 것입니다(주삼환, 1999). 교원 정년단축으로 정부가 얻은 것이 도대체 무엇입니까? 교사는 쓰고 버리는 소모품이 아닙니다.

교장임기제도 교장을 우습게 본 부품 교체론이라고 봅니다. 도대체 왜 교장만 임기제인가? 교장이 선출직인가? 4년, 8년이란 숫자는 도대체 어디서 나온 것인가? 임기제가 필요하면 교장, 교감, 교사, 일반직도 다 같은 공무원이므로 모두 임기제를 해야 할 것 아닙니까? 원칙도 논리도 없습니다. 교장 임기제를 할 때 나는 우리는 '건너지 말았어야 할 강을 건넜다.'고 썼습니다(학교경영, 1991. 5.). 교사평가제 도입으로 시끄러울 때는 "교사는 제대로 된 평가를 받고 싶다."(한국교육신문, 2005. 5. 16.)고 했습니다. 미련한 교육부는 교사를 보호할 생각을 않고, 무지막지한 언론과 갑질하는 겉넘는 학부모단체와 짝꿍이 되어 교사를 마구잡이로 다루고 움츠러들게 하고 있습니다. 교육부가 교사를 보호하지 않으면 방어능력이 없는 연약한 교사를 누가 보호합니까? 관료, 장관, 정치인들은 교사 깎아내리는 일만 했습니다. 임용고사 경쟁률이 높다고 좋게 생각해서는 안 됩니다. 프랑스에서 교사 경쟁률이 3, 4대 1이 될 때도 교사 부족 현상이란 표현을 썼습니다. 한때 영국에서는 교사가 부족하여 아프리카 영어권 국가에서 수입해다 교사를 채운다고도 하였습니다. 경쟁률이 높아도 정부 입장에서는 입맛에 맞는 교사 후보자가 없다는 것입니다. 지금 우리나라에서 교사 희망자가 많은 반면, 명예퇴직 희망자가 또 많다는 것은 어떻게 설명할 것인가요? 만일 '철밥통' 희망자가 많다면 큰일이 아닐 수 없습니다. 우수한 교사 희망자가 교사로 채용된 다음에 철밥통으로 변해 버려도 문제입니다.

교사가 전문직 전문가라면 교장은 교사와 조직을 리드해야 할 전문직의 전문직입니다. 가르치는 전문성에 더하여 행정하고 리드하는 리더십의 전문성을 길러야 합니다. 리더십을 하나의 전문 분야로 강조해야 합니다. 교장과 장학직 등을 연수가 아니라 양성교육으로 집중 길러 내는 방안도 연구할 필요가 있습니다. 그래야 교육행정과 교육행정학 교수도 살길이 뚫립니다. 40년 동안 하버드대학 총장을 하듯이 《부록 11》 20년, 30년씩 교장을 할 수 있도록 되어야 합니다. 교장은 학교를 이끌고 항해하는 선장(captain)에 비유됩니다. 나침반과 방향타를 가지고 항해하여 교육목표 지점에 안전하게 정박시켜야 하는 교장 선장입니다. 교장은 학교에 관한 한 절대적인 권한과 동시에 책임을 집니다. 모든 선원에 해당하는 교직원이 일치단결하여 맡은 바 책임을 다할 때 모두가 즐거운 항해를 할 수 있습니다. 선상반란과 같은 교내 갈등도 책임지고 관리해야 합니다. 타이타닉의 선장이 애선(愛船)과 생을 같이하듯이 교장은 사랑하는 학교와 생을 같이해야 합니다. 학교와 교직원, 학생을 진정으로 사랑하지 않고는 선장 교장이 될 수 없습니다. 거듭 말하지만 교장임기제는 '건너지 말아야 할 강'이었습니다. 지금 교장의 리더십이 먹혀들지 않고 있습니다. 교장을 적군 대하듯이 하고 있습니다. 교장 따로, 교사 따로, 일반직 따로, 학부모도 모두 따로따로입니다. 모두가 하나의 팀으로 기능해야 합니다.

　교사 양성과 연수와 관련하여 특별히 주문하고 싶은 것은 교원양성연수기관의 교수입니다. 교육대나 사대의 교수는 교사의 교사입니다. 많은 학생들에게 영향을 주는 교사의 교사에 프라이드를 갖고 보람을 느껴야 합니다. 교사의 교사가 전공인 교과목이나 전공분야에서만 업적을 쌓으려는 본분을 잊은 교수님들이 있습니다. 예를 들면, 사대의 예능 분야 교수님이 예술대학이 생기니까 많은 분들이 사대를 떠나 그쪽으로 가고자 하는 경우입니다. 학생의 예능을 가르칠 예능 교사를 길러 내는 데 자부심을 갖지 못했던 모양입니다. 교사양성기관 교수는 학교현장에 밝아야 합니다. 내가 영국 CATE(미국의 NCATE와 같은 교사교육평가기구)에 방문했을 때 보니 교사교육기관 교수는 매 5년마다 직접 초·중·고등학교 교사로 근무하면서 가르치는 것이 요구되는 것이었습니다. 울리 슈틸리케 축구 대표팀 감독이 "한국 축구가 정말 세계 수준에 오르고 싶다면 먼저 선수를 키워 낼 지도자부터 키워야 한다."고 강조했다는데(조선일보, 2015. 7. 24.) 정말 학생을 잘 키우려면 지도자 교사를 잘 키워야 하고, 교사를 잘 키우려면 교사의 교사인 교사양성연수기관 교수부터 제대로 되고 사명감을 갖도록 하여야 합니다.

우리 **교육행정** 교수님께 특별한 부탁은 교원과 관련된 정책을 연구하거나 수립할 때에는 선생님을 귀중하게 여겨 특별히 세심하게 주의를 기울여야 한다는 점입니다. 선생님은 자존심과 명예를 먹고 산다는 것을 명심해야 합니다. 내가 초등학교 교사일 때 무시당하고 지시받는 것이 제일 싫었다고 앞에서 말했습니다. 선생님의 자존심을 건드리는 정책은 성공할 수 없습니다. 5·31 교육개혁을 한다는 사람에게 왜 교사들을 참여시키지 않느냐고 물었더니 '교사가 개혁의 대상'이라서 참여시키면 안 된다는 대답이었습니다. '대상'을 배제한 개혁이 성공하겠습니까? 그러니까 우리는 팔짱 끼고 구경이나 할 테니 '교육개혁 잘 해 보시오.'(윤종건, 1996) 하는 말이 나오는 것입니다. 서로 존중해 주는 정책이어야 합니다. 미국의 교육개혁(1981)에서도 개혁에 교장, 교사가 바쁘지 않고 주지사(미국 교육에서는 중앙)만 바빠서 실패했다는 반성이 나왔습니다. 교육행정 교수들은 자신의 철학에 맞지 않으면 교육부 정책에 춤을 춰 줘서는 안 됩니다. 나중에 역사의 심판을 받고 '안 되는 줄 알면서 왜 그랬을까?' 후회해 봐야 자기만 망가지고 맙니다.

*Creative Schools*를 쓴 켄 로빈슨은 인간이 100년을 산다고 해도 지구의 역사(50억 년)를 1년(365일)으로 친다면 섣달그믐 0시 전 1분도 채 반짝 나타나지 못하는 존재라고 합니다(If you imagine the whole history of the Earth as one year, we showed up at less than one minute to midnight on December 31. p. xxvii). 그런데 공교롭게도 정범모 선생님은 『그저 좋아서』(학지사, 2015)란 책에서 "이 우주의 140억 년을 1년이라고 간주하고 계산하면 , 인류의 탄생은 1년이 거의 다 지나간 그믐날 12월 31일 21시쯤이고, 지금 내가 100년을 산다 해도 그것은 그 끝자락 그믐날 23시 59분 59초의 마지막 5분의 1초도 안 된다."(p. 222)고 했습니다. 인생도 정말 눈깜짝할 사이고 교육백년대계란 것도 이런 관점에서 보면 긴 것 같지만 순간입니다. 교육도 교사교육도 좀 멀리 보고 설계해야겠습니다.

교육행정을 전공했으니 장관이나 교육감이나 무슨 기관장이 되려고 하는 것은 좋은 일이고 또 환영해야 할 일이지만, 그 자리에 가서 무엇을 할 것인가, 왜 그 자리에 가려고 하는가를 깊이 생각하고 가더라도 가라고 권고하고 싶습니다. 가더라도 좀 버티다 가면 안 될까요? 자리에 앉는 데 급급해서는 실패합니다. 되려는 데만 급급하고 되고 나서 하는 일 없이 내려오고 마는 것을 많이 봅니다. 대통령도 되는 데만 열심이고, 뭣 때문에 대통령 되려고 했는지 국민들이 모르게 되는 경우가 있습니다. 하는 일 없이 내려오게 되면 뭐가 됐다고 우러러보던 시대는 지났다는 점을 명심해야 합니다. 그리고 아무 자리나 함부로 가서는 안 됩니다. 새도 앉을 나뭇가지를 자리 가려서 앉는다고 합니다.

통일에 대비한 교사교육과 일본에 대한 교사교육, 다문화 가족을 위한 교사교육도 충분히 연구하고 통일부 외교부 같은 타 부처와의 합의와 협조하에 방향감을 갖고 준비해야 된다고 봅니다. 동독 교사들이 통일이 된 후 한 입을 가지고 서로 다른 말을 해야 할 때 얼마나 난처했겠습니까? 북한 교사나 남한 교사라고 그런 일이 안 생기겠습니까? 통일에 대비한 교사교육은 지금의 탈북자 교육에서 많은 시사를 받을 수 있을 것으로 봅니다. 특히 탈북 북한 교원 출신과 충분히 협의할 필요가 있다고 봅니다. 예를 들면, 수키 김도 북한에서의 교육에 대하여 이야기하고 있더군요('This is what it's like in North Korea', Ted.com, 2015년 6월 게시). 이들은 "통일 과정과 통일 이후 북한 지역에서 우선적으로 북한 주민을 계도할 통일대비요원(교원)으로서도 자기 역할을 다할 것"이라고 합니다.(조선일보, 2015. 7. 24., 조휘제, '북한 교원 출신, 통일 교육에 활용했으면') 아무리 세월이 흘러도 일제강점기를 잊지 않도록 해야 할 것입니다. 타력에 의한 광복, 타력에 의한 6·25와 정전으로 우리는 나라의 허리가 잘리고 가족이 동강 나고 개인이 불구가 된 채 70 노인으로 한 세상을 살고 있습니다. 전쟁 죄인 일본은 큰소리치며 잘 살고, 전쟁 피해국 우리는 언제까지 상처를 안은 채 살아야 합니까? 일본이 근본적인 원인 제공자입니다. 한 은사님은 평생 일본 공항도 외면하고 외국을 다니셨다고 합니다. 선생님들에게 일본을 이길 수 있는(克日) 힘을 길러 줘야 합니다. 우리 세대에 일본을 이기지 못한 것을 다음 세대에 넘겨야 할 판입니다. 나는 최근에 3·1 운동하듯이 일본과 싸워 이겨 내야 한다는 생각을 합니다. 남북 허리가 잘린 것은 우리 힘으로 광복을 못하고 우리가 일본보다 국력이 약해서입니다.

모든 교원에게 다문화 가족을 위한 교육을 양성단계 연수단계에서 지속적으로 해야 할 것입니다. 미국의 ELL처럼 KLL 교육을 해야 할 것입니다. 광복 100주년이 되는 2045년에는 교육의 힘으로 남북통일을 이룩하여, 일본을 누르고 다민족이 아름답게 어울려 평화롭게 살게 되었으면 좋겠습니다.

나는 어쩌다 교육의 길에 들어서 어린이와 젊은이들과 반세기를 행복하게 살아왔습니다. 나와 만났던 학생들을 충분히 사랑해 주지 못해서 후회되고 죄스럽습니다. 특히, 어려움에 있던 사람, 그늘에 가려져 있던 학생들을 위해서 뭐 하나 제대로 해 준 것 없는 것 같아서 안타깝습니다. 여러분은 나처럼 후회하는 길로 들어서지 않기를 바랍니다. 여기서 나의 교사생활에 대하여 참회할 수 기회를 준 우리 한국교육행정학회에 감사드립니다. 내가 존경하는 은사님이나 좀 맘에 덜 들어 했던 은사님들이나 모두 나에게 똑같이 가르침을 주신 분들이기 때문에 항상 존경하며 감사하고 있습니다. 내가 가르쳤던 학생들도 역시 공부를 잘했던 사람이나 좀 속을 썩였다고 생각했던 사람이나 모두 나름대로는 내가 사랑했던 사람들이고 거꾸로 나에게 많은 가르침도 주었습니다. 속 썩인다고 생각했다는 것 그 자체가 그만큼 깊이의 사랑이 있었다는 의미도 됩니다. 그동안 제자들에게서 받고 배운 것이 너무 많습니다. 그 흔적들이 지금 우리 집에도 나의 마음속에도 그대로 많이 남아 있습니다. 그동안 선후배 동료로 만났던 많은 사람들이 모두 나에게 가르침을 준 내 인생의 선생님들입니다. 그동안 분에 넘치는 박수도 많이 받았습니다. 격려의 박수를 보내 주신 많은 분들께 감사드립니다. 그분들로 인해서 오늘의 내가 있는 것입니다.

안 가 본 길이 더 아름다워 보인다지만 나는 다시 기회가 주어진다면 똑같이 교사가 되어 좀 더 잘해 보고 싶습니다. 내 앞에 무엇이 있어 나를 홀렸기에 그렇게 앞만 보고 달려왔는지 모르겠습니다. 그러려고 의도했던 것은 아닌데 살다 보니 앞에 무엇이 있는지 자꾸 궁금했던 모양이라 여기까지 왔어요.

지금 나의 가장 큰 문제점은 떠날 채비를 아직 못하고 있다는 것입니다(〈부록 12〉). 내 인생 등잔불에 석유가 얼마 남아 있는지 모르지만 다 닳을 때까지 참회하며 공부가 소원이었으니 등잔불이 꺼질 때까지 공부는 계속해야겠습니다. 지금은 사라져 버린 등잔불이지만 석유 등불은 내 인생을 밝혀 주고 안내해 준 내 인생의 길잡이이고 희망의 등불이었습니다. 아끼고 절약하여 살려고 노력해왔는데 내 인생의 잔고증명에 몇 푼이나 남아 있는지 모르겠습니다. 흑자인생을 살았어야 하는데…….

후회하고 참회하는 것으로 나의 발표를 끝내려니 뭔가 허전합니다. 광복 70년, 교육 70년 그동안 온갖 어려움 속에서 교육에 몸 바쳐 꼬장꼬장 교과서대로 **민주화**를 가르치시고 **산업기술**을 가르치신 수많은 무명교사 은사님과 선배, 동료, 후배 선생님들에 대하여 대한민국 국가와 국민은 왜 그렇게 인색한지 모르겠습니다. 우리가 능력과 방법은 좀 부족하고 서툴렀을지 모르지만 국가와 민족 사회를 위하여 충성한 것은 사실입니다. 나의 마지막 한 마디입니다. "어려움 속에서 고생하고 수고했다는 말 한마디와 격려의 박수는 우리 교육자들이 우리정부와 국민들로부터 꼭 받아 내고 말아야겠습니다." 고맙습니다.

참 고 문 헌

오천석(1997). 스승. 교육과학사.

윤종건(1996). 교육개혁 잘 해보시오. 원미사.

정범모(2015). 그저 좋아서. 학지사.

정찬주(2013). 공부하다 죽어라. 열림원.

조선일보. 2011. 12. 6. 종합 A5면.

조선일보. 2015. 7. 20. 문갑식. 아베의 예언, 스님의 경고.

조선일보. 2015. 7. 24. 민학수. 세계 일류 선수 키워내는 한국 코치들.

조선일보. 2015. 7. 9. 조중식

조휘제(2015). 북한 교원 출신, 통일 교육에 활용했으면. 조선일보. 2015. 7. 24.

주삼환(1999). 교원 정년연령 단축행정의 실패를 시인하고 환원하라. **교육평론**, 권두언.

주삼환(2005). 우리의 교육 몸으로 가르치자. 한국학술정보.

주삼환(1963). 불가능의 성취. 새교육. 대한교육연합회.

주삼환(1963). 어린이 숙제지도의 한 작은 연구. 교육평론사.

주삼환(1964). 교육실습을 마치고. 새교육. 대한교육연합회.

주삼환(1964). 바보를 양성하자. 교육평론. 교육평론사.

주삼환(1964). 초임교사 선도를 바란다. 새교육. 대한교육연합회.

주삼환(1976). 가르친 만큼 응보 받는 직업. 교육평론. 교육평론사.

주삼환(1977). 잡초 가꾸기. 수도교육. 서울시교육연구원.

주삼환(1991). 건너지 말았어야 할 강을 건넜다. 학교경영. 한국생산성본부.

주삼환(2005). 교사는 제대로 된 평가를 받고 싶다. 한국교육신문. 한국교총.

주삼환(2009). 많이 가르치고도 실패하는 한국교육. 한국학술정보.

주삼환(2009). 배움을 사랑하는 사람을 위하여: 교육이 바로 서야 나라가 산
　　다. 한국학술정보.

주삼환, 정일화 역(2011). 교육윤리 리더십.: 선택의 딜레마. 학지사.

EBS 지식채널e. 2013. 9. 5. 어떤 의사들—쿠바의사 이야기.

한국경제. 2015. 1. 9.

한국교육신문. 2005. 5. 16.

Anderson, L., & Krathwohl. (Eds.) (2001). *A Taxonomy for Learning,
　　Teaching, and Assessing: A Revision of Bloom's Taxonomy of
　　Educational Objectives.* NY: Longman.

Blair, Tony (2001). 'Speech on education', Politics, The Guardian,
　　2001. 5. 23.

Glasser, W. (1990). *The Quality School.* NY: Harper Perennial.

Glasser, W. (1993). *The Quality School Teacher.* NY: Harper
　　Perennial.

Kim, Suhi(2015). This is what it's like in North Korea. Ted.com 2015년
　　6월 게시.

Marzano, R. J., Frontier, T., & Livingston, D. (2011). *Effective
　　Supervision: Supporting the Art and Science of Teaching.* 주삼환,
　　황인수 공역(2015). 수업장학. 서울: 학지사.

Robinson, K., & Aronica, L. (2015). *Creative Schools.* London: Allen

Lane.

Sahlberg, P. (2015). *Finnish Lessons 2.0: What can the world learn from educational change in Finland?* (2nd ed.). NY: Teachers College Press.

The Independent. 2015. 7. 22. President Obama praises South Korea for paying teachers ad much as doctors.

The New York Times. 2011. 12. 12. It's more difficult getting into teacher education than law or medicine.

Weisberg, D., Sexton, S., Mulhern, J., & Keeling, D. (2009). *The Widget Effect.* the New Teacher Project.

http://www.p21.org/our-work/p21-framework

http://www.moe.gov.sg.

http://hechingerreport.org. An interview with Henna Virkkunen, Finland's Minister of Education.

II
한 교사로 만들어지기까지

지난 2015년 5월 8일 서울교대 1회 친구들과 어느 지하철역에서 만나 막 '서울둘레길'을 걸으려 출발하는데, 한 젊은이가 헐레벌떡 뒤따라와 "주삼환 선생님이시죠?" 하는 것입니다. 나를 어떻게 알았느냐고 하였더니 나의 책 『불가능의 성취』(학지사, 2009)를 읽고 무작정 '주삼환과 서울교대 1회'를 검색하여 사진과 산책길, 만나는 시간과 장소까지 알아냈다는 것입니다. 참 무서운 세상이죠? 알고 봤더니 서울교대 45년 후배 초등교사 3년차로 '구술사'를 공부하는 중인데 교대 1회 1962~1964년 당시의 **교사교육**과 생활에 대하여 "할아버지가 손자들에게 옛날 이야기해 주듯이 편안하게 구술해 달라."는 것이었습니다. 그래서 우리 집에 와서 세 시간여 녹음을 하였는데, 이것이 1차 구술입니다. 얼마 후에 기록물을 가지고 와서는 이번에는 나의 유년시절부터 지금까지 살아온 이야기와 가치관에 관하여 2차 구술 녹음을 하고 싶다고 하여 또 세 시간여를 구술 녹음 하였습니다. 녹음과 기록물을 정리하여 어느 국립대학 기록원에 보관하려고 했는데 잘 안 된 것 같습니다. 이 젊은 선생님과 구술하면서 '남겨 놓을 것은 남겨 놔야겠다.'는 것을 느꼈습니다. 역시 '노인 한 명이 죽는 것은 도서관 하나가 불타는 것과 같다.'더니 옛것을 챙기는 귀한 사람도 있구나 하는 생각이 들었습니다. 또 최근에는 뜻 있는 젊은이들이 노인을 찾아 면담과 구술을 통하여 자서전을 써 주고 이를 지원해 주는 지방자치단체까지 있다고 하니 이제 물질만 추구하던 우리나라가 제정신을 차리기 시작하는가 봅니다. 마침 '너 늙어 봤니, 나 젊어 봤단다.'(서유석 작사 · 작곡 · 노래)가 어필했나 본데 이 노래는 조금 유행하려다 말았습니다.

1, 2차 구술 기록을 여기에 옮겨 놓습니다. 구술자인 나의 충청도 사투리가 나도 모르는 사이에 튀어나온 부분이 있는데, 구술사에서는 그대로 기록해야 한답니다.

1. 내가 받은 교사교육: 서울교대의 초기(1962~1964)

구술자: 주삼환
면담자: 문태현
일시 : 2015년 5월 28일
장소 : 구술자 자택 서재

시대상황

면담자: 편안하게 선생님께서 지내 오신 것, 서울교대에 입학하기 전에 어떻게 입학하셨는지, 그런 것부터 여쭈어 보고 싶습니다.

구술자: 그러니까 우리가 고등학교 2학년인가 그때 그 4·19 혁명(1960년)이라는 것이 일어나고… 우리는 시골에서 살았기 때문에 소식을 잘 모르고… 그랬지만 어쨌든 4·19, 그래서 모든 것들이 바뀌고 그런 상황이 진행된 다음에, 그 다음에 5·16(1961년)이 일어났어요. 요즘에는 쿠데타니 뭐 서로 국회에서 논란이 되고 그러지만 우리는 5·16 혁명이라고 계속 배웠고, 우리가 교사가 된 다음에도 (그렇게) 가르치고… 그런 셈이죠. 시대상황이 그런 배경이었고… 그래서 군사정부에서 우리 초등교사 양성을 사범고등학교에서 초급 대학이라도 대학이 좀 돼야 되겠다(그렇게 생각했나 봐요). 그래서 좀 세계적으로 위상도 스(서)고… 교육의 질도 높일 수 있겠다 그런 생각으로 교육대학을 만든다고 그렇게 된 거죠(1961. 9. 1.「교육에 관한 임시 특례법」). 지금 생각해 보면 누가 어떤 생각으로 어떤 정책적인 그런 걸 했는지 우리는 마 학생시절이고, 그러기 때문에 잘 몰랐지만 그런 결단은 아마 참 잘한 것 같고… 아… 그런 것이 아마도 박정희 그때 혁명을 일으켰던 분들이 교사를 하(지내)시고, 초등교사를 하시고, 또 김종필… 그 당시 제2인자라고 할 수 있는… 그런 분들도 서울사대 사범교육을 받고 해서 그런 중요성을 인식해서

그런 게 아닌가… 그런 때 그런 것을 하지 못하면 상당히 어려
웠을지도 모른다는 생각이 들고… 참 잘했다고 생각되고… 그
렇죠… 어쨌든 시대상황은 그런 상황이고…….

개인적 배경

구술자: 나의 경우는 농촌에서 자라 가지고 중학교 졸업하고 1년 농
    사를 지었어요. 고등학교를 못 가고… 그게 합덕농고(현 합덕제
    철고)라고, 농고 하나가 있었는데 그걸 졸업해 봐도 뾰족한 것도
    없고 악착같이 고등학교 갈(가)려고도 생각을 안 했고… 그때까
    진 공부를 상당히… 초등학교 때부터 계속 1등하고, 잘하고, 중
    학교 때도 그런대로… 학교가 멀어서 아주 우수하진 못했지
    만… 그 상위 그룹에서 뽑혔었는데도 1년 동안 농사짓고… 그
    랬었죠. 그러다가 인제 농고라도 가야 되겠다 해서 합덕농업고
    등학교를 (중학교 졸업) 1년 후에 간 거죠.

면담자: 합덕농고는 그러면 당진에 있었나요?

구술자: 그렇죠. 충남 당진군에 있는 합덕… 지금은 읍이 되었는데
    합덕면이었었죠. 근데 (고등학교에) 가 보니까… 농과하고 축산
    과하고 두 과가 있는데 건물도 가건물을… 에… (양철지붕) 창
    고… 시골 창고 흙바닥에 그런 데서 공부를 허구 그랬죠. 내가
    인제 1년 놀고 들어간 것이 (합덕농고) 9회가 되는데도 그런 창

고 같은 가건물에서, 흙바닥에서 공부하고 그러다가 중간에 3학
년 땐가 2학년 땐가 그래서 중학교가 있는, 합덕중학교가 있는
그 옆으로 건물을 지어서 갔죠. 고등학교 졸업하고도 대학에 대
한 아~무 정보도 없고 (더구나) 농업고등학교니까. 그 당시 실
업고등학교라고 했는데 누가 진학 뭐 이런 거 말해 주는 분도 없
고 우리 집안에도 그런 걸 얘기해 줄 만한 분도 없고 그래서 겁
도 없이, 그냥 서울대학이 얼마나 좋은 대학인지 잘 몰랐다가
서울대가 국립대학으로 학비도 싸고 조금 그런 걸 알게 되면서
막판에 겁도 없이 서울사대 영문과를 (지원하여 입학시험을) 치렀
었어요. 영어는 중학교 때부터 좋아해 가지고 영어는 아주 나두
(도) 좋아하고 또 잘한다고도 하고 뭐 그랬었죠. 한번은 합덕에
비행기가 떨어졌었는데 미군이 (조종을) 했었는데, 그 미군 조종
사하고 얘기할 수 있는 사람은 나 하나… 뭐 비행기가 떨어지니
까 사람들이 하얗게 모였는데도 그 미군하고 한 마디 뭐(말)도
못하는데……, 심지어는 영어 선생님까지도 나타나지 못하고
영어가 안 통할까 봐… 겁나 가지고… 나는 근데 뭐 … 되나 안
되나 해서 (말)허고, 그랬어요. 영어는 좋아했기 땜에 사대 영문
과를 치렀던 것 같은데… 뭐 여지없이 떨어졌고. 마침 그때 입
시 경향이 우리는 시골에서 '뭐뭐에 대해 논하라.' 하는 논술식
으로 대학입시를 준비하고 했었는데… 서울에 와서 (시험문제
를) 보니까 다 그냥 오엑스(OX)식 객관식으로 바뀌었더라고요.
그러니까 더군다나 여지없이 떨어졌죠. 그래서 1년 또 농사를
또 돕고 그러고 있었는데… 가을에 그러니까 초등학교 동기 되

는 사람이, 그 사람은 제때 중학교 졸업하고 놀지도 않고 고등
학교 졸업하고 놀지도 않고 갔기 때문에 건국대학교를 가서 다
니고 있었는데, 그 친구가 와 가지고서 서울교육대학이라는 것
이 처음 생긴다고… 나는 그것도 모르고 타작, 가을 타작만 하
고 있었는데 그런 정보를 주어서… 한 달 동안 바심(탈곡)한 다
음에….

면담자: 바심이 뭐예요?

구술자: 바심(바심질)이 타작하는 거지. 벼를 와롱와롱 (탈곡)기계에
터는 것을 바심이라고 했었는데, 그걸 정리하고서 한 달 동안
옛날 책… 뒤져 보고서 그 시험을 치르게 됐는데, 그때는 '국가
학력고사'라고 해서 국가 전체 공통 그… 학력고사시험… 요즘
에 같으면… '수능(수학능력시험)'에 해당하는 그런 시험을 치렀
죠. 그래서 그 수능 점수 가지고 자기가 원하는 대학에 지원해
가지고 이렇게 들어가게 되었었어요. 그래서 그 수능점수에다
가 체력장이라고 해서 뭐 엎드려뻗치기(팔굽혀펴기), 턱걸이 등
등 20점(나중에 알아보니 50점이라고 함.) 만점짜리를 더해 가지
고 총계를 해(내)서 이제 합격, 불합격이 결정되는 그런 체제로
되어 있었죠. 그래서 국가고사 치른 성적이 그래도 비교적 좋은
편이어서 아마 중요한 대학에 쪼끔 그렇게 유명하지 않은 학
과… 그런 정도는 합격할 수 있는… 서울대학교 같은 경우 농대
나 그런 데는 갈 수 있는 점수가 됐어요. 예… 수의학과를 갈까,

그런 것이 되면 밥벌이가 되지 않을까 해서 그런 생각을 하다가 교육대학을 가게 되었는데, 일 년 전에(의) 담임선생님을 찾아가서 인제 원서를 써야 되는데… (1년 만에 찾아뵈려니) 아이구… 서먹서먹 하더라구요. 서울교대 원서하고 공주교육대학 원서하고 두 개를 우편으로 주문해(사) 가지고 가서 선생님 찾아가서 했(말씀드렸)더니… '너는 서울로 가야 그래도 공부할 기회가 생긴다.'… 그래서(그렇게 말씀하셔서), 공부 잘하고 그랬으니까… 그러면서 서울을 추천하시더라고요. 그런 정보를 주서 가지고 공주교대 원서를 그 자리에서 찢어 버리고 서울교대 원서를… 뭐 합격이냐 불합격이냐는 따지지도 않고 서울 가야 공부할 기회가 생긴다고… 그래서 서울교대를 지원해서 했더니 체력장 점수… 체력장은 거의 만점 받았을 거예요. 그래 가지고 (대학입학자격국가고사 성적과 체력장 점수를)합쳐서 합격을 한 거죠.

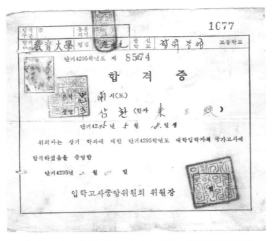

당시 국가고사 합격증, 단기 4295년 2월(당시 20세)

서울교대 입학과 실망감

구술자: 그래서 그 서울교대, 인제 와 보니까 이제 3월… 1962년 3월 1일 이제 설립인가가 나가지고 입학식은 준비하는 과정이 있어서 그런지 (1962년) 3월 26일 입학식을 허게 됐쥬(되었지요). 근데 우리가 큰 기대를 가지고 대학에 왔는데 모든 것이 다 고등학교 식이…사범고등학교 그대로 그 건물에 그 선생님들에… 또 준비가 제대로 안 된 상태… 우선 그 책걸상이라든지… 그게 대학 이런 것이 아니고 고등학교 식이고 그러니까 아주 실망도 많이 크고 그랬죠. 그래서 1회에 졸업… 입학정원이 160명인데… 에… 남자가 72명 여자가 88명 여자가 더 많이 합격을 하게 되고… 그리고서는 고등학교 식으로 반(학급)으로 해서 네 개 반… 한 반에 40명씩 해 가지고 4개 반 해서 160명… 이렇게 시작된 거쥬. 이게… 뭐… 대학인 것은… 큰 뭔 건 줄 알고서 왔는데 보니까… 고등학교 학급 모양으로 해 가지고 이게… 고등학교 식으로 이제… 공부를 하게 되니까 상당히 실망들이 많고… 그랬쥬. 근데 1회들이 대개 사회경험을 한 사람… 나처럼 몇 년씩… 끓었(놀)다가 온 사람… 들하고 아주 다양한 그런 집단이고, 제때 온 사람들은 아마 여학생들은 제때 많이 왔을 텐데, 남자들은 뭐… 공장에 다니다 온 사람도 있고, 고시공부하다 온 사람도 있고… 그래서 다양한 그런 사람들이었죠.

면담자: 그런 사람들이 다 교대에 오게 된 동기가 다 비슷한가요?

구술자: 교대에 온 동기는 뭐… 우선… 어… 아까 건국대학 친구가
와서 교대 생긴다고 소식 전해 준 사람… 음… 도 그런 얘기를
했는데……. 1회가 취업이 안 되면, 선생님들 발령이 안 되면,
그 교대 존재 이유가 없어질 거다. 쓰러질 거다. 그러니까 1회는
어떻게든지 취업이 될 거다. 그런 충고를 해 줬는데, 아마 그런
것 때문에 취업이 될 거다, 선생으로 발령이 날 거다……. 그 전
에 사범학교 졸업생 중에는 발령이 안 난 사람들도 있고 그랬었
는데 그런 기대 때문에 일단은 뭐… 서울에서 선생님을 하겠다
는 그런 생각을 가지고 왔고… 나도 뭐… 선생님이라는 직업이
좋고 그런 동기로 교대에 왔다기보다는 그냥 우선 먹고 살 그런
거리를 생각해서 오게 된 거죠.

그래서 일단 취업이 될 거다 하는 걸 가지고 왔는데 아까 얘기
한 대로 그 시설이라든지 교수진이라든지 대학다운 그런 냄새
가 안 풍기고 그러니까 1회들은 실망을 많이 하고… 어떤 사람
들은 (서울교대에) 적을 두고 고시공부 같은 쪽을 (택)하는 사람
도 있었고 또 어떤 분은 공무원 생활 하면서 이제 교대 공부도
조금 시작하다가니 나중에 공무원 그걸 그만둔 사람도 있고…
그랬었쥬……. 에… 일단 우리 1회들 학생들의 구성원은 그렇
게 그… 되어 있고… 근데 다른 나라 같으면 이게 대학을 이
게… 고등학교에서 대학으로 만들고 대학을 새로 한(만든)다 그
러면 한 2년 정도는 준비해서 개교해야만 되는 건데 우리나라
는… 그렇게 하지 못해 가지고 갑자기 혁명에 의해서 교육대학
을 만들고 또 3월 1일 승인 나고…….

서울교대 첫 교기, 교가, 교문(서울교대 1회 졸업앨범에서)

서울교대 새문을 열다(1962. 3. 9.)　　입학식(서울교대 1회 앨범에서)

교수진과 교육과정

구술자: 이렇게(급하게) 준비하다 보니까 교수진도 갖추어져 있지 않고, 몇 사람만 교수진이 구성이 돼서 주로 서울사범학교… 사범 고등학교 선생님들 중에서 몇 분이 교수님으로 오게 되고 또… 교수님 중에서 그래도 석사라든지 박사라든지…, 뭐… 그게 중요한 건 아니지만, 그래도 대학이라면 그런 분들이 교수님이 되어야 하는데 고등학교 선생님들이 대학 교수님이 되다 보니까, 에… 석사(학위) 가진 분들 몇 명 안 될 정도였고…, 그래서 실망이 상당히 컸죠. 교수진은 그렇고…, 시설도 고등학교 교실에서 공부하는 그런 식이 되고……. 어떤 것들은 고등학교 그대로 일단 되고, 그때는 또 우리 그… 왕십리 행당동 71번지라고 되어 있었는데… 그(운동장) 앞에 군… 미군부대가 운동장을 반을… 차지하고 있어 가지고… 운동장도… 좀… 빠진 상태고… 그렇쥬(그랬었죠).

그래서 이제… 반별로 이게 공부를 하다 보니까 고등학교 식으로 선택과목이라든지…, 이런 것도 거의 없고… 학교서 주어진 그대로 허게 되는데… 그러니까… 에… 2년 동안에 선생님 되는 자질을 갖출라(갖추려)고 허다 보니까 하루 종일 거의 공부 허다시피 하는 그런…식이 되고……. 그 당시 보니까… (한 학기에) 27학점…, 30학점… 이렇게 공부를 했더라고요.

면담자: 한 학기에요?

구술자: 예. 한 학기에… 그러니까 뭐… **빡빡하게** 했고… 더군다나 인제 예능과목까지 다 가르쳐야 되니까, 예를 들면은, 미술, 음악, 무용, 뭐 가사실습… 이런 과목까지 다 공부를 해야 되니까, 어… 정신이 없었죠.

면담자: 그… 캠퍼스에 그럴 만한 공간이 충분히 있었나요?

구술자: 사범고등학교에서 초등학교 선생님을 길렀으니까… 사범학교에서 하던 대로 그런 것을 헌 거쥬.

면담자: 이게… 그 당시 배치도인데요. 그게 교대 40년사에 있더라고요. 이게 행당동 시절인데 여기가 미군이 사용 중이고 철조망이 그렇게…….

구술자: 귀한 자료네요.

면담자: 여기 교문에서… 부설 초등학교가 있고 교사동, 강당… 그래서 과학관… 이렇게 건물이 많지 않은데 거기서 다… 어떻게?

구술자: 그니까 사범학교에서 그런 식으로 학생들… 고등학교 학생들을 가르쳤으니까. 우리도 네 개 반… 해 가지고 그런 것을 헌 거쥬. 에… 그래서 인제… 아까 조금 얘기… 미리… 얘기했던 것처럼 제일 중요한 것이…, 에… 학교에서도 중요시하고 우리

들도 중요시했던 것이 음악지도를 해야 되니까 오르간 치는 거, 이것이 제일 관건이고……. 에… 사범학교에서 길러 낼 때는 좀 (고등학생들이) 유연할 때이니까 좀 그런 것들을 잘 하는데 대학생이 돼 가지고 하면은 손도 굳고 그래서 상당히 걱정을 했쥬. 그래서 오르간 실이 있어가지고 풍금 한 대 들어가고 사람 하나 들어가고 선생님 한 분이 있을 정도……. 그런 오르간실이 여러 개 있어 가지고 방음장치가 되는 그런 곳에 있었죠. 그 연습들을 아주 많이 했죠. 그래서 새벽… 밤… 구분이 거의 없을 정도로 그렇게 해… 연습을 해 가지고 나중에 교수님 앞에서 반주 허면은 (통과)도장 하나씩 하나씩 찍어 줘 가지고 그 반주법에 해당되는 그 오르간 책을 다 떼야만 이 학점이 나오는… 그래서 그것이 가장 중요한 관건이었고…….

서울교대 기악실(서울교대 1회 앨범에서)

또 무용도, 학생들… 무용도 가르쳐야 되기 때문에 무용을 하는데 우리같이(나처럼) 농업고등학교 나오고 뼈가 굳어 있고 그런 사람들이 참 어려웠는데… 그래도 우리는 해야… 그 당시 초등학교 과목이 8개 과목이었는데 팔망미인(八方美人)이 되어야 했어요. 모든 과목을 다 해야 하니까. 그런데 지금 생각해 보면 그때 그래도 그렇게 풍금을 쳐 보고 한 것이 내 일생에 있어서 인생에 있어 가장 귀중한 것 중의 하나쥬. 그런 기회가 아니었으면 내가 풍금이라든지 이걸 쳐 봤겠어요? 그런 것들은 외부(국)에서는 교양으로서도 그냥 피아노 치고 뭘 해야 되지 않나… 그런 것처럼 내 인생에서 그런 악기를 다뤄 보고, 잘 못하더라도 해 봤다는 것이 참 좋은 그런 경험이… 되고…….

그담에 미술도 서예. 특히… 에… 칠판 글씨를 쓰고 해야 하니까 서예 이런 것도 중요시해서 서예, 공작, 뭐… 뭐 이런 것들을 다 해야 됐었쥬.

그리고 인제 가사실습. 그래서 옷을 꼬(꿰)매는 거라든지, 음식 하는 거라든지… 어… 뭐 이런 거 기계 조금 다루는 거라든지. 그 당시 초등학교는 4학년, 5학년, 6학년이 '실과' 과목이 있고 했기 땜에… 이걸 지도해야 됐기 땜에 뭐… 염색하는 거라든지, 바느질 하는 거라든지, 이런 것들을… 재봉질 하는 거라든지… 이런 것들을 남학생, 여학생 구별 없이 다 해내야 됐었쥬. 그런 쪽의 비중이 많아요.

그래서 내 성적표를 봤더니 에… 뭐… 교육학 과목은 '교육기초'가 2년 동안 6학점이고, '아동발달'이라고 해서 그것이 1,

2학년 다 합쳐서 6학점, '학교행정'이 3학점, '교육과정'이 3학
점, '교육평가' 1학점, '시청각'이 2학점, 그 나머지는 다 (초등
학교) 8개 과목을 어떻게 지도할 것인가… 그 당시 국어… 산
수… 뭐 이런 거 이 영어 같은 거는 그 당시는 영어… 초등학교
에 영어 선생님이 뭐가 필요하냐 그렇게 생각했는지 거의 없고,
(영어)회화 같은 것이 뭐… 1학점… 한 시간 뭐… 그런 정도…
있고… 그런 점도 몇 개 못 하고… '교육실습'이 참관실습이 있
고 또 실제 가르치는 수업이 있었고 그런 정도죠.

서울교육대학 성적표(1962년도 1학년)

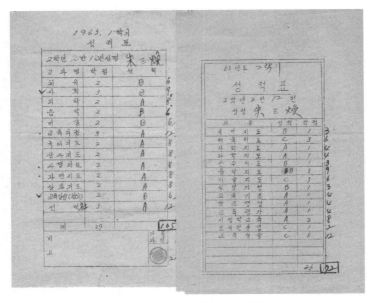

서울교육대학 성적표(1963년도 2학년)

1회의 전통과 교사발령

구술자: 그리고 특히 교대 1회, 2회의 중요한 것이 성적입니다. 학
교가 처음 돼(생겨) 가지고 공부하는 풍토를 길러 줘야 된다고,
그래 가지고 교수님들이 에… 회의를 해서 그런지(교수회의를
했는지) 성적을 아주 나쁘게 주었어요. 그래서 첫 학기에 E학점
을 받으면, E, A, B, C, D, E를 받으면 재시험이고 F를 받으면
낙제 점순데 그것이 반수 이상이 다 E학점이나 F학점에 걸려
가지고 성적이 아주 낮았죠. 그래서 나중에 (교사) 발령받을 때
서울시내에 선생님들이 부족해 가지고 지방교대 졸업생들도
많이 올라오게 됐는데 서울시 교육청에서는 성적 순(서)으로

좋은 학교, 나쁜 학교를 에⋯ 서울 중심에 있는 것은 가(A)급⋯ 변두리는 나(B)급, 아주 변두리는 C급 했을 때 우리 서울교대 학생들은 성적이 나쁘기(나쁘게 받았기) 때문에 다 변두리로 발령받고 오히려 지방교대 학생들은 좋은 데로 발령받는⋯ 그런 일이 벌어진 것⋯ 대학의 전통을 세운다고⋯, 공부시킨다고⋯, 학점을 나쁘게 줘서⋯ 반수 이상이 첫 학기 1회 첫⋯ 2학년 때 재시험 아니면 F학점을 받는 그런 결과를 가져온 것이 특징 중의 하나였었죠.

면담자: 그러면 F학점을 받으면, 다시 재수강을 하려면 1년을 더 다녀야 하나요?

구술자: 그렇죠. 그다음에⋯ 재시험⋯ 재수강 기회는 빡빡하게 짜여 있기 때문에 수강의 기회가 주어지지 않고 재시험⋯ 공부해 가지고 재시험 치를 수 있는 것이⋯ 아까 E학점이고⋯ 그걸 통해서⋯ 학점을 복구할 수 있는⋯⋯. 공부할 수 있는 기회를 줘 가지고 공부하는 전통인데⋯ 여전히 C, D학점이 많이 나오는 그런 것들이 특색 중의 하나라고 볼 수 있어요.

면담자: 그러면 학점에 대한⋯ 평점으로⋯ 서울 시내⋯⋯.

구술자: 네. 발령 날 때는 (초등학교에) 가, 나, 다(A, B, C, D, E) 급이 있었어요. 그리고 그 당시 우리가 다닐 때만 해도 중학교가 (입

학)시험이 아주 어려웠지유. 그러다가 1969년 그때서야 무시험
으로 모든 (초등학교 졸업) 학생이 중학교 갈 수 있도록 하는 정
도가 (바뀌었기) 되었기 때문에… 시험에 있는 좋은 학교는 좋은
중학교에… 있기 때문에… 'A'급… 뭐… 우리는 신규발령자들
은 A급(학교)에 발령받기는 힘들었지만… 그래도 B급이라도
좀… 조금이고, 주변(변두리 학교)이라도 발령받아야 하는데…
성적이 나쁘니까… 우리가 졸업할 때 B급 받은 사람은 아마도
두세 명 정도밖에 안 되고 나머지는 뭐… C급, D급… 뭐… 이
런 데로 가게 된 거죠.

면담자: 그럼 C급으로 갔을 때, 그 학생들은 초등학교만 다니고 중학교로
　　　　진급은 잘 생각 안 하는 건가요?

구술자: 좋은 중학교 못 가고 나쁜 중학교 가고, 중학교 안 가는 사
　　　　람도 에… 시험 봐서 중학교 갈 때니까. 뭐 그렇게 된 거죠. 그
　　　　리고 변두리라는 데는… 버스도 잘 안 다니고 질퍽질퍽 장화 신
　　　　어야 되고, 그런 실정이기 때문에 학교… 초등학교에 급수(A,
　　　　B, C, D)라는 게… 상당히 중요한 역할을 했지요.

면담자: 시험이 중간고사도 있고, 기말고사도 있고, 그 사이에 실습도 있
　　　　고… 이렇게 되는데 중간고사도 어느 정도 통과를 해야 하고….

구술자: 그렇죠.

면담자: 그러고 나서 기말고사를 통과해야 학점을 준다는 건가요?

구술자: 그렇죠. 중간고사 그런 때 재시험하게 되면 공부를 더 해 가지고 통과를 해야 되니까. 하여간 공부하는 전통 만든다고, 그래서 하는 것이… 나중에 발령받을 때 그런… 지방 교대 학생들보다 불리하게 되니까 그다음에 교수님들이 그 방침을 좀 바꾸지 않았나 생각하는데……. 1기(회) 애(학생)들은 어쨌든 그런 공부하는 전통을 만든다 해서 그런 결과 나왔습니다.

면담자: 그럼 졸업하고 지금과 같은 임용고사나 이런 것은 없었던 거죠?

구술자: 없었죠. 성적순으로 발령을 내게 되는 거지요.

면담자: 보통 그해 발령이 다 나는…….

구술자: 네… 그때만 해도… 아까 말한 대로… 자꾸 초등학교도 많이 늘어나고(도시화, 인구 도시집중으로), 그러니까 선생님이 많이 필요하고 도시집중 하잖아요? 점점점……. 그러니까 초등학교 학생들 숫자가 많아지니까, 선생님 숫자가 부족하니까 지방 교대생들도 우수한 사람 서울로 채용허구 그랬죠.

면담자: 아까… 사범학교 같은 경우는 들어갔어도…….

구술자: 발령 못 받는 사람도 있고 했는데, 아까 (5·16)혁명에 의해
서 이제 공업화하는 발판을 다지기 시작하니까 인구들이 점점
도시집중으로 하게 되니까 학생 수가 늘어나고… 그러니까…
나중에 참고로 얘기하면 뭐… 서울 시내 교실이 부족하고… 선
생님이 부족하고 해서… 4부제까지… 한 교실에서 4번 학생들
이 다른 반 학생들도 와 가지고 그런 편성까지 벌어지고, 한 반
에 100명이 넘는… 그런 반도… 있고(120명이 되는 반도 있었다
고 함.)… 그래서 다인수… 다인구… 뭐… 그런 거, '콩나물 교
실'이라는 말이 그때… 지금 생각하면 어떻게 애들을 콩나물에
비유했는가 할 정도로……. 그래서 참… 세계에서 제일 큰 초등
학교… 기네스북에 올라가는 (그런) 학교가 우리나라에 있었다
고……. 그런 정도이기 때문에 발령받는 데는 문제가 없었죠.

그리고 또 하나 좀 기억에 남는 것은 에… 고등학교 식으로
대학을 하다 보니까… 책상도 앉는 자리가 다… 지정이 되어
있어. 번호 순으로… 남자 오른쪽… 여자 왼쪽… (앉고) 그래
가지고 왜 그렇게 했는지 모르겠어요. 그 당시에는… 남여를…
구별해 놔야… 한 반에서 공부허긴 하지만 구별해 놔야만 공부
에 집중한다고 생각했는지……. 에… 그게 남녀 구별이 심해
가지고 졸업한 후에도 이렇게 동창회처럼 모이게 되면 남자, 여
자 갈라 앉고… 지금 정년퇴임한 다음에도 앉으면 남자, 여
자……. 우리… 1회들은 지금도 저절로 따로 앉게 되고 그런 결
과… 미국인… (강사) 한 분이 (영어)회화를 했(가르쳤)는데 그
것이 이상했는지 보이 앤 걸…, 보이스 앤 걸스 섞어서 앉게 저

(그)렇게 자리를 앉혀 놓고서 회화수업을 하고 한 적이 있어요.
그런 정도로 그 당시에는 지금 생각하면… 에… 아주 보수적
인… 그런 것들을 한 것이 아닌가……. 중요한 기억 중 하나라
고 볼 수 있어요.

면담자: 회화 말고 다른 과목은….

구술자: 다른 과목은… 무조건 정해진 자리에… 그러니까 옆자리
에… 앉은… 앞뒤에 앉아 있는 사람이 지금까지도 (서로) 친구
가 되고 그런 경우가 많아요. 지금도 내 앞에 앉았던 사람은 지
금까지도 친하고… 그런 현상이 벌어지죠.

면담자: 2년 내내 계속 변함없이… 그 자리를….

구술자: 이제… 2학년 될 때는 반을 다시 바꿨습니다. 그랬는데 자
리는 여전히… 그때도… 남자 자리, 여자 자리 번호 순대로 앉
는 것은 마찬가지였죠. 지금은 심화과정(이라고) 해 가지고 교
대에도 전공… 뭐… 이런 과가 있고 이러는데, 우리는 그 당시
에 과가 그렇게 없고 으… 어떻게 보면 서~클 모양으로 사회
과… 무슨… 과학… 뭐… 합창… 뭐… 이런 정도로 해서 조금
했지마는… 특별히 이렇게 나누어서 공부하는 경우는 별로 없
고……. 보니까 선택과목 한 학점 이런 거 있는 것이 나 같은
경우… '사회과' 해 가지고… 조금 지리답사 같은 거 다니고 고

(그)런 차이가 있지 지금처럼 전공이라는 그런 개념이 없고, 나중에 생겨난 거죠. 그다음에 인제 우리 그다음에 RNTC해 가지고 군대 안 나오고 그런 것이 있었는데 우리 때는 군대 다 나가서 거의 인제 졸업하자마자 군대… 졸업할 동안은 인제 나이가 든 사람들 연기하고 했다가 군대 나가는… 졸업 후에 나가는 그런 경우가 있었고. 우리 전에 사범고등학교는 졸업생들을 '교보'라고 해 가지고 선생님들은 군대에 안 나가게(단기 복무하게) 하는 그런 제도가 있었는데, 우리만 불행하게 그런 교보… 선생님 군대 안 나가게 하는 그런 교보 같은 것도 없어지고, 그다음에 (후배들은) RNTC라는 것도 아직 생겨나지 않고 해서 거의 3년, 36개월, 30개월, 28개월 여기까지 군 복무를 하고, 그런 불행한 세대라고 봤었죠. 우리나라는 그렇게 전쟁 중에도 선생님은 교육을 맡아서 해 주어야만 우리가 앞날이 있다 그래서 단기복무… 시키고 그랬는데 우리는 그런 혜택을 받지 못하고… 그랬죠.

나의 교대생활, 아동연구회

구술자: 그리고 그다음으로 나 개인적으로는 학교생활에서 내가 어떤 생각을 했는지 그게 또 애들 가르치려면 아동에게 집중하고 여러 아동을 알아야겠다 해서 시골의 농업고등학교 나온, 서울 처음 올라온 사람이 그래도 교육에 뜻을 두었다고 할까 해서 '아동연구회'라는 서클을 만들어 가지고 그쪽으로 연구하는 쪽

으로 돌렸던 것이 지금 생각하면… 교육학을 전공하게 된 기반이 되지 않았나……. 내가 어떻게 그런 생각을 했는지 잘 모르겠어요. 그래서 그걸 했더니… 학장님이랑 교수님들이 예쁘게 봤는지… 연구실이라고 해야 할까, 서클룸이라고 해야 할까, 그런 것을 하나 방을 주셔 가지고 거의 내가 그 방을 혼자 쓰다시피 하고… 모이고 그랬는데, 기록을 찾아봤더니 한 70명이 된 적도 있더라고요. 1, 2학년 합쳐서……. 졸업 후에까지도 그것이 지탱이 계속되고 했었는데… 내가 군대 갔다 오고 어떻게 하면서 언제 중간에 끊어졌는지 모르겠는데 아마도 (서울교대) 4, 5회 그런 정도까지는 그것이 지탱이 되고… 졸업 후에도 같이 재학생하고 만나고 한… 그런 적이 있었습니다. 그래서 '아동연구회'가 우리 교육대학의 성격에 맞는다고 해서 그렇게 생각해서 그런지 모르겠는데, 학교에서도 그런 서클룸을 주시고 아동발달을 가르치시는 교수님을 지도교수로 정해 주시고……. 아, 아동연구회를 소개하는 그런 글을 선생님들이 보시는 월간지 『새교육』이라는 지금 한국교총, 그 당시 대한교육연합회에서 발행하는 그 교육잡(월간)지에다가 내가 썼더니 그걸 보고 부산교육대학 어느 교수님이 나를 찾아와 가지고 모든 걸 알아 가고 가시면서 우리 교육대학에도 이런 걸 만들어야 되겠다고 보고 가시고……. 나중에는 내가 교수가 된 다음에도 그분이 아… 그런 걸 하더니 그렇게 박사까지 공부해 가지고 교수가 된… 그때까지 아마 재직하셨지 않았나 그렇게 생각이 되는데… 정확히 이름을 모르지만 부산교육대학… 그 교수님이 오신 적도 있고.

研究서어글

不可能의 成就

─서울 敎大의 兒童硏究會─

미국의 커어티스(Courtis)는 미시간의 교육 잡지에 "불가능의 성취"라는 제목으로 지능 지수(I.Q) 100을 가진 학생 두 사람이 모이면 지능 지수 125을 가진 학생이 풀 수 있는 수학 문제를 풀 수 있다고 발표하였다 합니다. 이것은 협동에 의해서 보다 큰 문제, 보다 어려운 문제를 해결할 수있고, 공동의 힘에 의하여서만이 우리 인류 문화는 보다 나은 발전을 할 수 있다는 것을 암시하는 것입니다. 오늘날에 있어서 인간 생활의 중요한 여러 가지 문제와 아동 교육에 관한 여러 가지 문제, 교육계의 보다 나은 발전을 가져오기 위한 연구는 커어티스씨가 말한 원리에 의하여 개인의 힘보다는 여러 사람의 힘을 합쳐야 겠다는 것을 절실히 느끼고, 교육계에 뜻을 세운 교육 대학생이 아동에 관한 여러 가지 이론과 실제를 조사하고 연구하여 보다 나은 아동 교육을 하고, 어린이를 어린이답게 키우자는 목적 하에 굳게 뭉친 것이 바로 소개하고저 하는 본연구회인 것입니다. 이 연구회는 1962년 6월, 이에 뜻을 둔 학생들이 「어린이를 어린이답게 키우자」라는 모토 아래 발족, 학교의 허가를 얻어 교수님들의 지도와 부속 국민 학교 선생님들의 조력을 얻어 주로 부속 국민 학교 어린이를 상대로 연구 활동을 해 오고 있습니다.

발족 후, 지금까지의 활동을 간단히 살펴 보면, (1) 본회의 조직과 연구 방향, 연구 활동, 연구 생활에 대한 지도를 받고, (2)지금까지 초등 교육계에서 연구된 사항을 구해 보았으며, (3)회원을 주변에서 볼 수 있는 문제아, 말하자면 한 집안이라든지 이웃 친척에서 볼 수 있는 좀 비정상적인 어린이에 대해서 모의 연구해 보았으며, (4)동시·동화 등 아동 문학에 대한 강의를 받고, (5)아동들이 많은 시간과 잔돈푼을 허비하며 모든 공부를 제쳐 놓고 탐독하는 만화에 대해서 질문지(160명 상대, 교동·금호·동대문·부속 국민 학교 어린이)에 의한 조사와 회원들이 만화 가게에 나가 그 상태 등을 조사·연구하여 분석 검토하고 계속 연구 과제로 남겨 주었습니다. (5)그리고, 동기 휴가에 접어들면서 본회원이 교육 지식이 부족함을 절실히 느끼고 교육 서적을 보기로 했으며, (9)한두 가까운 어린이를 택하여 관찰하기로 하여 실천 중에 있습니다. 이와 같이 지금까지는 기초를 닦기 위한 미비한 활동뿐이나, 앞으로는

3월─회보, 발간, 신입생 회원 모집
4월─제1차 아동 연구 대회 (교내)
5월─어린이날 행사로 어린이 백일장
6, 7월─휴가 중 활동 계획 토의
8월─휴가 중 농촌과 도시 교육의 비교 조사
10월─교육 주간 행사로 제2차 아동 연구 대회
9, 10, 11월─2학년 교육 실습 중 활동, 동기 휴가 중 연구와 제2호 회보 원고 모집 등의 계획으로 활동할 예정에 있습니다.

그리고 본 연구회의 조직을 잠간 살펴보면, 지도 교수가 있고 조력자로 부국 교사가 있으며, 총무부, 조사 연구부, 출판 보급부로 분담했으며, 앞으로 졸업생을 생각하여 졸업생 회원과 본대학 재학생 회원으로 회원을 구성하여 긴밀한 연락을 하도록 구상 중에 있어 졸업 후 현지에 있어서의 연구가 더욱 기대됩니다. 그런데 이와 같은 조직과 또한 1963년도 활동 예정을 가지고 있으나, 여러 가지 난관이 있습니다.

첫째로, 회원이 교대생으로 2년 간에 국민 학교 8대 교과를 위시한 교양 교육, 교직 교육, 특히 예능과를 잘고 닦는 바 평소부터서라 하여 연구 시간이 적고, 둘째로 경비 조달 문제가 큽니다. 또 이제 막 교육이란 말을 듣기 시작하여 교육에 대한 지식·경험이 아직까지도 부화 못한 알(卵)의 상태로, 한 배의 교대생 병아리를 까 내 보내지도 못한 둥우리에서 연구해야 하는 난관은 있습니다. 다만 지금은 이 정도지만 후배들은 아름다운 전통 속에서 빛나는 활동을 하겠지 하는 기대와, 회원의 굳건한 단결력, 어린아 연구 모임의 남상인 〈색동회〉의 회원이신 조 재호 학장님께서 우리들로 하여금 〈색동회〉를 이어받을 수 있도록 북돋아 주고 계시고, 지도 교수님께서 극력 지도해 주시니 이것만이 우리들의 연구에 거름이 되고 원동력이 되는 것입니다. 부기할만 한 것은 본 회원 중에는 가정 교사의 필요성이 없는 사람까지도 어린이와 한발짝 더 가까이 하자는 의미에서 가정 교사의 생활을 통해서 얻는 지식과 연구의 소득도 적지 않다는 것입니다.

끝으로 교육계의 여러 선배님과 다른 연구 기관의 아낌 없는 지도 편달과 후원 있으시길 빌며, 지금까지 이렇다 할 업적은 없으나 앞으로 눈부신 연구 활동으로 우리 나라 초등 교육계에 공헌할 것을 기약하고 다짐하면서 우리의 작은 모임을 간단히 소개합니다.

註 서양 교육사, 교우사간 1962. 1949

〈주 삼 환〉

1696

내 인생 최초의 활자화된 글, 「불가능의 성취」(새교육 1963)

22년 전 나의 글 제목을 기억했다가 제자에게 써 준 은사님의 글(1985),
지금은 서울교대 박물관에 기증되어 있다

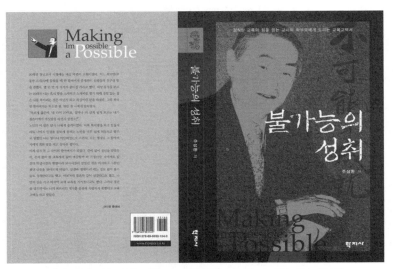

정년 퇴임 직후 같은 제목으로 출판한 나의 책 표지(학지사, 2009)

서울敎大同窓會報

모이자·뭉치자·나아가자

제 107 호
2015년 3월 17일
(1960년 7월 25일 창간)

발 행 인 : 유 희 종
편 집 인 : 이 득 세
편집주간 : 이 관 오

발행처 : 서울교육대학교총동창회 ☎ 3475-2598 FAX 3472-0974 우 137-742 서울 서초구 서초중앙로 96(서초동 1650번지) 인 쇄 : (주)세원문화사 ☎ 2265-1141
홈페이지 주소 : www.seouledu.org, 카페 주소 : http://cafe.daum.net/seum1, E-mail : snue20@gmail.com, 동창회비 납부통장 : 국민은행 578602-01-220757

동문광장 II

'불가능의 성취' 스토리

Making Impossible a possible. Impossible은
점 하나만 찍으면 I'm Possible이 된다.

주삼환 교대회

주삼환은 서울교대 2학년 때 당시 대한
교육연합회, 현 한국교총 발행의 교육저
널 "새교육"1963년 4월호에 '불가능의 성
취'라는 제목으로 자신이 설립한 서울교
대 내 '아동연구회'라는 서클을 소개하는
1페이지짜리 글을 쓴다. 이 글이 주삼환
최초로 출판된 글이다.

이 글을 본 당시 지도교수이셨던 미술
과 고 박철준 교수님은 박사학위 취득 후 충남대 교수가 된
제자의 방문을 받고 글 읽은 지 27년이 지난 1990년까지
'불가능의 성취'라는 이 제목을 기억하고 또 제자의 성공을
기다리고 있다가 말없이 먹을 갈아 '不可能의 成就'와 '學而
不倦'이라고 써준다.

막상 주삼환은 자기가 이 제목을 썼다는 것도 잊은 채
바쁘게 살아왔는데 어떻게 27년 전 이 제목을 교수님이 기
억하고 있다가 이것을 붓글씨로 써 주었을까? 사실은 이 제
목을 보고 부산교대 어느 교수도 학생인 주삼환을 찾아 행
당동 캠퍼스 서클룸에 온 적도 있다.

주삼환은 1978.12.13 초등교사를 휴직하고 태평양을 건너
미국 University of Minnesota 박사학위에 도전하여 최단
기간, 정확히 2년 6개월만인 1981.7.7. 통과한 박사학위 논
문 '감사의 말'에서 지도교수님께 감사하며 '불가능을 가능하
게 해준 분'Who made 'impossible' a 'possible'"이라고 써
박사학위를 하나의 작은 '불가능의 성취'로 생각한 것이다.
2000.4.3. 모교로부터 'The Distinguished International
Alumni Award'를 수상한 것도 하나의 작은 성취이다.

정년퇴임 시에는 세 딸이 아빠의 정년기념으로 '아빠'(2007.
8.31, 북카페)라는 책을 만들어 헌정 받는다. 이것도 작은 '불
가능의 성취'로 본다.

2007년 8월말 42.195Km 교육마라톤 완주하며 '아빠'라
는 책을 받으며 정년퇴임 후 교대 학생시절과 초등학교 교
사 시절에 썼던 글 등을 모아 2009.10.10 1963년 첫 '불가
능의 성취'이래 46년 만에 다시 '불가능의 성취'라는 제목의
책을 낸다(학지사). 이 책의 표지에는 고인이 되신 은사님의
'不可能의 成就' 서예가 배경 화면으로 실려 있다. 이 책을 읽
고 어떤 친구는 "주 박사는 인생을 계획적으로 산 것 같애"
라고 하였으나 그는 계획적으로 살지 못했고 그렇게 살 형
편도 못되었다고 한다.

63 '불가능의 성취'로부터 교육인생을 출발하여 이제 본인
명의의 50여권의 저·역서가 나왔다. 이것도 하나의 성취이
다. 63 '불가능의 성취'로 시작하여 09 '불가능의 성취'로 그
의 공식적인 달리기 행사는 끝난다.

그런데 앞으로도 '불가능의 성취'는 멈추지 말아야 한다.
남의 도움으로 작은 것이나마 성취했으니 이제는 다른 사람
의 '불가능'을 '가능'으로 바꿔주기 위해 노력해야 한다. 특
히 제자들과 자식들의 '불가능의 성취'를 도와줘야 한다. 교
육자는 다른 사람의 불가능을 가능으로 바꾸는 데 도움이
되어야 한다.

「불가능의 성취」에 관하여 동창회보에 썼던 글, 2015

아동연구회
본인이 설립했던 아동연구회 회원, 서울교대 1회 졸업앨범에서

에… 학장님, 조재호 학장님은 그걸(아동연구회를) 좀 키우려고, 그 방정환 선생님하고 같이했었던 '색동회'를 우리들에게 좀 물려줬으면 그런… 생각을 가지셨는지. 뭐… 강소천 선생님의 무슨 음악…, 무슨 회에 가면, (그런 게) 있으면 거기에 가라고 학장님이 돈을 주시면서… 거기에 기부금 그런 걸로 내라고, 아동연구회 이름으로 내라고, 그걸 가지고 가서 내가 내고… 그런 아동활동, 노래라든지…, 문학이라든지…, 이런 거를 할 때 꼭 우리 연구회가 참여하고 했는데…, 근데 불행한 것은…, (교육대학) 2년 가지고서는 그… 유명한 색동회를 우리가 물려받을 수 없다… 그렇게 (다른 색동회 회원들께서) 판단하셨는지… 물려주시지는 않았는데… 어쨌든 학교에서도 중점을 가지고 이렇게 지도하시고, 또 아동연구회 그것이 『새교육』지에 ('불가능의 성취'라는 제목으로) 소개가 되고 그러니까 교수회에서도 논의가 되었던가 봐요. 그래서 서울교대 아동연구회 이름으로 (글이 밖으로) 나갈라면 좀 학교에 알리고 쓰지……. 그래도 학교 이름

이 들어가는데……. (외부 언론에) 실렸다고 교수회에서 논의가 되었던 모양이에요. 그래서 내가 잘못했나, 그래 가지고 학장님 에게 가서 잘못했다고… 학교 이름을 함부로 쓰게 해서 죄송하다고 그랬더니… 학장님은 아~ 그런 거 계속 써 내야지… 그런 활동을 많이 해야 한다면서 격려를 해 주시고 그러더라고요. 고 (그)것이 중요한 내 개인적인 학생시절의 활동 중 하나고……. 거기서 글을 쓰기 시작한 것이(계기가 되었지)……. 아마 지금 정년한 다음에(지금까지) 50여 권의 책이 나온 것도 그때 쓰기 시작한 것이 이어져서 되지 않았나… 그렇게 생각이 되고. 학생시절에 쓴 것이 보니까… 『교육평론』(월간지)이라는 데에 숙제지도에 관한 그런 것을 학생시절에 실렸더라고요. 그리고 아동만화에 대한 것도 우리가 연구한다 그래서 했고. 어… 교육실습을 마치고 와 가지고 거기에 소감 뭐 이런 느낀점 쓴 것도 『새교육』지에 실리고… 그게 학생시절에 쓴 것만 해도 상당히… (있었죠). 그리고 뭐 인제… 딱 (교사로) 발령받아가지고… 64년이 되겠죠. 초임교사를 잘 지도해 주시기를 바란다는 의미에서 쓰고 한 것들이 아동연구회하고 관련지어서 그런 활동을 한 것들이 이어지고… 지금 교수하면서도 글 쓰고 한 것들이 다 거기에 연결되는 것이 아닌가 하는 생각이 되는데…….

면담자: 그때 당시 그런 관계가 되게 흥미로운데요. 저희 같은 경우 학장님은 높은 사람인데 그러면 학장님하고도 많은 대화나 관계를 맺으셨나요?

구술자: 학장님이 아주… 아까… 얘기한 대로 관심을 가지시고 그런 서클룸이랄까 그런 것도 주시고, 또 이런 것들이 실리고 그러니까 격려해 주시고, 그래서 많이… 도와주시고… 키워 주시려고… 허고 그랬죠.

면담자: 요즘에는 학장님이 교수님을 하면서… 이제… 선거를 통해서 총장이 되는데, 그때… 학장님은…

구술자: 임명… 교육부에서 임명…, 국립이니까… 임명해서 연혁에 보면 알겠지만 조재호 학장님이 쭉 오랫동안 하셨죠.

면담자: 그러면 직접 가르치지는 않고…….

구술자: 그렇죠. 학장님은 뭐… 강의라든지 그런 것은 안 하시고…….

면담자: 교수님들과의 관계는 보통 어땠어요… 그 당시에는?

구술자: 교수님들… 약간… 조금… 학생들이 관심 갖는 분야… 사회과라 하면 사회과 교수님을 찾아간다든지… 뭐… 그렇지마는… 결국은 지도교수님이 한 반에 한 분씩 계시니까 지도교수님이 고등학교 식의… 담임선생님 비슷한… 그런 식이었죠. 선택하고… 여러 과목 흩어지는 그런 거 없이 반으로서 생활을 한 셈이죠. 그리고 인제 그런 선택이라든지 서클이라든지… 그런

것들은 그렇게 많지 않고… 서클에서 합창이라든지… 뭐… 고
런 일부 좋아하는 사람들은 좋아하는 선생님들… 뭐… 활동 이
렇게… 그런 점이 있었고….

면담자: 그 당시 아동연구회 말고 다른 서클들도 많았나요?

구술자: 있었죠. 근데… 그렇게 활발하게 됐다고는 할 수 없죠. 너무
나도 빡빡하고 또 학점 많이 따야 하고, 아까 올겐(오르간)… 이
것도 해야 하고, 그러니까 이게 여유 있는 시간이 없고… 그리
고 학생생활 중에서 얘기를 못 했는데… 대개 그때는 중학교 입
시가 있을 때니까 학생 중에는 가정교사 역할해서 아르바이
트… 지금으로 치면… 그렇죠… 학생들을 가르쳐야 하고… 등
록금 같은 거를 벌어야 하고… 서클이 활발하게 이루어지기가
어려웠죠.

면담자: 그때 그럼 등록금을 내고 다니신 거예요?

구술자: … 등록금… 뭐 아무래도… 자취라든지… 등록금은 거의
없다시피 하고… 쪼금이고… 그렇지마는… 엊그제 우리가 만
나(서) 들었을 때, 들어 보니 오히려 돈을 얼마 받았다고… 그래
서 그 받은 의무로 반드시 선생님으로 몇 년 근무해야 한다…
이런 규정이 있었고……. 나는 2년(이니) 2배로… 2년 동안 장
학금 성격의 그런 국비를 받았으며는 4년을 근무해야 하는 것도

했더니… 1년 받은 만큼, 2년이면 2년 받은 만큼 교사로… 의무로 해야 한다… 그런 규정이 오랫동안 지속돼 있었죠. 그래서 어떤 때는 발령 못 받는… 나중에 일이 벌어져도… 그 의무는 살아 있었고… 그러다가 이것이 없어져 가지고 사도장학금이란 이름으로 그 후에 많이 변경이 되었죠.

면담자: 그때 사도장학금이 있었나요?

구술자: 지금이 아니라 자동적으로 국가에서 얼마… 지원해 줬던가 봐요. 수업료를 내는 것이 아니라 오히려 국비를 받았던 모양이에요.

면담자: 저희도 요즘에 사도장학금이 지금도 있는데…….

구술자: 그래서… 사도장학금이 생긴 거예요. 발령 선생님 자리가 없어… 발령 못 나면서도 의무로 근무하라고 발령도 내주지도 않으면서 그런 규정이 살아 있었기 때문에 그걸로 바뀐 거죠.

나의 교대생활, 도서관 일

구술자: 그다음에 학생… 나 개인의 생활로서는 도서관 운영을 허게 된 것인데… 사범학교에서 대학으로 바뀌면서 이… 도서관 관장이라는… 도서관을 관리하는 관장님이 사범학교 선생님… 여

선생님이셨어요. 근데 그분이 대학으로… 변했는데, 그분이 관
장으로서… 일하기도 그렇고… 그렇게 열심히… 뭐… 일을 하
셨다고까지는 (보기) 좀 어렵죠. 그래서 우리… 학생 중에서 도
서위원회라는 것을 만들어 가지고… 어… 내가 도서… 위원장
이라고 해서 도서관 일을 허게 됐죠. 그래서 인제, 그때 병설중
학교가 있고, 병설고등학교가 있고 사범학교가 있고 한데, 그런
사람으로 해서 같이 종합해서 도서위원회를 만들어 가지고 학
생들이 봉사하는 식으로 해서 당번을 정해 가지고 뭐… 앞에 앉
아 있기도 하고… 뭐… 그랬는데… 거기서 많은 것 또 배운 것
같아요. 도서위원장 하면서 모든 책들이 내 손을 거쳐서 분류해
가지고 책꽂이에 꽂아야 되는데, 그 책을 분류하려면 책의 내용
을 대충 알아야 분류를 하잖아요. 그래서 그런 걸 보고 특히…
외국에서 원조가(로) 들어오는 책들이 있고, 보내 주는 책들이
있고, 교육잡지 같은 것들이 다 내 손을 거쳐서 (정리)허게 되니
까… 대충 목차만 보기만 해도 그것이 공부가 되고, 그랬던 것
같고……. 거기(도서관)에 인제 방이 하나 있어 가지고 그게 누
구 방이었는지는 잘 모르겠는데 관장님 방은 아녔던 것 같고 사
무실 하나 있어 가지고 거기서 책을 보고 시간이 나는 대로…
또 거기에 마침 타자기… 이런 것이 있어 가지고 타자 연습을
혼자 해 보고 또 그냥 타자 연습하기 위해서 책을 막 무조건 타
자를 해 보고……. 그런 것들이 가만히 생각해… 유학 가 생각
해 보니까… 아하 그때 거기서 했던 것이 (미국에 박사과정으로)
유학 가서 공부할 때, 박사 공부할 때, 리포트 내고… 그러는 데

상당히 도움이 됐구나… 그런 생각이 들고. 그 때 그렇게 열심
히 봉사한다고 일을 하고 했더니… 학장님이 말씀하셨는지…
행정실이 그때는 서무과죠… (수고했다고) 얼마 돈을 주드라고
요. 그래서 월 얼마 정확한 기억은 없는데… 돈을 받고… 그런
격려해 주기까지 허게 되니까 더 열심히 하게 되고… 아동연구
회하고 도서관… 이런 것이 중요한 봉사도 되면서도… 나에게,
내 개인적으로는 이익이 되고… 먼눈으로 보니까 그렇게 헌 것
이 도움이 되더라는 생각이 들고…….

도서반(서울교대 1회 졸업앨범에서)

나의 교대생활, 가정지도

구술자: 또 하나 학생생활하고 관련지어서 생각할 것은… 이제 시골
    에서 서울에(가면서) 첨 기차라는 걸 타 보고, 어쨌든 첨 와 가지
    고… 뭐 하숙할 돈은 없고 방 하나 인제 얻어 가지고, 거 뚝섬이
    라는 데 지금 성수동이죠……. (거기서) 자취를 하고 있었는데…

한번은 지도교수님이 불러 가지고 우리 집에 와서 좀 있지 않겠느냐고… 어… 그래서 자취를 하는데 집에 먹고 잘 수 있다고 하니까… 그냥 또 지도교수님이 그렇게 말씀하시니까… 그… 지도교수님 집에 가서 얼마… 몇 개월이… 자취생활 했는지 잘 모르겠는데 그렇게 교수님 집에서 생활하게 됐는데…… 그때 인제 교수님 아드님이 (우리 교대) 부속초등학교 다녔는데, 5학년 이렇게 되고 있는데 걔 공부 좀 봐 주면서 있으라고 해서 또 마침 바로 학교 담 옆에 교수님 댁이 있어 가지고, 에… 오르간 연습하고 새벽에 밤에… 하는 데도 도움이 되고. 그래서 교수님 집에 쭉 있었죠. 거기서도 많이 애를 인제 가르쳐 보니까… 또 교육대학 공부하면서 가르치는 일도 해 보니까 많이 배우기도 하고… 했죠. 그래서 그 두 가지가… 짧은 인연이지마는 아동연구회… 그리고 거기에 또 선생님들 교육잡지에… 글을 쓰고 그런 것 하고, 도서관에서 외국책들을 접하고 외국잡지, 교육잡지, 신문, 뭐 이런 것을 보고 한 것이 도움이 되고… 그리고… 인제… 가정교사…말하자면 교수님 집에서 애 봐 줘 가면서 먹고 자고 생활한 것이 중요한 교대생활이라고 볼 수 있죠.

영어공부

면담자: 보통 교대에서 영어는 회화만 하는데……. 그럼에도 불구하고 영어에 대해서는 계속 관심을 가지셨잖아요?

구술자: 그래서 영어는 그 중학교 들어갈 때부터 좋아해 가지고 우리 형님이 한 분 계셨는데 그분이, 형님이 중학교 입학하기 전에 며칠 전에… 뭐… 애플, 슈거… 뭐 이런 거를 쪼끔 가르쳐 주셨는데… 그게 재미있어 가지고… 중학교 들어가자마자부터 영어는 완전히, 영어 시간은 완전 내가 잡다시피 하고… 인제… 헌 것이… 결국은 외국 문헌 도서관에서 접하고 뭐하고 뭐…영어는 계속 관심을 갖게 되고… 그래서 지금도 보며는… 발음 같은 것은 형편없습니다. 중학교, 고등학교에(서) 영어 전공을 한 선생님에게 영어를 배워 보질 못했어요. 그래서 과목 상치교사죠… 생물 (전공)하셨던 분이 영어를 가르치시고 어… 그렇기 때문에… 발음은 지금도… 형편없고… 그래요. 근데 토플시험을 유학 가기 전에 봐 보니까 발음하고 관계되는 거… 뭐 이런 거(문제)는 토플 전체 세계에서 토플시험을 내가 치를 때 치렀던 사람들 (전체) 중에서 38% 수준인데, 어휘, 단어, 보캐브러리(어휘) 뭐 이런 거는 98% 수준이었으니까 그… 문장 내용 이해하고 단어를 알면 웬만히 이해가 되니까 그것은 아마 그 영어를 좋아했기 때문에 영어를 허게 되지 않았나 그렇게 생각이 되고……. 또 아동연구회를 자꾸 해서 교육학에 관심을 가지게 되니까… 대학원도… 대학원도 교육학으로…, 교육행정으로 하게 되고… 또 영어를 좋아하게 되다 보니까… 대학 편입할 때…, (2년제 교대) 졸업하고 (4년제 대학에) 편입할 때… 영문과로 편입을 하게 되고… 그게 다 연결이 되는 것 같아요.

서울교대 1회의 사명

구술자: 그리고 인제 또 생활하고는 조금 다른 것이지마는 우리 교대 1회가 암암리에 무슨 약속을 하거나 그런 건 아니지마는 (교대의) 기초를 튼튼히 해야 되겠다… 대학의… 1기생들이 흙탕물 쳐 놓으며는 후배들이 안 되기 때문에 우리가 철저히 해야 되겠다… 그런 생각들이 암암리에 1, 2회들은 투철하게 되어 있고…, 졸업 후에도 후배들을 잘 이끌어야겠다는 어떻게 보며는… 맏아들… 맏딸들의 생각들이 있는(있었던) 것 같아요. 지금까지도, 졸업한 후에 50년이 지난 지금까지도 그런 생각이 계속 있어 가지고, 우리가 졸업 30주년 행사할 때도 우리가 제대로 해 놔야 후배도, 2회들도… 우리가 했던 것 따라 해서 할 거다… 해서 했는데, 공부할 때도 학교에 다닐 때도 그런 맏아들, 맏딸의 대학의 기초를 튼튼히 해야 되겠다는 생각이 있어 가지고, 그래서 30주년 행사할 때도 2회 사람(졸업생)들 초청해서 우리 하는 모습을 보도록 하고, 50주년 할 때도 우리가 졸업생도 얼마 안 되고 그렇지마는 좀 기부금 그런 걸 해서 학교에 발전기금도 내고 동창회에 장학금도 내야 되겠다… 그래서 우리에게는 좀 벅차지마는 후배들 생각해서 그 사람들 좀 따서(본받아서) 그러라고… 했던 것들이 하나 중요한 1회들의 암암리에 하는 그런 것들이 있었고… 학교 다닐 때도…. 그다음에 또 하나는 그 당시에 중학교 입시가 있다 보니까 여러 가지 좋은 학교로 가는 문제… 또 과외… 공공연히 선생님들이 과외를 해 가지고 부

수입으로 돈을 벌고 뭐… 이런 것이 있고 그러다 보니까 좋은
학교로 갈라 그러고 그런 것들이 있고 그래서 어떻게 보면 수도
(서울)교육을 이제 흙탕물… 부수입… 그런 것이 없이 바로잡아
야 되겠다는 생각들이 1회들에게는 암암리에 있게…, 좀 굴곡
된 수도교육을 바로잡자… 대학의 기초를 좀 우리가 좀 희생적
이라고 하더라도 좀… 해 보자 하는 것들이 암암리에 우리 1회
들에게 있지 않았느냐 그렇게 생각이 돼요.

면담자: 저번에 산행에서 어떤 선생님, 선배님하고 이야기해 보니까 선배
들하고의 관계가 그렇게 좋지는 않다고 하더라고요. 그래서 첫해 왔
을 때 이전 사범학교 졸업한 선배들이 있었을 텐데 선배들과의 관계
는 어땠나요?

구술자: 그래서 그쪽 (사범)선배님들도 상당히 걱정을 했어요. 그래
서 즈덜(저희들) 대학 나왔다고 이게 우리하고 갈라지면 어떡하
나 해 가지고 특히 사범 1회 그런 선배님들… 또 그런 분들 중에
교대 교수님 중에서도 사범 1회를 졸업하신 분도 계시고 그랬는
데… 이분들을 좀… 이 사람들을 후배들을 잘 이끌어라 해서 그
분들 나름대로는… 그분들 나름대로는 상당히 신경을 썼죠. 그
리고 이제 우리는 어차피 우리를 끌어 줄 사람들은 그분들이 친
절히 해 주고 우리 교대생들도 잘 끌어 주려고 하시지마는 그래
도 우리는 우리를 끌어 줄 사람은 없다. 우리는 우리 힘으로 나
가야 된다… 제(가)… 그런 생각을 가지고 있었죠. 그래서 사범

선배님들과 적대관계까지는 아니지마는 그분들의 친절을 다 받고 하긴 했지만, 그래도 우리는 우리 힘으로 나가야 된다. 그런 생각을 가지고 있었죠.

면담자: 아까 말씀하신 서클 같은 것은 그 전에는 많이 없었나요? 그러니까…….

구술자: 사범학교?

면담자: 네.

구술자: 그거는 우리가 잘 모르겠어요.

면담자: 저도 찾아보니까 그 이전에 있는 사범학교에서 서클에 들어간 것은 찾기 힘들고… 1회에서 이것저것 계속 만들고…….

구술자: 그렇죠… 우리는 그쪽하고는 뭐… 같이 하거나 하지는 않았기 때문에… 거기는 전혀 모르죠. 어떻게 했는지… 근데 아까 도서위원회, 도서관 운영은 중학생, 고등학생, 사범학교 학생, 사범(고등)학교도 인제 우리 뽑을 때는 1학년은 없었지요. 2학년, 3학년은 남아 있었고, 그래서 끊어지지 않도록… 졸업생이… 그렇게 되어 있었는데… 중학교, 고등학교, 사범학교 학생 중에 도서위원을 하는 사람들은 같이 활동하고 그래서 저기

도… 있지마는… 그 도서위원 중에서 나에게 편지 보내고 한 사람도 있었고 또 같이 선생님 되어 가지고 여기 와서 만난 적도 있고 또 대학원 다닌다고 그때 도서위원 중학생으로서… 도서 위원하고 한 사람이 편지하고… 논문 썼다고 보내 주고 하는 그런 건 있는데 다른 서클들은 거의 딴 세상이기 때문에… 이어진… 그런 것은 없었고 거의 우리가 다 만들었다고 봐야 되죠.

면담자: 학보를 찾아보니까 졸업할 때, 만평의 사진을 보니까 반쪽짜리 졸업이라고 하더라고요.

구술자: 왜 그랬을까요?

면담자: 2년제라서 그런 건가요?

구술자: 반쪽이라는 게 무슨 의미인지 잘 모르겠는데…….

면담자: 졸업장을 받고… 교대 학보에 나오는 건데요… '반쪼가리 학사님의 출현'(이라고) 해 가지고.

구술자: 그러니까 이게 이제… 4년제가 돼야 '학사(학위)'가 되는데 4년제가 안 되다 보니까 아마 반쪽이라고 2년제 초급대학이니까 그렇게 아마 했을 거예요. 그래서 미국이나 이런 데도 보면 준-학사, 에… 'associate bachelor' 이런 식으로 표현을 한

데도 있고… 왜… 저기… 무슨 전문대학 중에서도 3년제 뭐 이런 데… 요즘에는 4년제… 4학년까지 있는 전문대도 있고… 해서 '준학사' 이런 표현이 있었는데, 우리는 그냥 초급대학 하면서도 아마 사각모를 쓰고서 졸업식을 한 모양인데 그래서 아마 그런(반쪽짜리라는) 표현을 하지 않았나 생각이 돼요.

면담자: 그때 당시에는 (교사가 되는 사범교육이) 처음으로 2년제가 되었는데, 4년제에 대한 기대, 희망이나 그렇게 되길 바라는 선배님들의 생각은…….

구술자: 그런 거는 거의 생각을 못 했어요.

면담자: 처음에 2년제 돼서…….

서울대학교 병설교육대학으로 출발

구술자: 2년제 돼서 좋고… 아… 그리고 … 빼놓을 수 없는 것이 처음에 우리 학교가 서울대학교 병설교육대학… 이렇게 공식 이름이 있어서… 그래서 우리는 서울대학교인 줄 알았어요. 서울대학교라고 하면 무조건 좋으니까… 그래서 교복도 서울대학교 교복을 입고… 또 모자(베레모)… 뭐 그런 거… 뺏지(배지)도 서울대학교 뺏지(배지). 그래서 서울대학교 뺏지(배지)에다가 교육이라고만 두 글자 넣고 그래서 특히 나같이 시골에서 온 사람은 서울대학

인 줄 알고 요즘 애들 교복도 안 입고 그러지마는 그때는 학교에서 철저히 교복 입으라고 그러고 그러기 때문에 뭐⋯ 서울대학교 학생인 줄 알고 뭐⋯ 그렇게 생각을 우리는 허고 그랬죠.

면담자: 대학생 때도 교복을 계속 입었단 건가요?

구술자: 그렇죠. 철저히 교복. 남자, 여자 다⋯. 우리 같은 시골서 온 사람은 옷도 없고⋯ 오히려 그게 편하고 그랬죠. 여기다가 교복입고 어머님하고 찍은 사진이 있는데, 이따가 볼텐데⋯⋯. 그래서 인제 1년 동안 서울대학교 병설교육대학 이름으로 생활을 했죠.

면담자: 이름은 똑같고 장소나 이런 것도 똑같은 공간에서 하고요?

구술자: 그렇죠. 그런데 인제⋯ 학장님이나 이런 분들은 우리는 잘 모르고, 학생이니까⋯ 그랬는데⋯ 서울대학교 안에 이게 교육대학교가 들어가 있어 가지고는 서자 취급하고, 누구도 관심을 안 두고, 서울대학에서 중요하게 여기지도 않고, 교육대학이 발전할 수 없다⋯ 그래서 인제 분리, 독립하는 그 운동을 했던 것 같아요. 그래서 인제 63년 3월 1일자로 (독립된) 서울교육대학으로 허는 인가가 난 셈이죠.

면담자: 그 당시 그러면 학생들은 어떤 반응이었나요? 병설에서⋯⋯.

구술자: 첨에는 서울대학인 줄 알고 좋아하다가니 그러니까 서울대
하고 아무 관련도 없고 왔다 갔다 하는 것도 없고, 전혀 그 사범
학교 건물에서 그 사범학교 선생님, 교수님들한테 배우고 그러
니까… 학교에서 서울대학에 들어가 가지고선 재정지원이라든
지 이런 것들이 전혀 오히려 마이너스다 그런 말씀을 듣고는,
뭐… 크게… 반대하거나 그런 것 없이 그대로 따랐죠. 심지어
특색 중에 우리 1회… 특색 중의 하나라고 볼 수 있죠.

　첨에는 우린 시골서 와 가지고 서울대학이라고 하니까 이거
대단한 건줄 알았는데, 병설이라고 해서 나란히 세웠다는 거 아
니에요? 그것이 뭐… 좀 특별한 그런 내용이고… 첨에는 어쨌
든 실망… 실망이… 그 대학이 그것들이 실망이 많았고, 그래
도 인제 우리가 맘 잡고 열심히 해야 되
겠다… 해서 그래도 그 맏아들 노릇하려
고 열심히 한 것이 좋은 학교생활을 하는
그런 것이 되지 않았나… 그리….

　(당시 교복 입은 사진을 보여 주며) 네…
이게… 우리 초창기 교복… 이런 베레모
를 쓰고 서울대학교 그… 허고 뺏지(배
지)도 이렇게 달고… 뭐…….

저자의 서울교대 입학
당시(1963. 3)

면담자: 이게 선배님이세요?

구술자: 네……. 근데 시골서 올라와 가지고 방 하나 얻어 가지고 자

취하고 있는데, 어느 날 갑자기 한 친구가 '너 어머니 오셨더
라.' 그러고 나한테, 아마 풍금치고 있는데… 연락을 해 가지고
그런데… 아무 글자 하나 모르시는 어머님이 시골에서 쌀자루
이고서는 거기 왕십리 행당동까지 찾아오셨어요. 그래서 인제
모시고 인제 자취집에 가 가지고, 그래도 그… 기념으로 어머님
하고 나란하게 (사진) 찍었는데… 요거는 요쪽만… 이게 어머니
팔인데, 성수동의 사진관에 가서 찍어 가지고 인제… 후배(면담
자)가 온다고 하길래 요것만 해서…….

1회 학생의 구성

면담자: 보통 첫해니까 학생들이 지방에서 많이 올라오셨나 봐요.

구술자: 지방에(지방 학생이) 많이 있죠. 에… 지방도 많… 남여 구성
도 봐야 되는데… 여학생들은 서울에 아까 경기여고, 뭐 이런
사람들도 8명인가 몇 명인가 합격했다고 한 것 같은데… 남자
중에는 경기고등학교 출신은 아마 없는 것 같고. 서울고등학교
출신은 하난가 있었던 것 같고, 경복은 셋인가 있고, 그리고 경
기, 서울, 경복, 이 세 개를 좋은 학교, 좋은 고등학교로 치곤 했
는데… 여학생들은 그쪽에 좋은… 여학생들 곧장 고등학교에서
올라온 사람이고 남자는 지방에서 뭐… 이렇게 하고… 83세 되
신… 지금… 그런 분은 비누 공장… 뭐 이런 데서 일하다가니
어떻게 해서든… 공장을 벗어나야겠다 해서 공부를 하셔서 어

렵게 어렵게 합격을 하시고… 한 우리하고… 일곱 살, 어떤 사람은 열 살 차이 나는 그런 분도 오시고… 그렇게 다양하게… 지금도 형님, 형님으로 허시는 분들이 에… 80 되신 분들… 78세 되신 분들… 그런 분들은 철도고등학교 나오신 분도… 여러 분이 있는데 회사에 철도청 어디 회사에 근무하(시)다가니 오신 분도 계시고……. 그리고 그때는 5·16 혁명… 난다… 군인들이 정부를 인제 일으켜 가지고 시작… 무슨 일이 있었느냐면… 군대 안 갔다 온 사람을 무조건 직장에서 쫓아낸다……. 한데, 아직 연령이 안 돼서 (군대) 안 간 사람까지도 직장에서 쫓겨나게 됐었어요. 그러다 보니까 그런 분들도 이 교대에 오신 분도 계시고… 나 같은 경우도 아까 고등학교 졸업하고 1년 노는 동안에 지방 공무원… 지방… 다시 말하면, 면서기나 이런 거 하는 공무원 시험에 합격했었는데, (우리) 군(郡)에서 1등으로 합격했다고 그런 소문이 나고 그랬었는데도 면서기라도 해서 다음 해 대학 가게 되면 등록금이라도 벌까 했었는데… 이 (군대 안 갔다 왔다고)(면서기) 발령이 안 나더라고요. 그래서 왜 발령이 안 나느냐 했더니 군대를 안 갔다 왔기 땜에 그랬다. 나는 군대 갈 나이가 안 돼서 안 간 건데, 그랬더니 군사정부기 때문에 안 된다고, 그래서… 그것(면서기)도 못하고. 아마 그때 취직을 했더라면 거기서 눌러(눌어)붙었을지도 모르죠. 어떤 면으로 보면은… 시골서는 한 달에 얼마씩이라도 봉급이 월… 수입이 있으며는 그냥 (부모님들은) 좋아하시니까… 그랬을지도 모르지유.

면담자: 그렇다 보니까 호칭이 ○○형을 붙이는 것 같아요.

구술자: 예. 형… 하고 아까 그분은… 형 하고도 부족해서 '형님' … 그리고 그러쥬. 실지로 내 형님하고 같은 나이…이고 그러니까.

면담자: 그러면 동기들 사이에서는 보통… 기본적으로 형을 붙이는 건가요?

구술자: 뭐… 그냥 다 형이라고 그러죠(공부를 같이 했다는 의미에서 나이 구분 없이 '學兄'이란 말을 줄이고).

면담자: 남녀 할 것 없이요?

구술자: 아하하하. 뭐 여자분들한테는 형이라고 허진 않죠. 그분들은 우리를 어떻게 할(부르는)지 모르겠는데 어떤 분은 여자 같은 경우는 여사라고도 하고, 뭐… 그냥 선생님이라고 하면… 또… 정년 한 다음에 또 교장 하신 분도 있고 그냥 교장 안 하신 분도 있고 그러니까 또 그걸 구분하기도 곤란하고…….

면담자: 그러면 그 당시 남자, 여자 사이의 캠퍼스 커플 같은 건 많이 없었나요?

구술자: 몇 분 있어요. 몇 분… 지금 (1회 동기회) 회장님 하시는 분… 그리고 인제… 커플이었고… 몇 분 있어요.

면담자: 그러면 교제할 수 있는 틈이 별로 없었던 것 같은데…….

구술자: 인제… 우리 같은… 우리 같은 사람은 시골서 올라와 가지
고 그런 걸 잘 모르고… 공부하는 데만 뭐 하고 그랬는데…
어… 학생시절에 무슨 임원… 대의원 같은 걸 하다가니 뭐 접
촉, 회의하고 접촉하는 게 한두 분들 있고 나머지 분들은 졸업
한 후에 선생님, 같은 학교에 근무하게 되고… 해서 커플이 된
분도 있고… 그렇죠. 그래서… 커플이 된 분들은 지금 상당히
좋죠. 양쪽 연금을 다 받게 되니까… 지금도 공무원 연금이…
어떠니 어떠니 하는데… 커플 되신 분들… 양쪽 연금을 다 받게
되니까 괜찮죠… 지내기가.

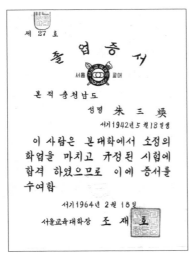

서울교대 1회 졸업증서 27호

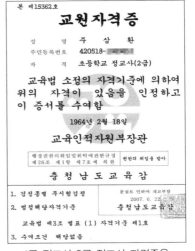

1급 정교사 2급 정교사 자격증은
반납하여 재발행 받은 교원자격증

첫 봉급과 당시 중학교 입시

구술자: 그래서 아까 그… 인제 뭐… 조금 연결되는 얘기지마는… 졸업하고 (교사로) 발령받았을 때 그… 봉급 그걸 봤더니 에… 삼천 얼마드라구요. (봉급표를 보여 주시며) 이게 64년 3월달이… 아… 이거는… 삼천오백사십일원…, 3,541원… 이것 다 떼고 요런 거… 친목회비 70원… 뭐… 30원… 뭐 이런 거 떼고서는… 본봉 계가 사천 삼십 원 이렇게 되는데… 떼고서 3,541원… 4월(월급)이 4,173원… 근데 이게 어느 정돈지 잘 모르잖아요. 근데 마침 내가 처음 가서 옷을 입을 게 없어서 양복을 해(맞춰) 입었는데 양복 값이 봤더니 5,300원이더라고요… 5,300원…….

첫 발령통지서(1964. 3. 7.)

면담자: 한 달 월급…….

구술자: 한 달 월급 가지고 양복 한 벌 못 맞춰 입죠. 쌀값이나… 금값
을 계산해 보면 더욱 확실할 텐데… 뭐 그래서 초등학교 선생님
월급을 '쥐꼬리만 한 월급'이라고 했었던 것인데……. 지금은 이
런 연금을 받게 되고 그러니까 선생님으로 퇴임하신 분들 생활이
여유로운 편이죠. 그리고 특히 70년 대, 80년 대에는 경기가 좋
아 가지고 막 우리나라가 (산업화로) 일어날 때가 아니에요? 그니
까 선생님 중에는 그런 기업체나 그런 쪽으로 빠져나간 사람들이
많이 있었어요. 그런 분들은 지금 연금을 받기가 어렵죠. 오히
려… 그 당시는 선생님보다도 훨씬 더 좋은 대우를 받고 기업체
로… 회사로 빠져나가고 그랬는데… 지금 아마 우리만큼 연금을
못 받을 거예요. 그래서 조금 이해타산 따지고 뭐… 이익을 찾아
서 가지 않고 우직스럽게 선생님으로 남아 있던 분들이 그래도
지금은 그 덕을 보고 있지 않나 그런 생각이 들어요.

　그 전에는 뭐 연금… 기여금이라고 해서 월급에서 떼는 것을
우리가 정년 후에 이걸 꼭 받아먹으려니 생각도 못 하고 그냥 내
라고 그러니까 그냥 내는가 보다 했는데 지금은 그… 덕들을 보
고 고맙게 생각을 하죠……. 그 당시는 우리 적은 봉급을 보전
해 준다… 이 연금으로… 도와준다… 그런 생각들을 가졌었는
데… 그 당시에 좋다고 달려… 다른 데로 나갔던 분들은 그 당
시 자기들이 좋은 대접을 받은 생각은 안 하고 요즘 공무원들이
연금 받는다… 이런 얘기를 자꾸 하고 있는 거죠.

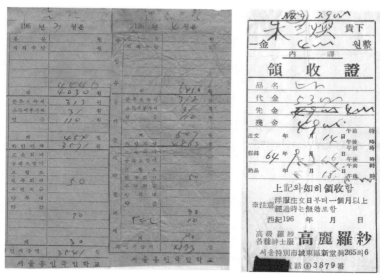

초등교사 첫 월급봉투(1964. 3.), 수령액 3,541원, 당시 남성신사양복 맞춤값 5,300원

면담자: 이 돈··· 그러면 그 당시 인제 학교 다니실 때 보통 행당동··· 보니
까 터가 막 개발이 안 되었는데, 식사는 보통 어떻게··· 학교 식당이
있었나요?

구술자: 학교 식당에서 먹은 기억은 거의 없고 거의 다 도시락을 싸
오든가 아니면 고(그) 근처에 간단한 그런 걸 먹던가 그랬죠. 어
떻게 학교 식당에서 먹고 한 기억은 없어요. 지금하고는 많이
다르죠. 뭐··· 어렵게 지낸 분들이 많죠. 내가 졸업할 때 성적이
그래도 좋은 편이었기 때문에 B급··· 홍인(초등학교)이 B급이었
는데··· 그 신당동 거기··· B급에 발령받은 사람이 청구(초등학
교)로 받은 사람하고 두세명 밖에 안 될 거예요.

면담자: 그럼 다 C급으로 가고 B급만…….

구술자: 네. 그래서 아마 내가 지도교수님이 자기 집에 와 있으라고
그렇게 한 것도 제… 시골학교지마는 농업고등학교니까… 거기
성적이 상당히 좋았거든요. 그러니까 그런 걸 보구서 자기 집에
와 있으라고……. 또 학장님도 그런 걸 눈여겨보시고… 그랬던
모양이에요. 그런 사람이 또 아동연구회를 한다고 그러니까 지
원해 줄라고 그렇게 하시고.

면담자: 그 당시 제일 좋은 건 재동초등학교… 이런 곳인가요?

구술자: 네. 그렇죠. 덕수, 재동, 교동… 이런… 미동… '동'자 들어
가는… 그런 학교가 좋은 학교. 그런 데서 역시 또 서울중학교,
뭐 경기중학교, 이런 데 많이 가고 그러고… 이젠 아주 뭐… 허
게 표현하면은… 좋은 학교… 경기중학교 이런 데 6학년 담임해
서 집어넣으면(합격시키면)은 집 한 채가 선물로 온다 그럴 정도
로… 그러니까 아까 수도교육이 부정… 그리고 우리는 그러지
말아야겠다는 것이 암암리에 1회들에게 존재했던 것이… 그런
거지요. 그래도 어려우니까… 뭐… 초등학교 선생님 하면서도
이게 안 되는 거지마는… 또 저녁에 또 애들 모아서 가르치는 분
도 계시고. 그런… 그랬던 시절이고… 우리는 뭐… 6학년 담임
을 해 보질 못했어요. (중학교) 입시 있을 때… 입시 있을 때 6학
년 담임을 해야 대우도 받고 그러는데 우리는 발령받아서 얼마

안 되니까… 중학교 무시험이 아마 69년도인가 되었을 거예요.
그니까… 64년서부터 군대 안 가고 계속했다고 해도 6학년 입시
있을 때 (6학년 담임) 맡았던 사람은 선배들은… 있을지 몰라도
우리는 별로 없을 거예요.

면담자: 실습이 참관교육실습 하고, 제2차 수업교육실습, … 아… 참관실습
한 번 하고 그게 일주일 정도 되는 것 같고, 수업교육실습 하고 제2차
수업교육실습 이렇게 나오는데, 실습은 보통 몇 번을 졸업할 때까지….

구술자: 그러니까 정확하게는 잘 모르겠지마는… 기록 보면 되겠지
마는… 참관(실습)은 그냥 오브저베이션(Observation)하는 거
죠… 부속초등학교에서 선생님이 가르치는 것을 들어가서 보기
만 하는 거고, 그게 참관… 이거죠… 1차 실습은 이제 부속…
부속초등학교에서 참관도 하고, 첨에는 참관도 하고… 아마 그
다음에는 지도교사… 지도 선생님이 수업하라고 하면은 일부
조금 하고, 그다음에는 저쪽 현재 서울 시내에 있는 학교에 실
습 나가서 거기서 수업도 하고 지도도 받는 것… 그래서 나는
이제 부속초등학교에 거기서… 헌 다음에… 그때 지도선생님이
여기 나한테 편지 보낸 것도 지금 가지고 있고 그런데… 그래서
나는 그분도 우리 선생님이다 그런 생각을 가지고… 그분하고
편지도 하고 그런데… 나중에 교직을 떠나셨다고… 그러더라구

요. 그러고 인제 2차 막 실습 그것이 시내에 있는 초등학교로 나
가는 건데. 그때는 혜화초등학교에 가서 실습을 했어요. 근데
그 지도선생님이 또 저한테 편지 보냈던 것도… 내가 편지 허니
까 그분이 답장을 하신 건데… 하고 근데… 혜화동, 성균관대학
고(그) 근처에… 혜화초… 상당히 그 당시에는 좋은 학교에 속
한다고 했었죠.

면담자: 실습을 했을 때 통과/불통과 이런 게 있는 건가요?

구술자: 학점으로…….

면담자: 학점으로?

구술자: …거기에 통과/불합격 하는 건 거의 없고… 모르겠어요. 성
적은 어떻게 나왔는지 모르겠고…(성적표를 보여 주시며) 여기
나의 경우는 A로 나오고 했는데 이게 그 당시 성적표하고… 이
게 성적표… 스캔해 놓고… 박물관에 갖다 주느라고 스캔해 놨
었는데 다 안 나온 거 있는데 다 이런 것들이 교육실습… 이게
관찰이라고 했네요… 이게 뭐야… 1학년때… 1학년 2학기 때
한 거군요. 그리고 인제… 여기는 교육실습… 이건 C학점이 나
왔네요.(83~84쪽 참조)

면담자: (교과목에) 도서관 운영이 따로 있네요?

구술자: 도서관 그것도… 모르겠어요. 어떤 분을 교수로 쓰기 위해
서 도서관 직원으로 (임용)했다가 강의를 줘 가지고… 뭐 했
다… 그런 얘기가 있는데… 또 고분이 나중에 들으니까 말썽을
부리고 그랬다고… 교수님으로서… 엊그제 교대 근무하시던 교
수님(을) 만났는데 그런 얘기를 하더라고요. 도서관… 저기…
상당히 중요하긴 해요. 미국 같은 데선 사서교사가 애들 독서지
도 하고 그러죠. 도서관에 가서 애들 (학생들이) 공부를 하고 그
러죠. 독서지도를 거의 reading을 사서 선생님이… 그래서 그
'사서교사'라고 하잖아요. 그냥 사서가 아니라, '사서교사'…
그 또 전문… 전문직에 해당되는 대우를 받죠. 간호사… 뭐 이
런 것들….

전국 교대 간 교류와 학생생활

면담자: 그 당시에 보니까, 다른 교대하고도 교류가 있었나 봐요. 배구대
회도 하고, 제가 알기로는 춘천교대하고는 배구대회도 하고, 다른 교
대하고도 교류가 많았나요?

구술자: 많지는 않고 각자 이게 학점이 너무나 많고 그러기 때문에…
전국 교육대학 체육대회… 이런 식으로 해서 하고… 했습니다.

면담자: 그것도 그때 생긴거죠?

구술자: 그렇죠. 그때 생겼죠. 그리고 뭐… 교대 안에서도 반별로…
배구대회… 뭐 그런 것도 하고… 했어요. 어쨌든 그건 상당히
좋은 거 같아요. 왜… 초등학교를 8과목을 다 가르쳐야 되니까.
체육도 해야 하고 음악도 해야 하고 하니까… 그런 건 상당히
좋은 것 같고.

면담자: 수학여행도 갔다 왔더라고요. 그땐 수학여행을 어떻게…….

구술자: 수학여행… 내 기억으로는 아까 좀 얘기한 것처럼… 거기,
뭐 법주사… 속리산… 문장대 거기 올라가고 그런 기억이 나고,
아까 얘기한 대로… 북한산인가 그쪽에 가서 사생대회 겸 해서
하고, 어쨌든 거의 고등학교 식으로…….

면담자: 그냥 가는 게 아니고…….

구술자: 그리고 그걸 통해서 서로 학생들 교류도 하고… 그런 때 남
녀든 만나고 아마… 그러지 않았나 생각을 해요. 그러니까… 생
활들이 다 생각하는 것들이 다르니까 도시에서 쪼로로 잘… 교
육을 받은 사람…우리같이 시골에서 이렇게 올라온 사람하고
그 학생생활도 많이 좀 다른 점이 있을 거예요, 아마. 그런 다양
한, 어쨌든 초등학교 선생님은 다양한 경험을 하는 것이 상당히
좋고 그리고 우리가 이제 4회까진가… 몇 회까지가 상당히 인
원이(학생 정원이) 적기 때문에 그래도 조그마한 캠퍼스에서 서

로 얼굴을 부딪칠 기회가 많고 그런데… 그다음에 여러 반이 생기고 학생 수가 많아지고 하면은 아무래도 관계가 좀… 느슨하다고 할까… 그렇게 되겠죠. 그러니까 뭐… 문화생활… 이렇게… 그런 것들은 거의 뭐 또 학교에서… 많이 생활을….

면담자: (학보를 보고) 수학여행을… 해인사, 법주사 이렇게 갔다 왔다고…….

구술자: 아… 해인사… 그런 경험이 상당히… 내 자신이 그런 데 갔다 와야 나중에 학생들 학교에 나가서 선생님이 됐을 때 지도하는 데도 도움이 되고 그러기 때문에… 자꾸 그런 활동을 시켜야 하는데… 지금들은 아마 임용고사니 뭐니 하다 보니까 그런 것이 좀 적지 않을까… 걱정이 되는데 많이 경험을 시켜야 좋죠.

면담자: 졸업하신 분 중에 한 분이 학보에는 농촌계몽운동을 다녀왔다는 얘기도 있어요…….

구술자: 아마 있을 거예요.

면담자: 그때도…….

구술자: 많이는… 그니까… 사회 전체가 우리뿐만 아니라 사회 전체가 그런 분위기였었기 때문에 뭐… 일부 많지는 않았고 일부 있을 거예요.

방학 때도 풍금 연습

면담자: 그러면 보통 선배님께서는 방학 때는 보통 뭐 하셨어요?

구술자: 아… 그것도 참 좋은 질문하셨는데… 방학 때는 풍금을……. 가서… 시골학교 가서 풍금을 치라고 해서, 학교에서 공문을 내 가지고 우리 교대 이런 사람들이 시골학교에 그런 풍금이라든지 피아노라든지 이런 것을 이용할 수 있도록 좀 해 달라 그런 공문을 내줘 가지고, 나도 내 모교에 가 가지고 방학 동안 그런 연습을 하고 그랬어요.

면담자: 당진으로 가셔서……?

구술자: 네. 당진(합덕면)에 신촌초등학교라고 내 모교에 가 가지고 그랬더니… 거기 선생님들도 좋아하고… 서울 소식도 듣고. 뭐… 그랬어요. 그것도 아주 좋은 질문이에요. 어쨌든 풍금 이것이 아주 학교(교대)에 중요한 존립의 중요한… (문제이니까) (사범)고등학생들은 유연하니까 이걸 잘 치고 그러는데 그리고 또 3년이잖아요. 고등학교… 그런데 우리(교대)는 2년에다가 대학이라고 모든 게 몸이 굳고, 그걸 많이 걱정해 가지고 방학 때는 그걸(오르간) 많이 했죠. 서울에 있는 사람들은 아마 그런 것도 하지마는 주로 가정교사니… 뭐… 돈벌이도 하고 그랬을 거예요. 근데 아까 서울하고 뭐 그랬는데 지금 졸업하고 나서 보면은

역시 끝까지 공부하시고 뭐… 한 사람들은 시골분들이 많이 있더라고요. 뭐… 우리 1회는 박사학위 이런 사람이 7명인가 8명이고, 적은 인원수에 비해서 (많이) 허고… 어떤 분들은 졸업하자마자 대학에 편입해 가지고 공부하시고, 그렇고… 근데 부정적인 거지마는 (초등학교 교사로) 근무하면서도 주간 대학에 막… 등록해 가지고 공부하신 분도 계시고…….

면담자: 학교를 병행하면서…….

구술자: 예. 시골 같은 데… 학교에서 많이 봐 주는 거죠. 눈감아 주는 거죠. 우리가 야간대학 다닐 때만 해도 공부하는 게 무슨 죄짓는 것 모양으로 숨기고 몰래몰래 다니고 그랬어요. 뭐… 초등학교 선생님이 뭐 공부해서 뭐하냐… 한데, 공부에 굶주린 그런 사람들은 몰래 가서 공부하고, 그때 숙직이 있고 그렇기 때문에 공부하러 갈… 야간대학 공부할려면 숙직을 할 수 없잖아요. 그러니까 토요일 날, 일요일 날 다른 사람이 하기 싫어하는 그때 바꿔 가지고 그때 가서 근무하고… 숙직 근무하고… 다른 때는 가서 공부하고 그랬죠. 근데 지금 생각해 보면… 나 같은 경우도… 뭐… 에… 영문과… 영문과, 그때는 뭐 알아 주겠어요? 초등학교 교사가 (영어를) 쓸 일도 없고 근데 역시 공부한 것이 애들 가르치는 데 도움이 되고… 영어를 좋아하기 때문에 영문과에서 (공부) 했는데 예를 들면, 뭐 『리더스 다이제스트』(잡지) 그 거기에 나오는 영어로 되어 있는 그걸 읽고서 얘기를 (학교) 애

들한테 해 주고 그러면은 걔(그 애들)… 언니니 오빠니… 같은
『리더스 다이제스트』 책을 읽은… 아~ 우리 담임선생님이…
우리애 담임선생님이… 뭐… 이런 거를 읽고서 이런 걸 애들 공
부시간에 얘기해 줘……. 그래서 그런 반응이 오는 경우도 있
고, 역시 초등학교 선생님에도 깊은 곳에서 우러나오는 곳에서
가르쳐야지… 거기 책(교과서) 페이지에 있는 것만 가르쳐 가지
고는 안 되잖아요. 나는 선생님 할 때 애들에게 얘기를 많이 해
줬어요. 그래서 얘기… 노트를 만들게 했죠.

면담자: 이야기 노트를요?

구술자: '이야기 노트'… 선생님이… 대부분이 다 훈계적인 그런 거
겠지만… 얘기를 해 주면은 그 줄거리를 간단히 적고 자기 느낀
점을 쓰게 해서 그다음 날 검사해서 내가 소감을 써 주고… 그
것도… 또 하나는 교과서 이외에 내가… 음악을 잘 못하고 노래
도 잘 못하고 그러는데 교과서 외에 '노래 공책'을 하나 만들어
가지고 예를 들면, 팝송이라든지 이런 것들을 해 주면 애들이 좋
아하고, 소풍가고 그럴 때 나는 음악을 못하지만은 우리 애들이
그냥… 우리 애들은 계속 노래가 이어져서 부르는데 다른 반은
뭐… 노래를 못 듣고 그런 경우도 있고, 그래서 우리 반 애들 중
에서도 피아노도 치고 그런 애들이 있으니까 뭐 좋은 노래 있으
면 조금 해 주면은 즈덜(자기들)끼리도 배우고, 내가 해 주기도
하고 그런… 그것은 좀 특색이 있는… 내가 대학교수가 된 다음

에도 꼭 강의내용으로 들어가기 전에 다른 얘기를 해 주고. 강의하고 연결시키고, 그래서 독서카드… 지금 그것도 어디 보관되어 있는데… 꼭 이야기… 독서카드… 요거… 한 장 딱 꺼내 놓고 그거(이야기) 하고서 그래서 내 제자들도 나 그걸 해서… 꼭 하고 있다고 편지가 오고… 딱딱한 교과서로 직접 들어가지 않고 그거 연결되는 이야기를 끄집어내 가지고……. 고것이 나는 특색 중에 하난데… 그런 것들이 어떻게 보면 아까 얘기했던 아동연구회, 이런 것하고 연결되는 것 같아요. 그래서 얘기 중에서 좀 꼭 기억해야 할 것, 사람 이름이라든지 날짜라든지 돈 액수라든지 요런 걸… 중요한 걸, 색도화지… 이렇게 주욱 이어 가지고 조목조목… 이렇게… 병풍처럼… 부채처럼… 접었다가 오늘 할 얘기는 무슨 얘기할까… 생각하는 척 했다가 그것만 딱 펴 놓고 제목하고… 기억해야 할 것… 이름 그런 것만 가지고 하면 애들이 재밌어… 떠들고 하다가도 선생님 얘기한다고… 조용히 하라고… 나는 버티느라고 요(와이셔츠 새끼) 주머니에다가니 색도화지로 해서(만들어서) 좀 접었다 폈다 하다가니… 이렇게 버티죠. 꺼내다가 폈다… 오무렸다… 폈다… 오무렸다하면은 애들이… 조용해, 조용해(선생님 얘기하시려고 해). 그러면은… 얘기하고…. 그러면 애들이 중요한 것, 자기 나름대로 (이야기 노트에) 적었다가 줄거리하고 느낀 점, 소감, 그걸 실천으로 옮기고, 그런 걸…….

면담자: 아동연구회할 때 윤극영 선생님도 모시고 하신 건 선생님이 하신

거예요?

구술자: 그거는 아마 학교 행사로 하지 않았나 이렇게 생각이 되는데
요. 음악… 그쪽에 교수님하고… 근데 그런 행사가 있을 때 우
리가 가고 그러고 했지만 내가 직접 초청하고 뭐… 어떻게… 아
마 음악… 그런 행사로 하지 않았나…. 자세히 조사했네. (부속
초등학교 노래동산회하고 우리 아동연구회하고 공동 주최하는 것으
로 했는데, 윤극영 선생님이 직접 '반달' 노래를 지휘하는 모습을 볼
때는 정말 감동적이었습니다.)

면담자: 소풍도, 화계사 소풍도…….

구술자: 화계사… 아… 그건 기억나요.

면담자: 금곡 소풍하고…….

구술자: 금곡… 아마 금곡릉 갔었던 것 같아요.

면담자: 아까 말씀하신 학내 구기대회도 있었고…….

구술자: 네.

면담자: 보통 졸업하실 때 많이들 학보에 쓰신 게 있고 놀란 게…, 학보를

계속 보면 놀라운 게 교육학에 대해 공부하신 것에 대해서 올리신 분
도 계시고 그런데요. 문학에 소설…, 단편소설을 쓴다거나 시를 쓴다
거나 그런 게 있는데…….

구술자: 그게 1회의 특성 중 하나일지 몰라요. 다양한 그런 경험 또
그쪽으로 나가려고 생각했다가 교대로 오고 그러다 보니까. 아
까 얘기한 대로 뭐… 고시공부를… 아까 뭐… 어떤 동문은…
초등학교 졸업하고 교대 들어온 거예요. 다 검정고시로 보고,
그냥 사법고시를 몇 차례 거의 문턱까지 갔다가 떨어지고, 못하
고 말았는데… 그분은 완전히 독학으로……. 그리고 박사까지
땄어요. 또 어떤 분은 재무부 국가 재산관리… 그런… 공무원으
로 근무하면서 교대에 합격해 가지고 그쪽으로 가면 그야말로
돈도 벌고… 막… 그냥 생길 텐데도… 교직이 좋아서 그거 때려
치우고 오신 분도 계시고… 다양해요.

第四號   教

〈졸업생寄稿〉

敎育一線에서

주 삼 환

서울교대학보에 게재된 글(1964. 9. 25.)

면담자: 그래서 그렇게… 문화도 다양하고 활성화되고…….

구술자: 네. 보통 분은 가수, 그런 꿈을 꾸고 우리가 들어오면 제일 잘하시는 분 꿈이 있고 그랬는데… 그래서 다른… 쪼로록… 대학 졸업하고 금방 나온 사람들하고… 초창기 대학이 설립되면서 이렇게 온 사람들하고 구성이 다른 그런 측면이 있을 거예요.

면담자: 수고하셨습니다.

서울교대 1회 입학(서울교대 1회 졸업앨범에서)
1964. 3. 26. 160명, 졸업 1964. 2. 18. 149명, 93% 졸업

졸업 후 30년, 1994년 5월 27일, 서울교대 1회의 모습(서울교대 1회 카페에서)

졸업 50년 후(서울교대 1회 카페에서) 2014년 10월 24일, 서울교대 1회의 모습

50년 후 서울교대 1회 현황(2014. 10. 24. 기준)

	입학	졸업	서거	해외	현재 (국내)	50주년 기념출석	50주년 회비출석
남	72 (45%)	64 (89%)	12 (19%)	3	49 (77%)	30 (61%)	1+30=31 (63%)
여	88 (55%)	85 (97%)	2 (2%)	12	71 (84%)	21 (30%)	8+21=29 (41%)
계	160 (100%)	149 (93%)	14 (9%)	15	120 (81%)	52 (43%)	9+51=60 (50%)

어려웠지만 행복했던 교육 반세기

-졸업 50주년에 즈음하여 1회 주삼환

서울교대 1회, 우리는 맏아들, 맏딸로 태어나 교대의 기초를 튼튼히 하고 수도교육을 바로잡는 사명을 띠고 50년 전 교육봉사의 출발선에 섰었다. 우리 모두는 어려운 여건에서도 이 사명을 성공적으로

수행하고 지금 50주년 교육마라톤 반환점에 섰다. 우리는 자랑스러운 모교 2년을 기초학력으로 하여 온 집안 식구가 먹고 살고, 자식들을 가르치고 지금도 그 덕으로 살아가고 있다.

우리는 서울교대 1회의 특성상 아부하고 굽실거릴 줄도 모르고, 꼬장꼬장 올곧게 그리고 당당하게 교육적으로 살아왔다. 우리는 자랑스러운 모교와 존경하는 은사님, 우리의 사랑하는 제자들과 후배들에게 부끄럽지 않게 살려고 노력하여 우리의 삶 자체가 바로 교육이고 교과서였다. 우리는 서울교대 때문에, 초등교사였기 때문에, 그리고 제자와 후배들 때문에 삐뚤어질 수 없었고, 실패할래야 실패할 수도 없었다. 서울교대 졸업생이 아니고, 초등교사가 아니었더라면 우리는 나쁜 길로 빠졌을지도 모른다. 오, 하느님 감사합니다.

1960, 1970년대 한때 4부제에 학급당 학생 100명이 넘는 콩나물 교실에서 가르치는 거친 교육을 하게 되어 제자들에게 우리의 사랑을 충분히 나눠 주지 못하여 미안했지만, 그들과 함께 우리는 조국의 산업화와 민주화, '한강의 기적'을 이룩하는 성공을 거두었다. 그래서 우리는 어려운 시절을 보냈지만, 그래도 행복했고 이에 자부심을 느낀다. 서울교대 1회가 자랑스럽다.

이제 우리는 우리가 다져 놓은 교육적 기초 위에 국가와 사회가 더욱 비약 발전하는 모습을 바라보는 제2의 행복을 누릴 것이다. 우리는 실질적으로는 70여 년 인생을 살았지만 농경사회, 산업사회, 지식정보사회의 세 변화하는 사회를 두루 사는 행운도 누렸고, 20세기와 21세기 두 세기, 2000년대와 3000년대 두 밀레니엄 시대를 사는 장수 세대이기도 하다. 이제는 문화예술창조사회, 윤리도덕 선진사회 건설에 우리의 여생을 바쳐야겠다.

우리로 하여금 어려움 속에서도 교육자의 길을 걷도록 지지하고 지원해 준 우리의 인생 동반자 아내와 남편, 그리고 가족들에게 감사한다. 이제 우리는 우리의 건강을 지켜 행복할 일만 남았다. "서울교대 1회 젊은이 거룩하고 영원하여라."

우리와 함께 이 자리를 같이하지 못하고 먼저 가신 은사님들과 우리의 동기 여러분의 명복을 빌고, 지금 이 시간도 병상에서 고생하고 계신 분들의 빠른 쾌유를 빕니다.(2014. 10. 24.)

2. 기대 속의 삶: 생애 속 타인과의 관계

구술자: 주삼환
면담자: 문태현
일시: 2015년 6월 24일
장소: 개포동 인근 음식점의 외딴방

집안 상황과 부모님

면담자: 오늘은 선배님이 살아오시면서 주변 사람들의 인식, 선배님에 대한 인식, 기대, 그런 기대에 대해서 어떤 부응을 하셨다거나 하는 측면, 그런 관계적 측면에서 여쭈어 볼 예정이고요, 크게는 어렸을 때 가정환경, 그때 선배님은 부모님, 어떤 부모님의 환경 속에서 살아왔

고, 부모님은 선배님에게 어떤 기대를 해 왔는지, 그런 것부터 우선
여쭙고 싶습니다.

구술자: 뭐… 우리가 살아온 세상은 상당히 어렵고 가난한 그런 생활
(시절)이고, 또… 나는 아주 촌이라고 할까… 그런… 곳에 살았
기 때문에 더욱더 어렵고 그랬죠. 그리고 인제… 우리보다 더
위의 분들은 더 많은 고생을 하시고 차차 우리나라는 발전하기
때문에, 우리는 상당히 어려운 세상에서 살았기 때문에, 나의
경우도 우리 부모님들이 아주 그냥… 집도 없고, 모든 것이 없
는 상태에서 우리 형님하고 누님하고 그렇게 어머니, 아버지가
(아이들 둘을) 업고 또 걸리고 보따리 몇 개 들고, 이고… 그리고
선 이제 당진 고대(현 충남 당진시 고대면 슬항리)라는 데서 예산
군(충남 예산군 고덕면 황금리 황금뜰) (주씨) 집안들이 몇 명 사는
그곳으로 그렇게 오시게 된 것이죠. 그러니까 상당히 어렵게 살
아와서 거기에서 인제 집안 어른들이 구해 준 쪼끄만 옴팍집이
라고 그럴까 오두막집이라고 그럴까… (그런 걸) 얻어서 살기 시
작해 가지고… 논도 남의 논 얻어서 짓고, 그렇게 해서 시작해
가지고 결국은 두 분들이 노력을 하셔서 그 우리 동네(충남 예산
군 고덕면 상궁리 궁리)에서는 비교적 인제 조금… 쪼금… 그래
도 부유하게 살은(산)… 그런 형편이었죠. 그래서 우리 어머니
께서 (자식) 열 명을 낳으셨는데, 중간에 많이 죽고 그리고 여섯
명… 남았는데, 내 위로 형님 두 분, 그리고 누님 한 분, 내가 아
들로서는 셋째 아들이기 때문에 삼환(三煥)이라고… (그렇게 이

름 짓고) 그래서 삼자를… 뭐… 일, 이, 삼으로 나간 건 아니지마는… 나만 셋째라고 그래서 삼환이라고 짓고… 그랬죠. 그래서 인제 큰 형님이 일본식의… 일제강점기시대에 체신(우체국) 공무원들을 기르는(양성하는) 그런 곳에 들어가서 가지고, 그것이 인제 나중에 보니까 이쪽 (서울 용산구) 원효로, 서울의 원효로 어디에서 그거를, (체신공무원 되는) 교육을 받으셨더라고요. 그래서 그때 사진 보면 막 각반(脚絆) 치고 일본식 옷을 입고 이런 사진을 어렸을 때 보고 그랬는데… 그래서 (형님이) 우체국에 근무하시게 되면서, 그래도 시골에서 월급을 조금 받아 오시니까 동네에서 비교적 소식도 빠르고 쪼금 살 만하게 되고 그런 것이죠. 그런데 가만히 보면 우리 형제들이 상당히 동네에서는 머리가 좋다고 그렇게 소문이 나서 공부를 잘 하고 그랬었죠. 어머니, 아버지는… 아버지는 초등학교에 들어갔으나 졸업을 못하시고, 어머니는 초등학교도 안 들어가시고(못 다니시고)… 한글도 모르시고 그랬는데 혼자 어떻게 깨우쳐 가지고 이제 한글은 읽고, 또 나중에 가톨릭 성당에 계(다니)시게 되었는데 그걸(성경) 읽고 그러시더라고요. 그래서 우리 형제들이 다 머리가 좋아서… 둘째 형님의 경우는 뭐… (초등학교, 당시 명칭은 국민학교) 6학년 때 내가 1학년 들어갔는데 둘째 형님의 영향을 많이 받은 셈이죠. (형님이) 아주 공부를 잘 하시고 글씨도 잘 쓰시고 그래서 선생님 대신에 그림도 (잘 그리고) 환경정리(도 잘) 해서. (형님 그림을) 학교 전체에 붙여 놓으시고, 또 선생님 대신에 글씨 써서 시험문제 같은 것도 내시고, 그럴 정도로 이제…

재주도 있고 그랬죠. 그래서 내가 1학년 막 들어가게 되니까 아무개(형님) 동생이다(라고) 소문이 나 가지고 어떻게 보면 들어가자마자 반장도 하고 그렇게 돼서… 형님의 영향을 많이 받았어요.

공부 좋아하게 된 동기와 유·소년 시절

면담자: 부모님은 집에서 따로 교육을 할 때는 어떠셨나요?

구술자: 부모님이 교육을 특별히 해 주시지는 않고, 그 형님의 영향을 많이 받고… 뭐 그 당시에는 부모님들이 뭘 가르치고 뭘 (그럴) 여유도 없고, 먹고 살기 급하고… 일허시기 급하니까… 애들 교육에 대해서 관심, 지금처럼 관심을 갖는 그런 세상이 아니었죠. 그래서 이제 1학년 때부터 쭈욱 반장도 하고, 1등도 하고…, 계속 1등을 하고, 6학년 때에는 '아동총장(兒童總長)'이 그래(돼) 가지고 전교생을(에게) 구령 붙이고, 뭐 조회할 때 나란히 정렬시키고 하는 그런 일들을 맡고 그랬어요. 기대에 부풀어 있었죠.

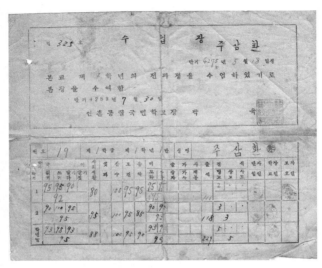

국민학교 1학년 성적 통지표

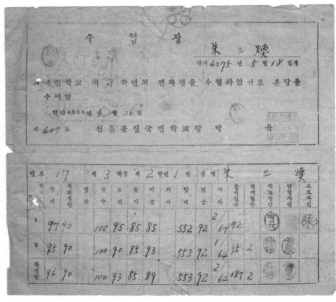

국민학교 2학년 성적 통지표

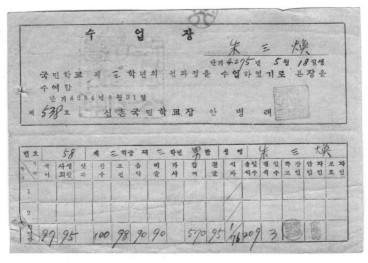

국민학교 3학년 성적 통지표

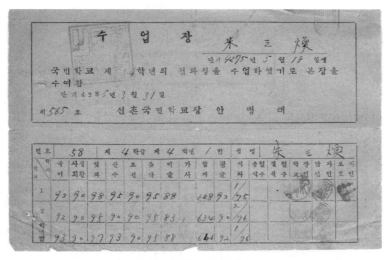

국민학교 4학년 성적 통지표

현 전교어린이 회장 격의 '아동총장' 임명장

면담자: 아동총장은 지금으로 보면 전교회장 그런 건가요?

구술자: 전교회장… 그 전에 군대식으로 뭐… 구령 붙이고 대대장
　　　　뭐… 그런 식으로 중고등학교에서는 그런 역할을… 전교어린이
　　　　회장… 그런 역할을 하면서 조회 서고 그럴 때 앞에서 구령 붙이
　　　　고 뭐… 선생님께 경례 뭐 이런 거(것) 시키고 그랬죠.

면담자: 집안 분들이 그러면 공부를 잘 하셨잖아요. 어떤 이유라고 생각하

시나요? 다들 공부를… 잘한 이유가…

구술자: 그래서 가만히 생각해 보면은… 일단은 어머니, 아버지가 머리가 좋으셨던 것 같아요[우리 주(朱)씨가 주자(朱子(熹)]를 조상으로 하여 학자 집안이어서 그랬는지……*. 아버님의 경우는 초등학교 들어갔다가 다 못 마치고 나오시고(중퇴하시고) 그랬는데도 밤새 옛날 시조라든지 노랫가락이라든지 그걸 약주 잡시고 그러면은 밤새는 줄 모르고 다 외워서 그걸 다 (노래) 하시는 걸 보면은, 지금 커서 생각해 보면, 아버님 머리가 좋으신 것 같고, 어머님의 경우는 우리가 옛날이야기 이런 걸 해 달라고 하면 어머니도 글자도 모르시고 그러셨는데도 막 말을 꾸며서… 얘기를 꾸며(만들어)서 우리들한테 재밌게 이렇게 해 주시고 한 거 보면 상상력이라든지, 꾸미는 거라든지 이것이 머리가 좋으신 것 같아서… 하여간 동네에선 집안의 내력이 공부 잘 한다 소문이…(났어요). 아까 전혀 아무것도 재산도 없이 (제일 큰) 형님과 누나를 데리고 업고, 짐 보따리 지고, 당진에서 예산(충남 예산군 고덕면 황금리)으로 그렇게 걸어서 뭐… 나룻배 타고…

---

*1세 朱熹(子)-2세 塾(야)-3세 鉅(거)-4세 潜(잠,한국계)-5세 餘慶(여경)-6세 悅(열, 문절공)-7세 印遠(인원, 문간공, 중파)-8세 元之(원지)-9세 思忠(사충, 문춘공)-10세 文翊(문익)-11세 子精(자정, 웅성군, 조선개국공신)-12세 璜(인)-13세 夏(하)-14세 序(서)-15세 乃敬(내경, 동부령)-16세 聖厚(성후)-17세 慶華(경화)-18세 仁伯(인백)-19세 彦南(언남)-20세 義立(의립)-21세 哲碩(철석)-22세 輝迪(휘유)-23세 自興(자흥)-24세 泰晋(태진)-25세 离允(이윤)-26세 敬德(경덕)-27세 萬升(만승)-28세 鎭善(진선)-29세 春鐸(춘탁)-30세 洛雲(낙운, 구명 完世(완세) 호적 甲辰(갑진)-31세 寧先(영선) 실명 三煥(삼환) 아명 天牛(천우)-32세 恩宣(은선) 恩池(은지) 恩中은중)

오시고 그랬다는데…, 그거는 이제 할아버님이 그… 어디 (집에서) 나가서 가지고 행방불명이 되셨어요. 그러니까 아버지를 잉태하실 그런 상황에서 할아버님이 돌아가셔 가지고 거기서(충남 예산군 봉산면 대지리 댓골, 주(朱)씨 집성촌) (할머니 혼자) 살 수가 없기 때문에 이제 외갓집 할머니… 할머니 그 친정들… 집에(충남 당진시 고대면 슬항리 비야목 아버님 외갓집, 아버님은 유복자이시다.) 가서 살다가 다른 집(같은 동네 이웃집 김씨 집)에… 가서 사시게 되면서, 아버님이 어떻게 보면 남의 집에 살게 된 그런 생활을 했기 때문에 어렵게 되셔 가지고 그런데도 불구하고… 그렇게 예산(충남 예산군 고덕면 황금리 주씨 몇 집이 사는 동네)에 오셔서 개척하셔 가지고 남의 논 얻어 가지고(도지 논 지으시고), 집 구하면서 (충남 예산군 고덕면 상궁리 궁리에) 터 잡고 살기 시작했어요. 그걸 다 보고 아까 얘기한 대로 큰 형님께서도 체신공무원이 되시고 하면서 집안이 풀리기 시작하고 그런 거죠. 머리가 일단은 있기(좋으셨기) 때문에 그런 것이 가능한 것이 아닌가 그런 생각이 들었어요. 어쨌든 (나는) 초등학교 때는 공부를 다 잘하는 걸로 돼(되어) 가지고…. 그래서 인제 중학교…, 합덕중학교라고 갔는데, 좀 멀어요. 한 10km(먼 20리) 돼서. 어린 나이에 그걸 걸어 다니고 그러니까 지치고 그랬죠. 그래서 산골길로 새벽 5시, 뭐 이렇게 아침 일찍 밥 먹고 학교에 가고 그랬죠. 그래서 중학교 때는 반에서 뭐… 한 3~4등… 5등… 그렇게… 1등까지는 못하고 그랬었죠(나중에 확인하니 2등 정도). 새벽에 갔다 늦게 (집에) 와서 지쳐서는 또 집에 와서는 또 누워야 되고 그랬었죠. 기대거나.

면담자: 그때도 집안에서는, 부모님께서는 계속 공부를 하라고 많이 하셨나요?

구술자: 뭐… 공부하라고… 내가 어디에다가도 글도 쓰고 그랬지마는… 나는 '공부하라' 그런 소리를 들어 보질 못했어요. 부모님한테도 공부하라 소리 못 들어 보고, 선생님한테서도 공부하라 소리 안 들었고. 그래서 오히려 공부 그만하라고… 공부 제발 그만하라고… 건강 해친다고, 그리고 인제 옛날에 전등이 없으니까 석유 불을 켜 가지고 등잔불로 에… 공부를 하고 그랬는데… 석유 아깝다고 석유 불 닳는다고, 공부 그만하고 불 끄고 자라고……. 그래서 공부하라 소리는 안 들어 보고, 그래서 내가 선생님이 된 다음에도 "나는 애들보고 공부하라 소리 않는다."(결심했어요.) 그래서 아이들한테도 공부하라 소리 안 하고, 그리고 내가 세 딸을 두었지마는 걔들(내 자식들)한테도 공부하라 소리는 '한 번도' 안 했습니다. 그래서 공부하라 소리 듣는 아이들은 너무 행복에 겨운 아이들이라고 합니다. 학생이 공부하는 게 당연한 거지… 그걸 공부하라고 해서 공부하고, 공부하지 말라고 해서 안 하고… 그래서 오히려 공부하지 말라고 하면은 어겨서 공부한다고 (농담하지요). 그래서… 교육학을 공부하고 하면서도 학생이 공부하도록 만들어야지 '공부하라'(하지) 말아라' 하는 것은 쓸데없는 소음에 해당되고, 일종의 자장가에

해당되는 거라고 하지요. 자기가 공부에 배고픔을 느끼고, 좀 굶주림을 느끼고… 그리고 공부에 대해 목마름을 느끼고 갈급 증을 느끼고… 하다 보니까 요즘에 스티브 잡스(Steve Jobs)가 말하는 '스테이 헝그리(stay hungry)'(히딩크 축구 감독도 항상 골에 배고프다고 했지요) 에… 그것이 내 생각하고 똑같은 (것 같아요) … 배고파야지 지금 애들이 공부에 너무 배불러 가지고…. 그게 교육학 공부하면서 최근에 계속 얘기하는 것이 '가르치려고 하지 말고 배우게 하라.', (덜 가르치고 많이 배우게 하라) 그렇게 얘기를 하죠. 유년시절 얘기하다가 어른시절 얘기하게 되었는데.

면담자: 유년시절에 계속 공부를 하게 된 동기는 뭐였다고 생각하세요?

구술자: (우선은) 재미있으니까… 재미있고… 그렇게 자꾸 인제 잘한다고 그러고 계속 뭐… 그야말로 1등하고 그러니까 재밌고, 그리고 집에서도 다른 아이들은 어렵고 그러니까 일을 해야 되고 나무도 해 와야 되고 그러는데 우리는 그렇게 안 해도 되고, 그러니까 공부를 더 잘하고, 그리고 동네(충남 예산군 고덕면 상궁리 궁말) 우리 고(그)때에(그해 1940년, 1941년), 내가 태어날 그때쯤에 많은 동네 아이들이 태어났나 봐요. 그래서 우리 또래들이 많은데 우리 또래에 (내가) 리드를 해 나가야 할 리더…(가 되었지요.), 공부를 잘하고 그러니까… 친구들이 잘 따르고 그러니까… 그러니까 점점 더 (공부가) 재미있고, 그렇게 된 거죠. 그래

서 공부가 재미있어야 돼요. 그래서 나도 교사가 된 다음에도 어떻게 보면 공부를 재밌게 (하게) 할 것인가 거기에 초점을 맞추었죠.

면담자: 어릴 때부터 계속 그러면 공부가 지금까지도 재미있으신 거예요?

구술자: 네. 재미있어요. 지난번 구술할 때도 얘기했지만 (시골서) 서울에 올라온 것도 공부하기 위해서… 공부하고 싶어서… 그 (조금) 있다 얘기 나올는지 모르겠는데, 중학교 졸업하고 1년 농사 짓고 그때는 뭐… 억지로 (부모님 말씀) 어기고 고등학교 갈 수 (도) 있(었)는데, 그때 고등학교… 시골에 고등학교 나오고(나와 봐도) 별로고(특별히 잘 되는 일도 없고) 부모님도 어려워하는데 꼭 고등학교 가야 되나… (그런 생각도 들고). 그때 고시… 고시… 고등고시… 뭐… 그런 것이 있었잖아요. 사법고시… 그런데 그때 '고등고시'가 있고 '보통고시'라고 하는 건 그것보다 쪼금 낮은 수준의 고시가 있는데, 그런 것 공부해서 뭐 좀 해 보자… (그런 생각하고) 그래서 고등학교를 안 가고 1년 동안 농사 짓는 일을 좀 하고(공부한다고 했지만 농촌에서는 농사철에 책만 보고 있을 수 없어서) 그런 적이 있지요. 그러다 보니까 더욱더 공부에 대한 그리움, 이런 걸 느끼고 그래서 공부를 더 계속하게 되었죠.(공부하려면 서울로 가야 한다 해서 서울로 가 서울교대에 간 거죠).

농고 시절

면담자: 그래서 농사를 지으시고, 그다음 합덕농고(충남 당진시, 지금은 합덕제철고가 됨)에 가셨는데, 그럼 농고 가셨을 때에는 그러면 어떤 마음으로 가신 거예요?

구술자: 그래서 인제 중학교 졸업하고 그냥 혼자… 졸업식 끝마치고 나서는 그냥 쓸쓸히 혼자 집에 왔어요. 다른 애들은… 그 농업고등학교라도 간다 그러는데, 그러고서 (나는) 농사짓는다 해 보니까 정말 어렵더라고요. 그리고 부모님 따라서 도와주는 일 하다가니 몇 번은 남의 집에 가서 일하는 걸 해 봤어요. 많이는 아니지만… 갑자기… 일꾼(으로)… 우리 집에서 (남의 집으로) 가야 되는데 그 일꾼이 가질 못하고(못하게 돼서) 그래서 내가 대타로 가서 해 보니까 증말(정말) 해가 길고… 그렇게 허리가 끊어지고 어렵고(그렇더라고요.), 우리 집 일할 때는 해가 빨리 떨어지는 것 같더니 남의 집에 (가서) 일해 보니까 정말 하루가 길고, 어렵고 그렇더라고요. 그래서 더군다나… 중학교 때 담임선생님이 친구들에게 물어보더래요. 주삼환이 뭘 하고 있느냐… 왜 학교를 안 가고 그러느냐… 그런 얘기를 들으니까 더욱 더 눈물이 나고… 그래서 근처에 있는 시골학교지만 고등학교… 농업고등학교라도 가야겠다 해서 1년 후에 가게 된 거죠.

면담자: 그 당시 일반계고보다는 농고, 또는 상고 그렇게 많이 가셨잖아

요. 그 당시 농고나 상고에 대한 주변의 인식은 어땠어요?

구술자: 우리 그 전 선배님들은 그러니까 일제강점기 때 이런 때는
다 상고나 뭐 농고나 뭐 이런 것이 중심이 되었죠. 일본 사람들
은 인문계⋯ 뭐 이런 걸 해서 우리나라를 다스리는 입장에(의)
관료나 뭐 이런 걸 하고, 우리나라 사람들은 기술계⋯ 그런 걸
해서 자기들이 부려 먹기 좋은 그런 사람들을 길러 내려고 하는
그런 교육정책을 썼어요. 그래서 농고나 공고나⋯ 상고나⋯ 뭐
이런 데 유명한 사람이 많이 나오고⋯ 옛날에 상고 같은 경우는
은행이나 기업체나 뭐 이런 데 중요한 분들이 많이 나오고 그랬
죠. 농고는 뭐 그렇게 큰 인물은 많이 나올 수(는) 없었지만 그래
도 그런 학교밖에 없으니까⋯ 그런 사람들이 지역 사회에 지도
층으로 가고 그랬었는데 우리 때쯤만 해도 그렇게 뭐⋯ 좋은 학
교라고 보기는 어려웠죠. 그런데 지역에서도 예산농고(예산농
업전문대학이 되었다가 지금은 공주대학교로 합쳐짐.)나 뭐 이런 데
는 그래도 알아 주는데, 우리 합덕농고만 해도 뒤쳐져 있기 때
문에⋯ 그렇게 훌륭한 사람들을 많이 가지고 있진 못했죠.

면담자: 나중에 선배님께서 합덕농고 동문회에 글을 또 실으셨잖아요. 그
때는⋯⋯.

구술자: 어떻게 (그 글을) 봤어요? 철저히 조사했네.

면담자: 그때에 감회가 새로우셨겠어요.

구술자: 그렇죠. 1년… 중학교에서도 잘하는 편이었고 그랬는데 고등
학교 못 가고 있다가 고등학교 갔는데, 이제 후배들하고… 1년 후
배들하고 공부하려니까 여러 가지 좀… 기분이 좋지는 않고… 그
랬었죠. 어떻게 보면, 몇 사람이 그런 사람이(나처럼 1년 쉬고 후배
들과 같이 공부하게 된) 있었는데, 그런 사람들끼리 조금 (뒤)처져
서 생활했다고 할까, 후배들하고 생활을 하니까 그랬었죠. 역시
거기서도 뭐… 후배들도 내가 공부를 잘했다는 걸 알고… 또 거
기서도 실력 발휘를 하고 그러니까. 또 농고에서도 맘 잡고 공부
를 열심히 하게 된 동기는 학교에서 '특대생(特待生)'이라고 해 가
지고 합덕농고에서 1명에게만 그 장학금을 주는 제도를 만들었어
요. 그래서 장학금이래야 수업료, 등록금이죠. 수업료 면제 그런
거 있는데, 그것도 1명이 정해지는 데 내가 돼 가지고 그 기대에
열심히 해서 (장학금에) 부응을 해야 되겠다 그래서, 그래서 더욱
더 열심히 (공부)하게 되고 또 후배들 하고도 잘 융합이 되고, 리
더의 역할을 하고 거기서 반장하고… 되니까 또 열심히 했죠.

면담자: 그런데 농사를 1년 지으시고 농고에 진학했을 때 부모님께서는
선배님을 어떻게 생각하셨어요? 그 당시에?

구술자: 그때는 이제… 일단은 집에서 대체로 (등록금을) 안 내고 다
닐 수 있게 되고 그러니까 또 내가 꼭 그 일(농사일)을 해야만 농

사를… 해야만 그런 형편도 아니고, 아까 얘기한 대로 큰 형님
께서 월급을 타 오시고 그러니까 논도 조금씩 더 늘려 나가고 그
래서… 그러니까 내가 꼭 일을 안 해도 되고… 또 등록금도 안
내도 되니까… 역시 또 기대를 받고 그랬죠. 그래서… 그렇게
공부를 잘하고 했는데, 잘한다고 해 봐야 시골의 학교 모든 정
보라든지 (이런 걸) 모르고… 그야말로 우물 안 개구리식으로 열
심히 공부를 했지요. 근데 농고기 때문에, 예를 들면은 일주일
에 (6시간 ~) 8시간씩 농장에 가서 거름을 주고 물을 주고 실습
을 해야 되고 그랬었죠. 내가 농업을 하기 위해서 농고에 간 것
이 아니라 그냥 집에서 제일 가까운 학교가 농업고등학교기 때
문에 그냥 농업고등학교… 다닌 것뿐이지요. 그래도 그 농고를
나와 가지고서는 농사일을 이렇게 몸에 배어서 잘할 수 있는 입
장도 아니고, 농업을 이끌고 나갈 수 있는 그런 (지도자) 위치가
되거나 그렇지도 못하고, 그렇다고 어디 취직을 하거나 그럴 형
편도 아니고… 그래서 인제… 그래도 공부는 자꾸 하고 싶고,
그래서 대학을 가야 되겠다… 그런 생각을 했는데, 대학 등록금
이 없지요. 그래서 지난번 구술할 때도 조금 얘기했던 것처럼
겁도 없이… 정보도 모르고… 정말 그때는 서울대학이 좋은 대
학인지 연세대학이 고려대학이 좋은지… 그 자체를 잘 몰랐어
요. 그러고서… 공부 열심히 (한다고) 하고서… 겁도 없이 (서
울)사대 영문과… 영어는 중학교 때부터 좋아했고, 또 선생님
될 수 있다 그런 생각으로 사대 영문과를 시험을 친다고 했지요.
그래서 내가 (서울대학)시험을 치른다고 하니까… 아무 정보도

없고 그러니까… 한 7명이 똑같은 과를 친다고 주르르 따라가
서, 서울에… 저를 따라서… 전체가 다 떨어졌지요.

농고 성적 통지표

면담자: 같은 농업고등학교에서요?

구술자: 예. 그러니까 그런 입시에 대한 정보, 또 선생님이 너는 안
된다(거나) 원서를 안 써 준다. 이런 얘기를 할 수도 없고… 그때
또 4·19 혁명이 일어난 다음이고, 학생들 입김이 셀 때고 그러

니까 그냥 (학생들이) 하(자)는 대로 주르르 와서 했다가니(서울 사대 영문과 시험 치렀다가) 뭔가 다 떨어진 거죠.

서울교대 입학 경위

면담자: 농업고등학교에 입학할 때, 농고에 입학할 때도 이미 대학에 진학할 생각도 갖고 계셨어요?

구술자: 그렇게 생각하지 못 했죠. 농고… 고등학교라도 나오자. 아까 얘기한 대로 중학교 때 선생님이 '걔 뭐하고 있냐.' 친구한테 물어봤다고… 그게 또 충격을 받아 가지고 고등학교에라도 가야 되겠다 해서 간건데… 하다 보니까… 이렇게 학교에서 '특대생'이라고 해서 장학생도 (만들어) 주시고 그래서 공부를 잘해서… 우리 학교도 빛내야 되겠다 그런 생각을 해서 겁도 없이 시험을 봤는데… 시험을 봤는데, 지난번에도 얘기한 것처럼… 우리가 공부할 때는 뭣뭣에 대해 논하라… (하는) 주관식으로 답안지 쓰는 그런 것만 연습을 하고 공부를 했는데… 내가 논리적으로 그런 거를 하는 것은 잘했던가 봐요. 예를 들면, 나중에 들은 얘긴데… 우리 담임선생님이 어떤 분(다른 선생님)이 같은 동료 사회과 선생님이 채점을 하면서 "아… 이런 답안지 처음 본다… 나도 이런 답안지 쓰기 어렵다."고 선생님도… 그렇게 얘기하는 걸 들었다면서 주관적으로 논리적으로 표현하는 건 잘했던 모양인데, 이제 서울에 와서 사대 영문과 시험을 볼 때

보니까 다 객관식으로 했더(문제가 다 바뀌었더)라고요. 그때가
우리나라에서 주관식에서 객관식으로 바뀌던 그런 때… 였던가
봐요. 서울사대 교육학과 교수님들이 그런 객관식… 그런 출제
이런 경향을 가져와(도입해) 가지고… 우리는 시골 학교니까 그
런 거에 대해서 전혀 모르고… 또 농업고등학교니까 입시나…
이런 것에 대해 전혀 모르고… 그런 식이 돼서 우리는 뭣뭣에
대해 논하라 하면 큰 제목에 섬(시험) 문제가 대개 나오잖아요.
근데 와 보니까 쪼그만한… 부분에서… OX, 정답이냐 오답이
냐(진위형), 그다음에 사지선다형… 이런 걸로 나오니까… 쭉
이런 문제 나오니까… 떨어질 수밖에 없지… 면접할 때 보니
까… 영어 책을 하나 주면서 읽어 보라고 그랬어요. 발음만 생
각하고서… 멋있게 읽는 것만 생각하고 읽었는데 읽고 나서 그
게 무슨 뜻이냐고 얘기해 보라고 하는데… 그 내용에 초점을 두
어서 읽지 않고 발음하는 데만 초점을 두어 읽다 보니까 그걸 대
답을 못하고. 그런 것이 지금도 아주… 머릿속에 남아 있지요.
그래서 떨어져 가지고 그… 전(서울사대 영문과 시험 치르기 전)
에… 또 하나는… '전국학력… 뭐… 고사'던가… 그래 가지고
해서… 동국대학에서 그런 시험이 있었는데… 거기에 높은 점
수를 받으면 등록금이 면제된다고 그래서 동국대학에 한 번 시
험을 본 적이 있었어요. 그랬더니… 장학생은 안 되고 그냥 합
격만 시켜 주더라고요. 난 동국대학에 갈라고 온 것이 아니라
장학금… 대학이 좋으냐 나쁘냐는 따지지 않고 장학금만 생각
했었는데……. 그런 일이 한 번 있었고…(장학금을 안 주고 합격

만 시켜 줘 포기하고). 서울에 어떤 친척집… 족보를 만드는… 주
씨(朱氏) 족보를 만드는 집에 가서(서울에 아는 집이 없으니까) 동
국대학 시험 보느라고 하룻저녁 자고 그랬는데, 거기(그 집)에
여학생이 하나 있었는데. 같은 주씨겠지요… 한데… 동국대학
시험 보러 왔다고 그러니까… 그 학력고사 있어서 시험 보러 왔
다고 그러니까 그런 대학을 뭐하러 가려고 그러냐고…(하더라구
요). 충격이었어요. 자기는 고대, 연대… 어디를 간다고 그러는
데…. 그래서 나는 등록금만 안 내면 제일인 줄 알았는데, 대학
이 좋은 대학이 있고 나쁜 대학이 있는 것을 처음 느꼈지요. 그
래서 인제 (대학입시에) 떨어지고 또 1년 농사짓는 그런 또… (일
을) 하게 된 거지요.

면담자: 대학에 갈 때에는 등록금 문제가 제일 컸네요?

구술자: 그렇죠. 집에서는 억지 쓰고 하며는 마련해 주실지 모르지마
는 나는 부모님한테 (그렇게) 하고 싶지 않고 어떻게든지 돈 덜
드는 데 가야 되겠다는 그런 생각뿐이었어요.

면담자: 선배님은 그다음 해 시험을 치러서 서울교육대학에 입학했을 때
주변에서는 어떻게 반응을 보이셨는지요.

구술자: 그래서 1년 농사짓고 있는데. 지난번에 얘기한 것처럼 가을
에 벼 타작을… 추수를 하고 있는데, 그때 '바심(바슴)'이 뭐냐고

물어봤잖아요? 그거 하고 있는데 (당시 건국대 다니고 있던 초등학교 동기)친구가 어떻게 보면 2년 차이가 벌어진 거죠. 내가 중학교 졸업하고 1년 놀고 고등학교 졸업하고 1년 놀았는데 내 친구는 그냥 대학에 갔으니까… (그 친구가) 교육대학이 생긴다는 정보를 줘 가지고 그리고 취직이 될 거다(하는)… 그런 정보를 줘 가지고… 벼… 그… 수확을 끝마치고 한 달 동안 다시 또 책을 꺼내서 읽어 보고, 그러고선 학력고사, 국가학력고사를 치러서 그 점수에다가 체력장 50점을 합해 가지고 그 점수 가지고서 합격 불합격이 결정되는(그런 대학입시제도였는데)… 그걸 했는데 서울교육대학에… 그래도 상위그룹에 합격이 됐었던 모양이에요. 그래서 서울교육대학에… 가서 시험 치르고 우체국에 가서 합격했다고 전보를, 형님이 마침… 우체국에 있고 그러시니까 전보를 쳐서 '당당 합격'이라고…전보를 쳤던 기억이 있었는데… 그러니까 아… 그 학교만 졸업하면 취직이 되겠다 (그런 생각이고) 그리고 또 교육대학이니까 등록금이 이렇게 비싸지 않고 그러니까 모두가 다 기대를 하고 그랬죠.

면담자: 그 당시 교육대학이 유명하거나 널리 알려지지 않아 가지고 부모님도 잘 몰랐을 텐데…….

구술자: 몰랐지만… 어쨌든… 그 전에 사범학교… 사범학교 들어가기가 상당히 힘들었었거든요. 이제 사범고등학교만 들어가도 선생님이 된다… 그런 것인데 우리가 들어갈 때 임박해서는 취

직이 안 되는 경향이 있었지만… 그래도 서울사범학교 나온 사람이 취직이 안 되거나 그러지는 않았을 거예요. 그러니까 교육대학에 합격했으니까… 이제는 선생님이 될 수 있다 그런 거… 모든 사람들이 다 기대를 하고 동네에서나 어디서나 다 그런 기대를 했었죠. 더군다나 그때 얘기한 대로 '서울대학교 병설교육대학' 하니까, 서울대학이라고 생각했으니까, 더욱더 기대를 하고 또 학교에서도 인제 장학금도 해 주고 그런 기대에 부응한다고… 후배들이나 누구나 이런 사람들에게 소문나고 그랬죠. 합덕농고 졸업해서 대학에 가는 사람은 불과 몇 명이 안 되던 그런 때에 서울교대 합격했다고 하니까, 후배들이 이런 사람들에게 상당히 힘을 얻고… 그런 셈이었죠.

면담자: 그때 다니시면서는 주변에서… 입학할 때와 똑같았나요? 교대생이었을 때에도 다른 사람들이 보기에 어떻게 인식하고 있었나요?

구술자: 어쨌든 서울에 있는 분들은 어떻게 생각했는지는 모르지만. 우리 사는 시골 이런 데서는 대단한 사람으로 생각하고, 더군다나 서울대학교 교복을 입고 다니고 어떤 경우는 내 하복… (서울대) 마크가 있는 그런 무늬로 되어 있는 하복을 다 오래 입고… 뭐한 거를 조카가 줄여서 만들어서 입고 다니고 그랬는데, 동네 (시골) 어떤 아는 사람들이 아… 서울대학… 그 옷을 어떻게 네가 입고 다니냐고… 그랬다는 소문이 있고 그랬기 때문에 상당히 기대를 하고… 그야말로 유명하다고 소문난 셈이죠… 시골

서는…….

면담자: 시골서는 '서울대학교 병설교육대학'과 서울교육대학이 구분이…….

구술자: 그걸 잘 모르고 서울대학교 생각을 한 거죠. 나 자신이 그랬
　　　　으니까… 시골 분들은 더군다나… 결국은 초등학교 때부터 공
　　　　부 잘한 것이 그때 그대로 잘 가는구나 그렇게 생각했겠지요.

면담자: 그러고 나서 2년 후에 졸업하시고 교사가 되잖아요. 그때도 집에
　　　　서는 다 좋아하고 계속…….

구술자: 그렇습니다. 그래서 첫 봉급을 타 가지고 뭐… 일부 아주 조
　　　　금 생활비 쓰는 거 이외에는 시골로 (아버님께) 다 부쳐 드렸죠.
　　　　그랬더니… 부쳐 드렸더니 아버님이 그걸 모으셔서 소를 사셨
　　　　더라고요. 그래서 인제 안정된 그런 생활을 할 수가 있고…….

면담자: 근데 지금… 에… 초등학교 교사하면… '여자들의 직업'이라고
　　　　생각하고 서울 시내 같은 경우 80~90%가 여자라는 인식이 있는데,
　　　　그 당시에 초등학교 교사, 남자 초등학교 교사라고 하면 지금하고 좀
　　　　다른(달랐던)가요?

구술자: 그때는 우리 때만 해도 남자 선생님들이 많이… 많이 있었
　　　　고… 여자에게 맞는 직업이라고는 생각했지마는… 그래도 남자

숫자가 많고, 여자 분들은 대개 그⋯부업 정도로 생각한다고 그
럴까⋯ 그런 정도였죠. 그래서 좀 불만도 좀 있었어요. 왜냐하
면 남자는 주업으로 생각해서 인생을 건 직업인데 여자 분들은
남편 직업에 의존하고 자기 직업은 부업 정도로 하면서 교장은
다 남자들이(하)고 여자들은 뭐⋯ 교장이나 교감 수가 적고 얘
기(불평)하는데⋯ 그러면 그렇게 남자처럼 생(生)을 걸고 해야
교장도 하고 하는 거지. 남자는 자기 인생의 직업이라고 생각해
서 노력하는데 여자는 부업 정도로 하고 자꾸 이것저것 핑계대
고 그러면 되느냐⋯? 나는 그런 논리를 폈죠. 똑같이 인생을 건
직업이라 생각을 해서 노력을 하는 사람하고, 부업으로 생각하
는 사람하고 같이 경쟁하면 되겠느냐 얘기했죠. 그래서 우리는
고등학교 사범에서 선생님 되다가 대학에서 되니까(대학 졸업해
서 교사가 되니까) 대단한 프라이드도 가지고 있고 또 (첫째,) 우
리가 서울교대 전통도 세워야 되겠다, 그리고 (둘째,) 수도 교
육⋯(을 바로잡아야겠다). 그때는 중학교 입시가 있어 가지고,
(중학교 입시가) 아주 상당히 어려웠거든요. 중학교, 좋은 중학
교 간다는 것이⋯ 그래서 뭐⋯ 가정교사를 한다든지 부업을 한
다든지⋯ 애들 입시지도를⋯ 그래서 수입도 많이 있고 그랬는
데, 우리는 거기에 빨려들어 가서는 안 된다. 그래서 두 가지 (첫
째) 교대를 튼튼히 기초를 닦아야 되겠다 하는 것, 또 하나(둘째)
는 서울(수도)교육을 바르게⋯ 부정이나 부수입에 의존하지 않
고 깨끗하게 바로 세워야 되겠다, 이런 것이 우리 1회, 2회 이런
사람들이 암암리에 그런 것이 하나의 묵계처럼 해서 삶을 가지

고… 대개 그것은 큰 틀에서 지켜졌으리라 봐요.

초등교사와 중등교사

면담자: 그 당시 초등학교 교사나 중·고등학교 교사 사이에 대한 인식 차는 크게 없었나요?

구술자: 수입은 오히려 초등학교 교사가… 그 당시에는 중학교 입시가 아주 어려울 때니까, 수입 면에서는 초등학교 교사가 오히려 나았다고 그런 얘기가 있고 그랬는데, 그건 정상적인 거는 아니죠. 정상적인 거는 아닌데… 애들 과외 지도 뭐 이런 것 때문에 수입은 오히려 초등학교 교사가 많다고… 심지어는 대학 교수보다도 많다고 할 정도로… (높았다는 소문도 있었죠). 그쪽에 원칙대로 하려고 하는 사람에게는 아무 쓸데없는 얘기죠…. (원칙적인 사람에게는) 상관없는 그런 얘기고, 그리고 그런 쪽에 머리 쓰는 사람들은 돈도 많이 벌고 땅도 사고… 집에다가 돈 보내가지고 그랬다고 그러는데, 우리 같은 사람은 월급으로 따지면 차이가… (없지만) 그래도 인식이 중학교, 고등학교 선생님은 높고 초등학교 선생님은 낮다 그런 인식이 있었지요. 그래서 수입이 많다는 것은 비정상적인 거니까 그쪽에 머리를 안 쓰는 사람은 상관없는 얘기였던 거죠. 그래서 그 후에는 중·고등학교로 옮겨 간 사람도 많이 있고 그랬었죠.

면담자: 그게… 옮겨 갈 때에는 어떤 이유로 갔나요?

구술자: 옮겨 갈 때는 이제… 중학교 무시험제가 갑자기 시행이 되었
거든요. 그게 아마 1969년인가 그럴 거예요. 그러면은 중학교
학생이 막 늘어날 거 아니예요? 그러면 병목현상이 고등학교로
옮겨 가게 되죠. 그래서 이제 중학교 선생님들도 더 필요하게
되고 중·고등학교 선생님이 더 필요하게 되면은 시험을 치러
가지고… 시험을 치러 가지고 중(고)등학교 교사 자격증 따 가
지고 글(그리)로 옮겨 가는… 그런 분들도 있고, 그리고 지난번
에 쪼금 얘기한 것처럼 야간 대학, 이런 데 다녀 가지고 (4년제
대학) 3학년, 4학년 편입해서 마쳐 가지고 중등교사 자격증을
따 가지고 또 시험을 치러서 그쪽으로 옮겨 가고 그랬지요. 그
런 게 또… 여럿 있죠.

면담자: 아무래도 초등학교가 기초교육이나 한글, 산수를 가르치는 것에
비해서 중고등학교는 약간 (교과목 전공)지식이 조금 더 고차원적…….

구술자: 어떻게 보면 자기 교과목… 전공 교과목만 가르치니까 편한
점은 있겠죠. 초등학교 교사는 그 당시만 해도 8과목 이런 걸 다
가르쳐야 되니까… 그때 팔방미인이라고 표현했는데 모든 걸
다 잘해야 하니까 상당히 어렵고, 아무래도 초등학생이니까 세
심하게 신경 써 줘야 되고, 모든 면에서 그러니까 어렵다고 생
각을 했죠. 중·고등학교는 뭐… 자기 교과목만… 자기 좋아하

는 과목하고 공부만 하니까 어떤 면에서는 편하죠. 그 당시
에…… (초등학교 교사의 뭐는 개도 안 먹는다고 할 정도로 속이 타
고 어렵다고 했어요).

면담자: 교사 하시다가 결혼하시잖아요. 결혼하실 때 초등학교 교사라는
　　　　직책으로 결혼과정에서 장인어른이나 장모님에게서 허락을 받는 데
　　　　크게 어려움은 없으셨어요?

구술자: 나는 시골분하고 결혼을 했는데, 시골에서는 뭐… 초등학교
　　　　교사만 해도 안정되고 이러니까 그렇게 뭐… 아마 서울에 지식
　　　　층이라고 그럴까 그런 분들하고 하면 그런 일이 있었을지 모르
　　　　는데……. 내 친구도 실지로 같은 동기생하고 결혼을 하는데도
　　　　저쪽(처가쪽)에서 상당히 초등학교 교사라고 별로 대수롭지 않
　　　　게 생각하고 했다는 얘기를 들었는데, 나 같은 경우는 같은 지
　　　　방에 있는 그런 분하고 결혼을 하니까 그런 일은 별로 없었죠.

면담자: 그 당시에 서울에서… 서울 안에서 결혼할 때는 그런…….

구술자: 그런 게 있었죠. 초등학교 교사는 그때나 지금이나 상당히
　　　　우습게 보고, 낮잡아 보고… 그런 것들은…, (그 전에는) 초등학
　　　　교 교사가 (사범)고등학교 출신이 초등학교 교사를 많이 했었기
　　　　때문에 우리 같은 1회가 (2년제 초급대학) 대학이 되었어도 초등
　　　　학교 교사는 학부모들이 볼 때도 학력이 낮은 사람으로… (보았

어요). 학부모의 학력이 높고 선생님의 학력이 고등학교 출신…
(으로) 낮고 그러니까 낮게 보는 경향이 있었고, 중·고등학교
와 초등학교와의 차이도 초등학교 교사는 고등학교 출신, 중·
고등학교 교사는 4년제 대학 출신… 이런 것 때문에 차별을 많
이 느꼈죠. 그래서 얻은 것들이 교육감은 반드시 중·고등학교
출신 중에서 교육감을 하고… 아마 초등 출신이 교육감 된 일은
거의 없죠. 그런데서 그런 차별이라고 하는 것들이 오고 그랬어
요. 그래서 나중에 4년제가 된 다음에도 그런 것들이 계속 남아
있어 가지고… 지금도 보면 서울 시내 교육장의 숫자를 봐도…
초등 출신……(이 적죠). 초등학교 선생님(숫자)도 많고… (학생)
숫자도 많고, 학교(수)도 많고 그런데… 교육장도 그런 거 보며
는 중등출신이 더 많은 비율로 되고, 초등 출신은 적고 그랬죠.
제가 한번 서울시 장학위원이라고 해서 대학교수이면서 (민간)
장학위원이었는데, 교육감한테 그런 항의를 한 적도 있고… 그
랬죠……. 초등학교 학생 수도 많고 교사 수도 많고 학교 수도
많은데 왜 교육장이나 무슨 기관장… 연수원 원장이나 여러 가
지 기관장들 있잖아요? 중등… 중·고등학교 출신이 많고 (왜)
초등학교 출신은 적고… 그런 것을 항의해서… 이런 것을 개선
해야 된다고…… (주장한 적이 있어요). 옛날에는 고등학교 (출신
초등교사), 대학…(출신 중등 교사 이렇게) 이 차이가 날 때는 그
렇지만… (이제는) 똑같은 4년제… 사범대학이나 교육대학이나
똑같이 4년젠데 왜 이렇게 차별하나 이렇게 얘기했죠.

계속적인 학구 생활과 미국 유학

면담자: 그리고 (대학에) 편입하시고 대학원에 가셨잖아요. 그럼 주변에서
왜 교사만 해도 되는데 왜 대학원 가냐 이런 말씀 안 들으셨어요?

구술자: 뭐… 그런 얘기도 있고, 또 그거를 선생님들 스스로가 얘기
하는 사람도 있고 그랬죠. 그래서 어떤 사람 같은 경우는 4년제
나오는데 돈이 얼마 들어가느냐? … 대학원 다니는 데……? 석
사 하는 데 돈이 얼마 들어가느냐? … 그 돈 가지고서 대학원 다
닐 필요가 있느냐? … 뭐 그런 계산적으로 하는 그런 동료 선생
님들도 계시고 그랬죠. 그러나 나는 우선 어려서부터 공부하는 것
이 소원이었기 때문에 그리고 서울교대를 올 때 고등학교 때 담
임선생님이 말씀하신 것도 "서울로 가야 너는 공부할 기회가 있
다." 그 선생님도 내가 공부(하기)를 원하는 걸 아시고 그런 말
씀을 하시면서 서울교대 원서를 써 주시고……. 그래서 나는 따
지지 않고 4년제 대학, 내가 좋아하는 영문과를 공부… (하여)
야간대학으로… 마치고 그리고 인제 대학원도 초등학교 교사를
(하면서) 너무 무시당하고, 또 하나는 너무 선생님들을 지시 명
령으로 하고 그래서 그게 (과연) 옳은 건가… 그래서 교육행정
을 전공하게 된 것도 이게 행정을 어떻게 해야 되는 건가 그런
생각 때문에 교육행정을 전공하게 되었고, 교육행정을 올바르
게 하는 그런 것을 공부해 봐야겠다. 그래서 대학원에 가게 된
거죠. 그래서 대학원에 가는 데도 교육대학원이 생기고 그것이

또 야간으로 교육대학원이… 공부를 할 수 있고 그랬는데 쉽게 (공부하느라고 고생 덜하고 수월하게) 하면 교육대학원도 많이 생겨나서… 쉽게 석사… 그… 마치는 데도 있는데(있지만) 공부를 하고 싶어서 또 학부를 서울대를 못 나왔기 때문에 '서울대학교 교육대학원'에 들어갔지요. 그래서 그, 그것은 잘한 것 같아요. 서울대학교 교육대학원에 들어가서 공부하는… (방법을) 거기서… 인제… 배워 가지고(배운 것 같아요). 들어가자마자… 영어 원서를 가지고 교육행정을 공부하고 그래서 공부하는 맛을 느낀 거죠. 우리 교육행정 지도 교수님이 아주 공부를 많이 시키셨어요. 그래서 나중에 박사 공부하라고 하면서도 그런 말씀을 하시더라고요 '내가 여기서 시킨 대로만 하면은 미국 가서(박사학위 공부하는 데)도 틀림없다고' 그런 정도로 자부심을 가지고 공부를 시키시고 그래서… 공부하는 맛도 느끼고 한 것이 서울대학에 간 것이 잘 된 일이다… 박사도 하는 계기가 된 것도 서울대학에 갔기 때문에… 다른 친구들… 쉽게 편하게 하는데… 간 데서는 쉽게 학점도 따고 교수님하고 그야말로 식사도 하고 뭐… 이렇게 공부도 하고 그랬는데… 서울대학에서는 감히 선생님보고 시간을 내달라고 하고… 식사를 하자고 그런 얘기를 한 마디도 못하고 공부만 열심히 하면 되는구나 그런 걸 거기서 느꼈지요. 그래서 원서를 아주 1주일에 한 챕터(장, 章)씩 나갔는데 초등학교 교사로서 애들 가르치면서 상당히 벅차더라고요. 그래서 처음에는 단어도 많이 찾고 그랬는데 나중에 (책) 끝에… 갔을 때는 단어 안 찾고 할 정도로 … 같은 단어가 자꾸 나오고,

같은 용어가 나오고 그러니까 그렇게 되더라고요. 그래서 영어 좋아하던 것하고 원서 가지고 공부하던 것하고 잘 맞아 떨어져 가지고, 인제 공부하는 재미 느끼고… 행정이… 교육행정이 뭔가… 지금 우리가 교사로서 당하는 것하고 많이 다르다는 것도 느끼고… 그 공부를 많이 했죠.

면담자: 동료 교사들이 선생님께서 대학원 다니시는 것에 대해서는 어떻게 생각하셨어요?

구술자: 뭐… 관심이 없는 사람은 모르지마는 조금 관심이 있는 사람들은 상당히 부러워한다고 그럴까… 그랬지요. 그 당시만 해도 초등학교 교사로서 대학원에 다니는 사람도 좀 적고, 특히 서울대학교 교육대학원이란 곳은 서울대학이란 이름 때문에 몇 명… (서울 시내에서) 열 손가락 안으로 꼽을 수 있는 정도가 되니까 다들 부러워했죠. 다른 교육대학원보다 서울대라는 이름 때문에…….

면담자: 약간 늦은 나이에 대학에 가신 거잖아요. 그럴 때 부담 같은 것은 없으셨어요?

구술자: 나는 공부하는 게 소원이(었)기 때문에 야간대학도, 교육대학 졸업하고 야간대학에 가고 뭐 그렇게 하고 싶은 생각이 있었지마는 … 초등학교 교사 1년도 다 못 마치고 군대 나갔다가 군

대 제대하기 전에 결혼을 했어요. 군인 신분으로… 결혼을 했어
요. 그래서 결혼해서 그때는 세(셋방) 산다는 것이, 남의 집 셋방
산다는 것이 상당히 어려운 때였어요. 남의 집에 애 울음소리
이런 것들을 하면은 주인집에 폐가 되고 싫어하고…….. 그래서
애 있는 사람은 셋방도 안 놓는다고 하고 그랬던 시절이기 때문
에 어떻게든 방이라도, 좀 집칸이라도 마련한 다음에 공부해야
되겠다 해서 (4년제 대학에 가는 게) 조금 늦어졌지요. 그래서 결
혼해 가지고 처와 자식을 놔두고 책가방 들고 그냥 돌아다닌다
는 것이… 내가 그 형편에 맞지 않는다 생각해서 언젠가는 공부
해야겠지만 조금 안정이라도 (찾은 다음에) 그럴까 그런 판단을
했었기 때문에 조금 늦었지요. 다른 친구… 일찍 (4년제 대학에)
간 사람도 있지만, 나는 공부가 조금 늦은 편이고 그러니까 한…
10년… 한 10년… 10년 됐을 때 인제 대학원에 간 셈이죠. 내가
1973년, 대학원으로는 73학번이니까 교대를 (19)64년에 졸업하
고… 선생님이 된 거니까… 그때 인제 (10년 만에) 간 셈이죠. 그
래서 조금… 조그만 한 집… 그런 걸 마련하고 그래서 공부를
하기 시작했고, 밤늦게 공부하고서 오면 애들이… 애가 자고 그
러면(있으면)… 애, 저놈이… 누굴 믿고 저렇게 잘까… 아빠를
믿고 저런 잠을 자는 게 아닌가…? 첫아이를 낳아 놓고… 상당
히 책임감을 느끼고 그랬어요. 어쨌든 그래서… 조금 안정된 다
음에 공부하니까 조금 덜 미안하고 애들한테나 집사람한테나
덜 미안하고 그랬죠.

　재밌는 거는 우리 지도교수님은 매주 그렇게 한 챕터(chapter)

씩 원서로 나가고, 공부해 나가고 그랬는데 그분 특색은 한 챕터씩 공부를 하는데 우선 공부해, 각자 공부해 가지고 (와서) 시험을 먼저 봐요. 칠판에다 시험문제를 쭈욱 몇 개 다섯 여섯 문제 이렇게 내놓고 시험 답안지를 쓰게 해서 그걸 시험지를 걷어 놓고 그 시험문제 중심으로 강의를 조금 설명을 해 주세요. 그러고서 시험 나온(답안지 낸 것을) 채점을 해서 (그 점수를) 그 교수님 문 앞에다 붙여 놔요. 그래서 오는 사람, 가는 사람, 밖에서 다 보죠. 그러면 그때 보면 16점… 뭐 이런 거(점수)에서부터 구십 몇 점에 맞는 것까지 차이가 꽤… (났었죠). 전업으로… (공부하는) 어떤 분은 공부하시는 분은 구십 몇 점인데 영어를 좀 어렵(어려워 하)고…, 또 직장 바쁘고 한 분은 성적이 뭐 십 몇 점도 맞고 그러죠.

한 학기 공부하고 났는데 여름에 2학기 등록금 내려고… 인제 학교에 갔는데, 게시판에 제 이름이 붙었(붙어 있었)어요. 보니까 게시판, 큰… 게시판에… 딱… 한 장… 게시물이 붙었는데… 보니까 '주삼환, 교무과에 들러서 등록하시오.' 그렇게 딱 붙어 있어요. 이게 무슨 말인가… 그래서 교무과에 갔더니 그게 장학금을 교수님이 하셨(주는 것이었)더라고요. 장학금 신청서에다가 교수님 도장 찍어 놓고, 나보고 신청해서 써내라고… 그래서 그때, 아… 교수님이 내 이름도 모를 것같이(이라) 생각이 됐는데… 그때 한 십여 명 이렇게 (수강)했는데… 별로 개인적으로 (교수님과) 대화할 기회도 없고 뭐 시험지만 받아서 채점하고 그랬었는데, 아… 교수님이 (나를) 인정해 주셨구나… 내 이름을 아는구나… 그래서 인정받았구나… 생각하고서 더 열심히 하게 되고…. 그리고 인제 논문도… 뭐… 교수님 크게 속 안 썩히고 써서 쉽게 통과가 되고…, 근데 끝날 때쯤 되니까 교수님이 물어봐요. 뭐… 부인은 직장이 있냐?… 뭐… 뭐하냐?… 등등 자꾸 물어보는 게 좀 이상하다는 느낌을 가졌었는데, 아마 어디 좀… 그때만 해도 이 석사 가지고서도 교수로 가는 경우도 있고 그래서 그런 걸 알아보시는지… (의심이 가더라구요). 자꾸 이력서를 내라든지… 그런 공식적인 말씀은 안 하시는데… (그런데) 영 잘 안 되는 것같이 느낌이 오더라고요. 그래서 그 느낌 중에 하나는 초등학교 교사하던 사람을 자기네 대학교수로 갔다 앉혀 놓으면은 학교 체면이 안 선다고 생각하는… 그런 느낌도 내 자격지심도 있고… 그러더니 마지막에 다 잘 안됐고… 그러니까 그런지… "태평양 한번 건너가지 그래…." 그러시더라고요. 그래서 그때는 내가 뭐… 영어를 그렇게 썩 잘하는 것도 아니고, 뭐… 읽고 이해하는 건 쪼끔 하지마는 속도가 더디고, 발음 같은 건 또 좀… 그렇고… 돈도 모아 놓은 그런 것도 없고… 또 건강이 그렇게 그때에는 좋지 않고, 빼빼 마르고 그랬었어요. 그러니까 유학이라든지… 태평양 건너간다는 생각도 안 해 보고, 초등학교 교사가 뭐… 그런 걸 또 할 수 있는가… (유학은) 나하고는 아무 상관없는 거다… 그런 생각을 했는데… 그 교수님이 "태평양 한번 건너 봐라." "그러지 그러느냐." 그래서 아마 부인이 직장이 있느냐… 뭐 하느냐 그런 걸 물어본 거 아닌가 이렇게 생각이 되는데… 그때, 아… 나도 그런 걸 할 수 있는 사

람인가 하는 생각이 들고, (그래서) "저 같은 사람은 어떻게 박
사를 합니까. 더군다나 유학을 어떻게 갑니까." 그랬는데… 아
까 얘기한 것처럼 "여기서 내가 공부시킨 대로만 하면은 미국
가서 틀림없어." (그래서) 아… 나도 그러면 할 수 있는 사람인
가 보다… 그런 용기를 주서 가지고 …대학에 대한 정보… 이런
것을 전혀 모르니까 그래서 '한미교육재단'인가 뭐 그… 뭐가
있어요, 그래서 비원(창경궁) 앞에 그 사무실이 있었는데 거기
가 봤더니 대학에 대한 정보를 얻을 수 있는 그런 디렉토리라고
해야 할까 안내책자라고 해야 할까… 아… 이걸 뒤지다 보니까
'미네소타 대학'이 눈에 띄더라고요. 무엇이 눈에 띄었나 보니
박사를 배출한 숫자가 많아요. 거기가… 그리고 또 하나는 교수
숫자가 많더라고요. 교육행정 전공 교수 숫자가… 다른 데는 뭐
두 명 많아야 다섯명인데… 이 미네소타 대학은 교육행정 전공
교수가 열다섯 명 그렇게 돼서 아… 이게 거의 대학 이름도 처
음 알(들어보)고 미네소타란 이름도 처음 알고… 장난 비슷하게,
내가 꼭 유학 갈 수 있는 사람이란 자신도 없고… 형편이 유
학… (갈 형편도 못 되고 하여) 한번 원서를 내 봤더니 그것이…
원서제출기한이 지난 다음에 그게 갔는가 봐요. (유학에 대해)
모르니까… 다 스크린(전형)이 끝난 다음인가 봐요. 입학 선
발… 그… 다 마감한 다음인가 봐요. 그래서 거기서 편지가 왔
는데… 보니까 서류… 다 되돌려 보내면서 '너는 이 (심사)기한
이 넘어서 못하는데… 그래도 꼭 오고 싶으면은 이 서류를 다시
보내면 (다음 학기를 위해) 다시 선발하겠다.' 그런 걸 썼더라고

요. 그래서 그때가 아마 전형료라고 그럴까 15불… 15불인가 그런데 그것도 다 되돌려 와서 어차피 달러 수표로 거 끊어 놓은 거니까 다시 보냈더니 그러면 겨울학기, 9월달 신학기가 아니라 1월(겨울) 학기에 올 수 있으면 와라 하는 입학허가서가 왔어요. 그래서 대학에 대한 정보도 전혀 모르고 그랬다가 어떤 분… 한 분… 대학에 계신 분… 그 (서울대) 지도교수님 조교를 했던 분 하고 통화가… 다른 일로 통화가 되었다가 그걸 한번 얘기했더 니… "미네소타 대학이 좋은 대학 'BIG 10'에 들어가는 대학이 고 그러니까, 그리고 외국인들이 한번 (지원)했다가 온다 안 온 다… 간다 안 간다… 하면 신뢰가 떨어지고 그러니까 그래도 조 금이라도 마음이 있었으니까… 원서를 내 본게 아니냐… 그래 서 가… 가는 게 좋겠다."(고 해요.) 그리고 토플 점수도 상당히 낮은 점수고 그랬는데… 그거 다 채워 가지고 높은 실력 올려 가지고 갔어도 (영어) 유창하게 해 가지고 공부한다는 게 어려우 니까, 한국 사람 토플 점수 조금 더 맞은 사람이나 덜 맞은 사람 이나 손짓 발짓 하면서 하는 거니까 가서 하는 게 낫지 여기서 다 준비해서 가는 것보다… 그래서 원서를 다시 보내 가지고 입 학허가가 와서 한 달 동안 준비를 해 가지고 가서 (1979년) 1월 2일부터 공부하는 겨울학기… 공부를 하게 된 거죠.

면담자: 그 당시에는 선배님의 부모님께서도 건강하게 계셨나요?

구술자: 아버님은 돌아가시고 (유학 출발하던 해, 1978년 7월에 돌아가

시고, 그해 12월 13일 유학 출발) 어머님만 계시고 그랬는데… 뭐 공부하는 거 그런 거에 부모님들이 관심을 가지시거나 상의하거나 그런 (일 없고) … 나는 좀 나쁜 것일 수도 있는데, 참 집사람한테도 미안하고 그런데 그게 그런 것들을 다 집사람하고 상의를 안 했어요. 왜냐하면은 내가 외국 갈 형편도 안 되고 그러기 때문에 또 가게… 입학허가… 오는 줄도 모르고, (유학해도) 될 사람인지도 모르고. 그걸 상의할 그럴 것도 없고… 인제 그 학원… 영어학원 뭐 이런 것도 다녀 보지도 않고, 처음 한 번 연세대학 외국어학당에 겨울방학 때 한 번 다닌 것밖에 없고, 그런데… 그래서 좀 미안하죠… 집사람한테……. (미안하죠, 이런 중요한 일을 상의도 안 하고.) 어쨌든 나중에서야 이렇게 되었다 보니까 집사람은 공부하는 것에 대해서 내 소원이니까 전적으로 지지하는 쪽이고. 그래서 인제 그 당시에 학위를 위한 유학의 경우는 초등학교 교사 본봉의 반, 수당이 아닌 본봉의 반을 받을 수 있게 (그 당시 교육법에) 되어 있었어요. 3년 이내에서……. 그래서 본봉의 반을 가지고 집사람 살라고 하고, 그래서 비행기 표하고 약간의 돈 준비해 가지고 유학을 갔던 거죠 (1978년 12월 13일 김포공항 출발).

면담자: 유학 갔다 오시고 다시 한국으로 오셔서 그때 초등학교 그만두고 충남대로 가신거죠?

구술자: 네. 그래서 사실은 휴직을 해서 (미국 유학하는 동안) 본봉의

반이 나온 거죠. 초등학교로 아주 그만두고 뭐… 박사 공부해도 대학교수가 되는 것을 생각을 못했었어요. 그래서 일단은 공부하는 게 소원이었으니까 나는 어떤 공부를 수단으로 생각하지 않고 야간대학 갈 때도 그렇고, 석사 할 때도, 그러니까 공부하면 교수도 되는구나 하는 걸 알게 되었지만… 초등학교 아이들이 참 좋아서 그 초등학교를 꼭 떠나야 되겠다… 그런 생각은 별로 안 했어요. 그래서 휴직을 해 놓고 갔었는데 근데 공부하면서… 가서 공부하면서 느낀 거는… 아 거기서는 열심히만 하면 되는구나… 하고, 초등학교 교사도 괜찮은 거구나 그런 걸 느꼈어요. 한국에서는 초등학교 교사하면 무시당하고 그렇게 생각했는데 (미국) 가니까 초등학교 교사한 경력을 교육행정에서도 상당히 높이 평가를 해 주고 (지도교수께서) " 'teaching experience' 있지 않냐." 그걸 (그렇게) 격려해 줘 가지고 나도 괜찮은 사람이구나 하는 걸 미국 가서 느꼈어요. 그래서 열심히 여기서 떠날 때 한국에 지도교수님이 석사 지도교수님이 "가서 열심히만 해서 일단 인정받아 놔라. 그러고서 나중에 장학금 필요하다든가 그런 아쉬운 얘기를 해야지. 가자마자 아쉬운 얘기 그러지 말고……" 그분 표현으로는 " 'straight(전체 다) A학점'을 받아 놔라. 일단." 그래서 열심히 공부하고… 시작을… 그 생각만 했었는데, 공부 시작하고 한 달… 딱 되니까 자기(지도교수님) TA(teaching assistant)를… 조교를 해 주지 않겠냐고 교수님이 먼저 제안을 하시더라고요. 난 조교 자리가 있는지 없는지 알지도 못하고 있었는데… 그래서 한 달 만에… (1979년) 2월

달부터, (미국 가서) 1월 달… 지나고 2월 달부터 조교(인 나)하고 교수님하고 한방을 쓰면서 교수님 도와드리고 공부하고, 그렇게 해서 (나 혼자 유학 갔었는데) 9개월 만에 아이들하고 집사람이 (미국에) 와 가지고 같이 생활을 하게 돼서 안정이 된 그런 게 있고. 열심히 하고 또 서울대학 학점도 (전환으로) 인정받고…, 대체로 인정받고 논문도 아주 순조롭게… 한국에서 (초등교사 때 한국교육학회에) 썼던 논문이 거기 가 보니까 어떻게 보면 최신의 이론에 해당되는 그런 거였더라고요. 그래서 논문도 순탄하게… 논문도 통과된 것이 정확하게 2년 6개월 만에 박사학위 논문이 통과가 되었어요. 그래서 아마 미네소타 대학 역사상의 최단기에 박사를 마친 (나 같은) 사람은 아마 드문 모양이에요. 그것이 다 동양 이쪽에 유학생들 사이에서 소문이 났더라고요. 그래서… 저는 전혀 모르는 사람인데도 알아보고서 "당신… 한국으로… 고국으로 돌아간다면서요?" 그런 얘기를 하는데, 나는 좀 보니까 전혀 모르는 사람이 그랬어요(그렇게 나에게 물었어요). 근데 논문을 빨리 마치고, 박사를 빨리 마치는 게 잘하는 건 아니에요. 왜냐하면 다른 나라에 갔으면은 오랫동안 공부도 하고 이렇게 하는 게 그 나라 문화도, 제도도 배우고 하는 게 좋은 건데, 내 형편으로서는 그럴 만한 여유가 없는 사람이기 때문에 원래 갈 때부터 최단기간에 마치겠다는 그런 목표를 해서 한눈팔지 않고… 집중해서 했기 때문에 그런 결과가 나왔지 않았나… 그리고 나니까 그 전에 누가 충남대학에서 교수를 모집한다는 신문광고를 오려서 친구가 부쳐 줘 가지고 논문 통과되기 전에 그 (논문)원고를… 언제쯤 통과될 거다 해서 (제출) 했더니 충남대학에서 빨리 오라고 박사 통과되기 전에… 오라고 해서 그쪽으로 가게 된 거지요. 그래서 그 공부하는 데 부모님이나 또는 형제간에 상의하고, 집사람에게 상의하고 그러지는 못하고, 근데 공부하는 것이 소원이었기 때문에 그냥 열심히 하다 보니까 그런 교수 자리도… 그때만 해도 몇 대학에 갈 수 있는 기회가 있었어요. 고향이고 그래서 충남대학에… 서울 집에서 많이 떨어져 있기는 하지만, 그런 것 때문에 충남대학에 가게 됐지요.

교수로의 변신

면담자: 보통 초등학교 교사 출신 교수가 그 당시 드물었고, 사실 많이 없고, 게다가 국립대학인데 더 특별했을 텐데, 임용과정이나 교수생활하시면서 나는 초등학교 교사출신이라는 점이 특별하게 와 닿거나 하신 경험이 있나요?

구술자: 아주 정확하게 그 상황에 맞는 질문을 해 주시네요. 그래서 인제 초등학교 교사 그… 하던 것을 휴직을 했던 것을 사직으로 해 가지고 충남대학으로 가게 되었지요. 근데 내가 잘못한 것 중의 하나는 사직을 안 하고 그냥 전직(轉職)으로 이어지는 걸로… (해도 되는 것이었는데 그걸 몰랐어요) 같은 교육자이고 하기 때문에… 했어야 했는데 사직을 해서 (경력이) 몇 개월이 뜨게

됐었어요. 그게 같은 교육공무원으로서 옮겨 가는 걸로 했어야 됐는데… 그걸 교육행정을 공부했으면서도 몰라 가지고 그 사표를 내야 되는 줄 알고 그랬는데 이렇게 뭐… 초등학교 하다가니 중학교로 가고, 대학으로 가고, 같은 국립이고 하니… 그런 걸 모르고서 그쪽으로 가게 됐지요. 그래서 지금 질문한 대로 초등학교 교사 약 15년… 약 15년하고서 옮겨 갔는데 초등학교 교사하다가 대학교수가 되었으니까 열심히 해야 되겠다 그런 정신이 투철했고, 그래서 충남대학 발령받으면서 그해(1982년) 식목일에 나무를 한 그루 사 가지고 그 당시에 50만원… 내 가지고 (부임)기념식수를 했지요. 그때 기념식수를 할 때는 '나도 이 충남대에 학문의 뿌리를 내리고 저 나무도 충남대에 뿌리를 내린다.' 그런 생각을 가지고 나무를 하나 심고, 거기서 열심히 해서 학생들도… 열심히 지도하고 그런 생각을 가지고 터를 잡기 시작하기로 했죠. 늦게 학문을 하고 다른 사람에 비해서 늦게 교수가 되고 그런 셈이죠. 그래서 이제 미국에서 배우고 또 새로운 교육이론에 대해서 학생들 발표도 시키고 그렇게 했더니 처음에는 어떤 나쁘게 보는 사람들은 '저 사람은 실력이 없으니까 학생들 발표나 시키고 그러는 건가?'(비아냥거리고) 그랬었는데 나중에는 내 교수방법을 다 따라 하더라고요. (교육)학과 교수들이… 그래서 좀 초등학교 교사하다 대학교수가 되었으니까 뭘 잘 모르겠지 그리고 단기간에 2~3년 공부해 가지고 좀 나이 먹어서… 더군다나… 해 가지고 '교수를 잘 할 것인가?' 좀 삐딱하게 뭐하(보)던 사람도 학생들이 좋아하고 또 실력발휘하고 또 여기저기에 논문 발표도 하고, 또 (초청)강의 요청도 많이 와 가지고, (강의)하러 다니고 그러니까 결국은 내 방식대로 많이 따라오고 인정받기 시작했죠. 처음에는 다 그런 것은 아니지만 몇 교수… 이상하게 보고 그랬죠. 네가 할 수 있는 게 뭐 있냐, 테니스를 하냐(할 줄 아냐), 바둑을 하냐, 술을 먹을 줄 아냐… 뭐… 그러더니 결국은 "두고 보자. 인생은 마라톤이니까." 하다 보니까 결국은 더 (내) 이름이… 많이 알려지고 여기저기서 초청받고, 책도 많이 나오고, 그러니까 결국은 역전되고 자기들이 잘못 생각했다는 것을 인정하게 되고, 그런 결과가 나오게 된 거지요. 아주 좋은 질문을 해 주었어요.

그래서 사실 나도 그런 생각 때문에 처음에 '서울교육대학' 나왔다 또는 초등학교 교사 15년 했다… 이런 거를 어떤 경력, 이력서 (같은) 데다 쓰지도 않았어요. 그랬더니 어떤 교수님이 왜 그런 걸 안 쓰느냐고… 그래서 그 미국에서와 똑같은 생각(초등교사 경력을 중시하는)을 가지는 교수님들이 여기에도 있더라고요. 그래서 다시 인제 서울교대 나온 거, 초등학교 교사 15년 한 거, 꼭 이력서에 쓰고, 또 초등학교 교사에서 했던 것처럼 대학교수 해도 틀림없더라고요. 대학교수라고 적당히 하고 슬렁슬렁하고 하는 거 아니고 초등학교 교사처럼 하는 것이 오히려 필요한 것이 아니겠나 그렇게 생각이 되었어요. 나는 (초등교사 경력을) 아주 귀중하게… 귀중하게 생각하죠. 그래서 지금도, 대학에 있을 때도, 나는 초등학교 교사라는 생각을 가지고 했고, 또 어떤 분들이 "주 박사는 꼭 초등학교 선생님 같아." 할 때도 나는 참 행복하고, 내가 잘하고 있구나 스스로 생각하고…
그러죠. 어떤 분(초등교사 출신)들은 "어… 그래 내가 초등학교
교사로서 쩨쩨하고, 세심하고, 그게 뭐 잘못이냐? 내가 당신 자
식을 덜렁덜렁 가르치면 당신 좋겠느냐?" 그렇게 얘기하는 분도
계시더라고요. 그래서 초등(교사) 출신들이 장학직에서 일할 때
나, 교수로서 일할 때나 다 나쁘지 않은 평을 받고 그런 것 같아
요. 그래서 내 몸은 뭐… 대학에 있어도 초등학교 교사로 내 몸
은 배어 있는 것이고, 초등학교 교사일 때 느꼈던 것, 또 무시당
하고 그랬던 것… 그래서 그런 게 좀 도움이 되는 방향으로 해
야 되겠다 했어요. 그러니까 그게(그것 때문에) 현장에서 많이
강의요청도 오고 그랬죠.

초등교사의 특징

면담자: 아까 말씀하신 '초등학교 교사 같다'는 말씀하시면서 쩨쩨하고
세심하게 가르친다… 초등학교 교사 같다는 게 그런…….

구술자: 그런 이미지… 다른 사람들이 보면 아주… 재고… 하나하나
신경 쓰고….

면담자: 세세하게 신경 쓰고….

구술자: 그것을 오밀조밀하고 한 것을 그게… 초등학교 교사이기 때

문에 어떤 대범하고, 거시적이고, 그러지 못한 것을 부정적으로……. 이걸 보는데, 아이들에게 그런 것이 필요하고, 또 교육에서도 초등이나, 대학이나, 대학원이나 그게 필요하다고 생각이 돼서… 그게 몸에 배어 있는가 봐요. 그래서 난 좋게 생각해요. 그래서 교감(자격연수) 강의나, 교장(자격연수) 강의하고 그럴 때 보면은 옛날에 같이 근무했던 분(선생님), 이런 분들이 자기를 몰라 볼 줄 알고, 대학으로 갔으니까 다 잊어버린 것으로 생각하는데 내가 왜 그걸 잊어버리느냐고… 그러면 깜짝 놀라지요. 이름이라든지 그런 거 얘기하면… 제자들도 마찬가지예요. 초등학교 교사가 대학으로 갔으니까 자기들 다 잊어버렸을 거라 생각하기 쉬운데 오히려 초등학교 때 가르쳤던 애들 이름은 다 기억하고… 다는 아니지만, 기억 많이 하고 또 머리 얼굴 인상이라든지 이런 것들 머리에 떠오르는데, 대학교에서 가르친 아이들은 한 학기만 지나도 잊어버리고, 저 사람이 몇 년도 학생인지 잊어버리고 그러죠. 근데 초등학교 때는 그야말로 아까 쩨쩨하게, 그야말로 지지고 볶고… 애들하고 부닥치고 그러다 보니까 걔들 잊어버릴 수가 없죠. 걔들은 제자들은… 뭐 우리 교수님이, 우리 선생님이… 자기를 잊어버렸을 거라 생각할 텐데 그렇지 않아요.

면담자: 선배님, 교수님도 하시고 초등학교 교사도 하셨으니까 약간 특이한 것이잖아요. 하나의 교육을 한다고 봤을 때, 일반적인 교수하고 초등학교 교사하고… 초등학교 교사가 일반적인 교수와 다른 일반적인 … 특

징적인 자질 같은 게… 쩨쩨하고, 세심하게 가르치고, 오밀조밀하게 바라본다든가 이름을 기억한다든가… 혹시 그런 것 말고, 혹시 선배님께서 생각하는 초등학교 교사 같은 자질이라는 게 더 있을까요?

구술자: 그런 것들이 어쩌면 다 계획력… 계획적으로 하고, 미래예측하고, 뭐… 애들 사고 나고 그러는 것도 다 그걸 미리 예측해 가지고 해야 하지 않아요. 그런 것들이 (초등교사는) 좀 뛰어나죠. 초등학교… 그것들이 대학에서도 필요한 거고, 대학교 애들도 그냥 뭐… 자기들끼리 뭐 가서 사고 나고, 그런 일도 많잖아요? 뭐… 나이 먹었다고 다 자기들이 알아서 하는 건 아니거든요. 미리 좀 계획을 하고, 학생들끼리 가더라도 간부들이 계획하고 그러면 훨씬 낫고 그렇죠. 그래서 초등학교 교사일 때는 인간적인 측면, 뭐… 인성적인 측면… 이런 걸 많이 하고 또 애들이 아기자기하고 그랬잖아요. 애들 보면 참 귀엽고, 예쁘고, 하나하나 그 어린 것들이 선생님에 대해서 생각하는 것 보면 감탄할 때도 많고 그렇지요. 그래서 애들 모습 보면 그냥 빨려들어 가고 그런 것 같아요. 그래서 내가 1년도 다 못 마치고, 1년 거의 다 마치고서 군대에 갔는데 (1964년 3월 초임교사 발령받고 1965년 1월 14일 군 입대) 인제 논산에서 (군대)훈련을 받았거든요. 근데 훈련을 받느라 대열에서 막 뛰고 총 메고 가고, 행군하고, 이럴 때 옆에 초등학생이 지나가면 (훈련 대)열에서 뛰어(뛰쳐) 나가서 (애들에게) 말 붙이고 싶고, 머리 쓰다듬(쓰다듬어 주)고 싶고, 아이들에 대한 그런… 마치 어머니가 애들 떼 놓고 어

디 나들이 간 것 같은, 밖에 나온 것 같은 그런 착각을 느끼고 그
랬어요. 그래서 특히 훈련소에서 (훈련)할 때도 애들 제자들…
하고 학교 가고 그런 모습 보면은 (그 애들이) 내가 두고 온 학생
들 같고… 그랬어요. 그런 면에서 (우리 초등) 동료 선생님들도
참 서로 도와주고, 뭐하고… 내가 대학원 다니고 그럴 때도 우
리 학급 우리 비(비워 놓)는 일 있고, 통계 같은 거 낼 때도 좀 빠
지고 그러면은 좀 챙겨서 해 주고 하는 '동료애'라든지, 또 내가
학위를 받고 그러면은 자기들이 기념품 이런 선물 같은 것도 만
들어 축하해 주고… 그런 것들을 잊을 수가 없죠. 근데 대학에
선 학생들과의 관계라든가 동료 교수들의 관계라든가 그게 아
기자기한 것이 없잖아요. 그게 잊을 수가 없고, 그러면 또 나는
나대로 그 책이나, 좋은 책을 봐도 (그런 책을 사서 동료 선생님들
에게) 답례를 해 주고, 그런 추억들이 지금도 후배 몇 분들하고
는 계속 연락이 되고, 엊그제도 7회 후배가 메르스(중동호흡기증
후군, MERS-CoV) 이거에 염려하는 그런 카드를 보내오고 그랬
더라고요. 그래서 몇 사람 친하게 지내고 그러죠.

　대학에서 좋은 점은 자유롭다는 것이 하나의 대학교수로서
좋은 점이고, 그리고 자기가 전공하고 싶은 거, 공부하고 싶은
거, 마음대로 한다는 점… 이런 것들이 글 쓰고 하는 것도 초등
학교 교사일 때는 상당히 걱정이 되고 조심하고 그랬어요. 우리
가 교사할 때는 특히 독재, 뭐 군사(정권)… 이런 거기 때문에 글
도 함부로 못 쓰고, 조금 이상한 글 써 놓고는 걱정하고… 그랬
는데, 대학교수가 되고 나서는 자유롭게 자기 소신… 이런 거

얘기할 수 있고 강의도 할 수 있고 책도 쓰고 그런 것(일종의 학
문의 자유 같은 것)이 이제 좋은 점이지요. 나에게는 공부하는 게
소원이었기 때문에 그것이 잘 들어맞는 그런 셈이고, 어디 서점
에 들렀다가 '공부하다 죽어라' 그런 책 제목이 있더라고요. 그
래서 우리 카페에도 올려놓고 했지마는 (혜암)스님이 (말씀) 한
건데 죽는 날까지 공부를 해야 될 거 같아요. 지금도 계속 그러
고 있습니다. 엊그제 제자들이 5월 달 스승의 날에 모였을 때도
"내가 공부하는 거는 내 당신들… 제자들에 대한 예의다… 하
나의 (제자들에 대한) 예의다." 그런 얘기를 했어요. 이번 스승의
날 이때에… 옛날에 가르치던 선생님, 정년 했다고 그냥 딴짓이
나 하고 돌아다닌다면 얼마나 실망하겠어요. 그래서 나는 뭐…
속도가 느리고 옛날에 밤에도 공부하고, 기차 안에서, 고속버스
안에서도 공부하고, (책 원고) 교정도 보고, 그런 거 좀 안(덜) 하
더라도 속도가 느리고, '좀 덜하더라도 계속한다.' 그런 생각
가지고 있죠. 그래서 아까 카드 보냈다는… 메르스 염려하는…
그 카드 보냈다는 그 사람… 7회 후밴데, 상당히 좋아하는 그런
후밴데, 그분이 한번 '자기는 교실에서 죽는 게 소원'이라고 그
런 얘기를… (하는 말을 들으니 처음에는) 아유 끔찍하더라고요.
교실에서 선생님이 돌아가신다? 근데 그분이 잘 본 거예요. 애
들 가르치다가 돌아가신다는 게 참… 영광된 그런 거 아니겠어
요? 선생님은 아이들 가르치는 것이 정년을 했든 안 했든 그것
이 (교사의) 본분 아니겠어요? 그래서 가르치다가 돌아가신다는
건 참 좋은 것 같아요. 나는 그냥 표면적으로 교실에 선생님 돌

아가서서 시체가 있고, 뭐 이런 나쁜 생각을 했는데 그 분은 나
보다 먼저 생각하시고 (그런 말) 한 것 같아요.

면담자: 선배님께서 한국교육행정학회 회장도 하셨잖아요. 학회활동에서
도 교사생활이 똑같이⋯ 마찬가지로 교수생활에서와 마찬가지로 그런
장단점이 있었던 건가요? 사실 그런 경력으로 높은 자리잖아요. 큰
학회고⋯⋯.

구술자: 그것도 뭐⋯ 열심히 하다 보니까 그런 것 같아요. 난 그런 거
를 뭐⋯ 하고 겉치레⋯ 명함에 많이 붙이고 그런 걸 원하지 않
아요. 그래서 사실 '장학' 그거를 열심히 하면서도 '장학연구
회'라고 해야 할까 '장학학회'라고 해야 할까 이런 걸 해야(만들
어야) 하는데, 또 하자고 하는 사람도 있고 한데 그런 감투가 싫
어 가지고 자꾸 다른 사람보고 조직하라고만 하고 나는 안 했는
데, 교육행정학회도 사실 회장을 해야 되느냐 했는데⋯ 교육행
정을 전공했으면 그걸 한번 거쳐야 되지 않느냐 다른 분들도⋯
다른 분들이 만들어 줬다고 그럴까⋯ 또 제자들이 또 한 번 자
기 선생님이 하시게 해야 된다고 자꾸 만들어 준 것이 아닌가 그
런 생각이 돼요. 그래서 거기도 뭐⋯ '문 선생(면담자)도 서울대
학 다니시지마는 서울대학 출신이 다 많이 있고 한데 서울대 아
닌 사람 중에서 학회장을 해야 되지 않는가 해서 뭐⋯ 학회장으
로서⋯ 크게 뭐 한 건 없고, 제일 학회장으로서 우리나라에서
걱정되는 게 돈⋯ 끌어오는 건데 다른 분들이 그때 많이 도와주

시고, 기부금도 내 주시고 그래서 잘하고…. 특히 내가 학회장
하는 동안에 하나는 국제학회, 국제학술대회를 열었다는 것. 우
리 모학회, 교육학회도 국제… 그거를 안 했는데… 에 (교육)행
정학회에서 다섯 나라… 그 학자들 불러서 발표하고… 보고…
좀 한 것이 다 하나의 없던 일을 한… 그런 셈이 되고, 그런 다
음에서… 여러 가지 국제화 시대가 되니까 국제활동 많이 하시
지마는… 처음 그거를 했는데… 그때도 역시 밉보이지 않고, 다
른 사람한테 나쁘게 보이지 않고 하니까, 또 돈도 여기저기서
(기부) 해 주시고, 그래서 그걸 무난히 치를 수 있지 않았나… 인
간관계에 또 성실한 거… 하면은 도와주려고 하는 분들이 반드
시 있다는 걸…(느꼈어요.) 그런 것이 참… 끝나고 나니까 모든
것이 고맙고 그렇더라고요. 그리고 이번에도 또 8월 달에 뭐 하
나 있는데… 사실 다 원로라고 장관, 차관 하신 분들하고 같이
교육행정에 대한 이번 광복 70년… 그런 행사를 하는 데도… 하
니까… 다섯 분인가 뭐… 몇 분이 다 서울대학… 출신인데 나
하나만 학부가 서울대학이 아닌… 뭐… 대학원은 서울대학이지
만… 뭐 그렇더라구요. 그래서… 어쨌든… 외국에 나가서도 느
낀 거지만 열심히 하다 보면은 인정받고, 난 체… 감투 그런 거
안 해도 자부심 가지고 살 수 있지 않을까 그렇게 생각이 들어
요. 그래서 (교육)행정학회 회장은 꼭 이력서에 쓰지요.

삶과 중요 가치

면담자: 마지막 질문인데요. 선배님께서 계속 살아오시면서 가장 중요하게
　　두었던 가치가 뭐라고 생각하시는지…

구술자: 글쎄요. 평범한 것 같아요. 직접 대답하기 전에 우연히 하버
　　드대학 홈페이지에 들어가게 되었었어요. 지금도 하버드대학…
　　가제트(Harvard Gadget) 해 가지고 매일 (거기서) 소식이 오고
　　그러는데… 그 전에 전 총장… 서머스(Summers) … 미국 재무
　　부 장관도 하시고 한… 그 서머스… 지금 백악관에서 경제 뭐
　　자문위원인가 고문인가… 오바마 정부에서 하시는… 그분이 하
　　버드대학 총장하실 때 하버드대학 교육가족이 추구해야 될 '코
　　어 밸류(core value)' '핵심 가치'라고 그럴까… 그거에 대해서
　　좀 연구해 보라고 연구위원회를 구성했던가 봐요. 그래서 그분
　　들이 몇 년 연구해 가지고 나온 것이 그 홈페이지에 실린 것을
　　봤어요. 그랬더니 뭐 거창한 게 있을 줄 알았더니 아주 평범한
　　거더라구요. 첫째가 다른 사람은 나하고 다르다하는 것을 인정
　　하고(recognition) 인제 respect, 존중하라… 문 선생님이 나하
　　고 다르잖아요? 뭐 제자고 공부하는 사람이고, 이런 것보다도
　　다르다… 다른 사람은 (나와) 다르니까 다른 사람이죠. 그걸 인
　　정해 주고, 우선… 인정하고, 뭐 그 사람이 잘못했다 못했다, 제
　　자가 못했다, 그런 게 아니라 그 사람은 나하고 다른 생각을 하
　　고 다른 사람이라는 것을 인정해 주고, 그걸 또 존중해,

respect, 리스펙트라는 말을 참 좋아해요. 스펙트(spect)인데 리 re.-스펙트하는 거죠. 그것이 첫째로 올랐던 것이고, 그 다음에 두 번째가 정직, 성실이라고 해요. 인테그리티(integrity), 뭐… 어니스트(honest) 그런 것도 있지마는 인테그리티(integrity)는 성실이 포함된 정직…이죠. 그래서… 인테그리티… 그다음에 세 번째가 좀… 조금… 하버드 냄새라고… 하버드 냄새가 나는데, 엑셀런트(excellent)인데… 쪼끔, 다른 사람이 그 자리에 있을 때 보다 낫게, 뭐 교장이면 교장, 총장이면 총장, 교수면 교수… 조금 우수하게 다르게… 하고, 바탕을 두고 한 거지만… 좀 우수하게……. 우리 교육학에서 뭐… '수월성'이라고도 그러는데… 하여간 질적으로 좀 낫게… 그런 것이 엑셀런트죠. 그담에 네 번째가 어카운티빌리티(accountability), 책무성, 자기의 말과 행동에 대해서 책임을 지는 것. 이거는, 어카운티빌리티는… 우리 행정에서는 리스판서빌리티 (responsibility)와 구분해요. 리스판서빌리티는 리스판스(response) 프라스(+) 어빌리티(ability)거든요. 그래서 반응을… 대응을 할 수 있는 힘 그런 것이 리스판서빌리티(responsibility), 책임이에요… 너 왜 그렇게 했느냐 그러면(그렇게 물으면) 그것에 대해 '대응'을 할 수 있는 것이 리스판서빌리티죠. 근데 어카운티빌리티는 어카운트(account)에다가 어빌리티(ability)를 합친(+) 게 어카운티빌리티… 책무성… 계산으로, 카운트로, 거기에다가 대응할 수 있는, 보여 줄 수 있는, 그것이 인제 책무… 책무성이라고 행정에서 번역하는 거죠. 책임성에 대해 이건 책무성이라고… (하여) 법적인 책임까지 질 수 있는 것이… 카운트(count) 할 수 있는 것이 '책무성'이라는 그런 건데… 뭐… 이거 평범한 거 아니냐… 보통 사람이 다 해야 될 일… 그런 것이죠. 그래서 나도 뭐… 어렸을 때 생각은 내가 어떻게 살아갈 것인가? 우리 집안이 그렇게 잘 사는 것도 아니고, 또 뭐… 집안에 빽이 있는 것도 아니고, 그리고 뭐… 무슨 돈이 많은 것도 아니고, "내가 할 수 있는 것은 나밖에 없다." 그러니까 아까… 뭐… 대학 입시, 진학 이런 거… 상의할 사람도 없고, 또 고등학교 때까지 선생님도 뭐… 그런 거에 대해 챙겨 줄 수 있는 입장도 아니고, 또 학교도 농업고등학교니까 진학하고도 상관없고, 그래서 결국은… "내 힘으로 살아가야 되겠다." 는…그런 거… 그러다 보면… "열심히 하는 것 밖에 없다." 그래서 어렸을 때는 '소(牛)처럼' 그랬어요. 소… 뚜벅뚜벅… 남이 알아 주건(거나) 말거나 그냥 열심히… 그러다보면 언젠가는 알아 주겠지… 그래서 성실하고도 관계되는데 뚜벅… 뚜벅 열심히 한 걸음… 한 걸음… 그 생각이 옳았던 것 같고 또 그렇기 때문에… 또 내가 여적지… 이런 정도로… 하고서 살 수 있는 것이 아닌가… 그런… 어떻게 보면은… '성실…' 하고… 그런 거… 그래서 소… 우리 한국 소… 특히 어려서 소 풀 뜯기러… 많이 델(데리)고 다니면서 풀 멕(먹)이고, 또 소… 먹이 풀… 베다가니 갖다 주고 하면서 소한테서 많이 배운 것 같아요. 그래서 나를 어렸을 때 부른 이름(아명, 兒名)이… 뭔지 잘 모르겠어요. '천호'인지, '천우'라고 했는지… 천호… 천우… 호적 이름이 '삼환(三煥)'으로 되어 있던가 봐요. 그래서 초등학교 입학되서 그때서 형님이… '너… 삼환이라고 부르면 그때 대답해라.' … 그래서 초등학교 들어갈 때 돼서야 내 이름이 '삼환'이라는 것을 알았어요. 그래서 친구들은 '삼환…' 이게 (부르기) 어렵잖아요. '사만…' '사만…' '사만…' 그랬어요. 초등학교에서는 편지 올 때도 … ' 주…사만…' 이렇게 오고 그랬는데… 아마 셋째 아들이라서 아까 삼(三)이라고 그랬다고 그러지 않았어요? 그래서 그게 나는… 소 '우(牛)' 자를(써서) '천우(牛)'였으면 좋겠다…… (그런 생각을 해요).

면담자: 천(天)은 어떤 천이에요?

구술자: 천은 모르겠어요. 근데 시골에서 아명이죠. 이름… 낳자마자… '천우'라고 했던 모양인데 우자를 소 우 자로 하면 어떨까 하고, 천자는 그냥 하늘 천(天) 자 해서…… ('天牛'가 됐으면 좋겠어요). 왜… 호(鎬)… 뭐 이런 거 이름 짓고 그러잖아요. 나는 그래서 소… 우(牛) 자로 해서, 뚜벅뚜벅 소처럼… 또 농촌 출신이고 그러니까 하다 보면 알아 주는 거 아닌가… 그래서 사실은 손해도 많이 봤지요. 그렇게 생각하니까. 왜냐하면 옷도 딱 맞춰서 입고… 깔끔하게 하고 다녀야 하는데 그냥 쌔카만 교복이 하얗게 될 때까지 물도 안 들이고 입고 다니고, 또 뭐… 깔끔하게 하지 않고 그러니까 어떤 친구들은 만나 보면 '너 뚝배기보다 장맛이다.' (그래요) 겉에 하고 다니는 것하고 생각하고 말하는 것 보면 장맛은 괜찮다… 그런 얘기도 듣고, 그러고… 이…

군대 갔을 때도 군복 이런 거… 어떤 사람은… 딱… 맞춰서…
줄여서… 입고 그러는데… 나는 그냥 준 대로 아무렇게나 입고,
그러니까 볼품없지요. 그런 식으로 하다 보니까… 모든 게 난
척하고, 나 안다고 그러지… 않고, 잘났다, 또 아까 감투 같은
거 안 하고, 그러니까 손해도 좀 보고, 뭐 어디서 상 받겠다고,
어디 내놓고, 뭐, 그런 것도 안 하고, (그러다 보니 오히려 외국인
미국 모교 미네소타대학(University of Minnesota)에서 '저명국제
동창상(Distinguished International Alumni Award)' 이런 상을
주더라구요. 긴 시간 수고했습니다. 고맙습니다.

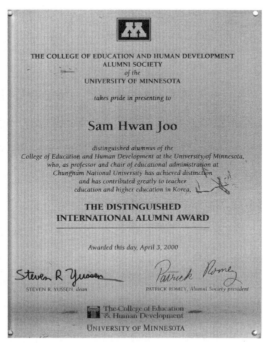

모교 미국 미네소타 대학교에서 받은 '국제저명동창상'

3. 구술 면담을 마치며(면담자 문태현)

구술 면담 기록자의 변

'불가능의 성취'. 내가 구술한 주삼환 선생님께서 강조하신 문구다. 불가능하게 여겨졌던 것들이 어느덧 가능하게 되고 이러한 가능의 결과물이 하나의 초석이 되어 후대 사람들에 새로운 불가능을 가능케 하는 디딤돌이 된다. 교대에 다니면서 나를 설 수 있게 만들었고, 나를 지탱했던 그 주춧돌들, 그렇게 당연하게 여겼던 많은 주춧돌들은 서울교대가 새롭게 생겨나던 때의 많은 선배님들의 노력에 의해 '인위적으로' 만들어졌다는 것을 나는 이번 구술작업을 통해 생생히 깨달을 수 있었다. 또한, 그러한 주춧돌이 단박에 세웠던 것이 아니라, 그 주춧돌과 관련되어 불합리와 부당한 것들이 누군가의 끊임없는 개선의 노력을 통해 합리와 응당한 것으로 변화해 왔다는 점도 알게 되었다. 내가 살아가고 있는 환경과 문화가 수많은 선구자들의 진보와 보수를 향한 노력 속에서 형성된 것이다. 즉, 보수하면서 진보하였고 진보하면서 보수되어 왔다.

이와 더불어 나는 누군가의 이야기를 듣는 게 이렇게 의미 있고, 그 과정 또한 재미있는지 구술 작업을 하면서 깨닫게 되었다. 구술 작업은 그 작업의 본질적 속성상, 젊은 사람이 나이 드신 분의 경험에 귀 기울여야 하는 특성이 있는데, 이러한 구술 작업은 가치 있는 역사적 사료를 발굴해 내는 것뿐만 아니라 구술 작업에 임하는 젊은

이의 삶을 더욱더 풍요롭게 만든다. 한 인간이 태어나서 지혜를 축적시켜 나가며 삶을 살아간다고 할 때, 그 지혜의 결정체가 된 한 노신사에게 다가가 그가 살아온 삶의 실제적 지혜를 엿보는 일은 마치 인간사에 대한 하나의 스펙트럼을 훑어보는 것과 같다. 그 스펙트럼은 지금의 나의 모습을 반성해 볼 수 있게 하고, 내 미래의 삶에 대해서도 보다 또렷하게 상상해 볼 수 있도록 돕는다.

'주삼환'이라는 이름의 선배님이 지나온 삶의 자취가 내가 살아가는 지금, 그리고 내가 살아갈 미래에 하나의 척도가 되어 내 곁에 머물러 있다.

면담자와 주고받은 메일 중 면담자로부터 받은 메일

일시: 2015. 5. 22.

안녕하세요, 선배님.

지난번에 인사드렸던 서울교대 45회(2010년 졸업) 졸업생인 서울 ○○초 교사 ○○○라고 합니다. (지난번에 46회라고 말씀드렸는데, 학보사를 다시 뒤적이며 정확히 찾아보니 2010년이 45회 졸업으로 나와 있더라고요.) 지난번에 인사드리고 바로 연락드리려 했는데 이제야 다시 이렇게 연락드립니다. 이렇게 선배님께 다시금 연락드린 이유는 1962년도부터 1964년까지 선배님의 서울교대 대학생활을 구술로 기록하는 데 도움을 받고자 해서입니다.

저는 현재 서울대 대학원에서 '구술사' 수업을 통해 구술 작업의 의미 및 방법에 대해 배우고 있습니다. 선배님께서도 아시다시피, 구술사(oral history)는 누군가의 기억 속에 담긴 내용을 그 사람의 말을 통해 녹음하고, 이를 채록하여 보관하는 방식입니다. 문헌보다 더 생생하고 세밀하게 기억 속의 사실을 담을 수 있다는 장점이 있고, 보존 방식 또한 녹음 원본 및 녹취록 등을 통해 후대의 연구자들에게 그 시대를 살아오신 분들의 생생한 목소리를 전해 드릴 수 있다는 장점이 있습니다.

이번 학기 구술사 수업을 들으면서 '지금까지 내 인생에게 가장 소중한 사람의 목소리를 담는다면 언제의 누구일까?'라는 생각을 했습니다. 문득 제 인생에서 가장 소중한 공간인 서울교대가 떠올랐고, 그 주춧돌을 너무나도 튼튼히 세워 주셨던 1회 선배님들의 목소리를 듣고 싶었습니다. 서울교대라는 대학이 처음 세워지고 모든 것을 '무'에서 '유'를 창조해야 했던 시기에, 어떻게 선배님들께서는 처음 세워지는 대학에 입학하게 되었고, 어떠한 모습으로 대학생활을 보내셨을지 참 궁금했습니다. 왠지 선배님의 대학생활과 지금의 대학생활 사이에 달라지지 않은 점이 무엇인지를 살펴보면서 '교대의 변하지 않는 특성'을 생각해 볼 수 있을 것 같고, 그때와 지금의 달라진 점은 또 무엇인지 살펴보면서 '서울교대가 50년이 넘는 기간 동안 무엇이 어떻게 변화해 왔는지'에 대해서도 생각해 볼 수 있을 것 같기 때문입니다. 이러한 특성을 살펴보는 데 있어 선배님의 기억 속에 남아 있는 경험이야말로 서울교대의 진실되고 소중한 역사가 아닐까 하고 저는 생각합니다.

물론, 선배님의 소중한 말씀에 대해, 저는 구술 작업을 처음 해 보는 것이기 때문에 선배님의 구술을 하나의 역사적 자료로 전환하는 데에는 많이 미숙합니다. 이러한 연구의 미숙함에도 불구하고 선배님들의 이야기를 많이 듣고 많이 남길 수 있도록 노력하겠습니다. 구술 작업을 통해 만들어진 사료는 작업 후 선배님과의 협의를 통해 차후 '서울대 기록관' 혹은 '서울교대 박물관' 등에 보관될 수 있도록 조치를 취할 예정입니다. 제가 알기로 아직 서울교대 박물관에는 우리 학교를 졸업하신 선배님들의 음성과 기록이 담긴 구술 자료가 많이 없는 것으로 알고 있습니다. 사실 과거에 사용해 왔던 교과서 전시도 중요하지만, 오래전 우리 학교를 졸업하셨던 선배님들의 음성과 기록도 어쩌면 '서울교대 박물관'에 더욱더 많이 전시되어야 하는 건 아닌가 하는 생각이 듭니다. 그것이야말로 '서울교대 박물관'에서만 전시될 수 있는 것이라고 생각하기 때문입니다.

구술 작업은 녹음 문제로 인해 보통 조용한 곳에서 진행이 되며, 선배님께서 괜찮으시면 제가 댁으로 찾아뵙는 것도 좋은 방법이라고 생각합니다. 구술 과정에서의 방식과 관련해서, 마치 인터뷰를 하듯 제가 질문을 하고 이에 대해 선배님께서 대답을 하는 형식보다는, 마치 할아버지가 손주에게 '옛이야기'를 전해 주듯 그 당시의 생생한 이야기를 편하게 말씀해 주시면 됩니다. 중간중간 제가 궁금한 내용에 대해서는 조심스럽게 여쭈어 보도록 하겠습니다. 시간은 대략 2~3시간 내외로 예상하고 있으며, 더 많은 이야기가 필요할 경우에는 만남횟수를 조정하거나 작업시간을 늘일 수도 있습니다. 선배님께서 혹시 시간이 괜찮으실 때, 연락주시면 시간에 맞게 바로 해당 장소로 찾아뵙도록 하겠습니다. '카카오톡'으로 연락주셔도

좋고요.(중략)

　지난 등산을 함께 하고 '이런 훌륭하신 선배님들이 있기에 내가 교대에서 좋은 교육을 받았구나.' '그럼에도 이 분들께서 아직 건강하게 계셔서 참 다행이구나.' 등의 만감이 교차하였습니다. 다른 대학의 경우 대학 동문보다는 학과 동문으로 자주 모이며, 그러할 때 30여 명 남은 학과의 동문이 한 해 배출되어 함께하지만, 우리는 한 해 '초등교육과'라는 하나의 과로서 적게는 150명부터 많게는 600명까지의 동문이 배출된다는 점에서 '우리나라에서 가장 동문이 많은 학과'(현재까지 3만 4,345명)라는 생각이 들었습니다. 이런 것이 모두 제 행운이자 축복이라고 생각합니다. 이러한 훌륭한 동문 선배님들께 누가 되지 않는 후배가 되도록 더욱 노력해야겠다는 생각도 들고요.

　선배님, 항상 건강 유의하시고요, 조만간 구술 작업을 통해서나 혹은 다시 등산을 통해 인사드리러 찾아뵙겠습니다. 감사합니다.

－ 서울교대 45회 졸업생 문태현 올림

일시: 2015. 5. 25.

선배님, 이렇게 답장 주셔서 감사합니다. 그리고 본 연구에 관심 가져 주셔서 감사합니다.

구술 작업을 함에 있어 사실, 선배님을 가장 먼저 떠올린 이유는 선배님께서 2009년에 출판하신 『불가능의 성취』라는 책 때문입니다.

연구를 시작하면서 1962~1964년 2월 사이 서울교대에 대한 자료를 많이 찾지 못했습니다.

그러던 중, 선배님께서 쓰셨던 책 『불가능의 성취』의 3부에 담긴 선배님의 교대시절의 이야기를 흥미 있게 읽었습니다.

그 글들 속에서 선배님의 교대생활에 대한 애정을 느낄 수 있었으며, 선배님께 그 시절에 대하여 보다 자세한 내용을 들을 수 있겠다는 희망을 갖게 되었습니다.

그래서 금요일에 선배님 얼굴만 기억한 채 수서역에서 기다렸고요.

다시 한 번 이런 연구에 관심 가져 주셔서 감사드립니다, 선배님.

1회 선배님들의 소중했던 학창시절, 그리고 서울교대의 역사에서 아주 중요한 시기인 1962~1964년을 열심히 연구하도록 하겠습니다.

구술 작업과 관련해서 혹시 괜찮으시다면 이번 주 중에 만남이 가능한 시간대가 있으신지요. (소요시간은 3시간 내외로 예상하고 있습니다. 저는 화, 수, 목 어느 시간이든 가능합니다.)

제가 선생님께서 편하신 곳(댁이나 기타 장소)으로 찾아뵙고, 선배님의 소중한 말씀 듣도록 하겠습니다. (녹음을 하고 추후 이를 글로 있는 그대로 정리하는 작업이 필요해서 되도록이면 조용한 장소면 좋을 것 같습니다.)

조만간 인사 올리겠습니다, 선배님.

– 문태현 올림

일시: 2015. 05. 28.

안녕하십니까, 선배님.

오늘 인사드렸던 서울교대 후배 문태현입니다.

오늘 좋은 말씀 많이 해 주셔서 정말 감사합니다.

두 시간여 동안 선배님의 말씀을 들으면서 저는 하나의 관통하는 생각이 떠올랐는데, 그것은 "지금 우리에게 당연하게 여겼던 것들이 과거에도 당연한 것은 아니었다."는 것입니다.

교대를 졸업하고 대학원에서 공부를 하여 나중에 교수가 된다는, 지금으로서는 너무도 당연한 일이고 가능한 일이 선배님 세대에서는 '당연하지 않은', 불가능의 영역으로 인식되어 왔다는 것을 오늘 선배님의 구술을 통해 알게 되었습니다.

선배님의 이러한 노력뿐 아니라 수많은 교대 선배님들께서 그동안 이러한 시대적 불가능을 가능하게 하는, 말 그대로 '불가능의 성취'를 해 오셨기 때문에 지금 저와 같은 후배들은 과거 불가능하게 여겼던 것들을 '당연한 것'으로 생각하고 그러한 '할 수 있음'의 풍요로움 속에서 공부하고 생활하며 학생들을 가르칠 수 있게 된 것 같습니다. 많은 시도와 노력 그리고 새로운 길을 개척해 주신 주삼환 선배님을 비롯한 모든 서울교대 선배님들께 진심으로 고맙고 감사할 따름입니다.

선배님들께서 힘겹게 열어 놓은 길이 점차 인적이 드물어 다시 사라지지 않고, 끊임없이 그 길을 이어 걸어가는 후배가 되도록 노력 열심히 하겠습니다.

그리고 이번 작업을 정리하고 선배님께 다시 찾아뵙고 감사의 인사드리겠습니다.

덧붙여 오늘 말씀하신 교대학보 파일을 첨부하여 보냅니다(94쪽 참조). 선배님께서도 아시다시피 학보가 본래 크기가 전지 크기 비슷하게 제작되었고, 이를 스캔하는 과정 속에서 컴퓨터 모니터로 보았을 때 다소 작게 보일 수 있습니다. 이에 사진 뷰어 파일을 통해 확대해 가시면서 보셔야 할 것 같습니다. 보내 드리는 학보 파일은 교대학보 창간호(1호, 1963. 3. 26.)부터 13호(1966. 4. 30.)까지 각 호당 4면의 스캔파일입니다. 혹시 이후의 학보 파일이 필요하시면 제가 따로 보내드리도록 하겠습니다.

– 문태현 올림

일시: 2015. 06. 22.

선배님, 안녕하세요.

메르스 문제로 다들 걱정이 많은 이때, 건강하시지요?

지난번 선배님께서 따로 정리해서 보내 주신 파일을 보고 정말 감탄했습니다. 덕분에 연구 및 이후 자료 보관에 많은 도움이 될 것 같습니다.

1차 구술 이후 2차 구술 일정을 일찍 잡으려고 했는데, 보관기관에 대한 자료이관 관련하여 몇 가지 서류가 필요(메일에 관련 파일을 첨부하였습니다.)하다고 해서 이것저것 알아보다 보니 이렇게 시간이 다소 늦어지게 되었습니다. 죄송합니다.

이번 주 선배님께서 괜찮으신 시간에 제가 지난번처럼 댁으로 찾아뵙고 인사드린 후 2차 구술작업을 하겠습니다. 말씀드린 대로 지난번처럼 오래 걸리지는 않고 대략 2시간 이내면 될 것 같습니다.

항상 도움 주셔서 감사드리고요. 열심히 연구하고 잘 정리해서 선배님의 말씀이 좋은 역사적 사료로서 가치 있도록 노력하겠습니다.

– 문태현 올림

．．．

일시: 2015. 08. 06.

선배님 무더위에 건강은 어떠신지요.

그동안 연락을 못 드려 정말 죄송합니다.

지난번에 선배님의 소중한 경험들을 녹음한 2차 자료는 글로 풀어 파일로 저장해 두었었습니다. 검토해 보시고 저에게 다시 연락 주시면, 선배님 말씀에 따라 조치를 취하겠습니다.

그리고 지난 학기 구술사 수업 담당 교수님께서 서울대 기록관과 연락하여 구술 자료를 이관하는 것에 대한 행정적 절차를 진행 중인데, 담당 교수님께서 방학 때 프로젝트가 많으신지 진행과정에 진척이 없는 것 같습니다. 혹시 이관 관련해서 추가로 진행되는 사항이 있을 경우에는 선배님께 바로 말씀드리도록 하겠습니다.

선배님과 6월 말에 뵙고 시간이 많이 흘렀네요. 항상 선배님과 만나 선배님의 이야기를 듣고 있으면, 시간과 공간을 벗어난 상태의 기분을 받게 됩니다. 마치 선배님의 70년 넘은 시간 속에서 제가 헤엄치고 있는 듯한 느낌이 들더라고요.

'서른 여섯인 내가 선배님과 같은 70이 넘은 나이가 되었을 때, 나는 어떤 삶을 살고 있을까?' '선배님은 내 나이 서른 여섯에 무엇을 하고 계셨을까?' '그때 선배님은 이런 상황이라면 어떻게 생각하셨을까?'

두 번의 구술 작업, 네 번의 만남 속에서, 어느 순간 선배님께서 살아오신 인생의 길이 제 삶의 척도가 된 것 같은 느낌이 듭니다.

자주 찾아뵙고 인사 올리겠습니다. 무더위에 건강 더욱더 유의하
시고요.

항상 고맙고 감사합니다, 세상에 하나뿐인 1회 선배님.

– 후배 문태현 올림

부 록

여기에는 본문에서 인용한 글이나 관련 있는 글을 제시한다. 독자들이 직접 검색하거나 문헌을 뒤질 필요 없이 쉽게 볼 수 있게 하기 위함이다.

〈부록 1〉 인류의 주요 발전과정

문화, 창조의 시대(교육이 더 중요해져)

구분＼단계	1단계	2단계 (1ˢᵗ물결, 동양)	3단계 (2ⁿᵈ물결)	4단계 (3ʳᵈ물결)	5단계 (4ᵗʰ 물결, 동양)
사회	부족집단 사냥사회	농경사회	산업사회	산업 후·정보사회	문화·창조
시기	50만 년 전	1만 년 전	500년 전	70년 전(한국은 30년 전)	현재 (20년 전)
의사소통	말(구두)	문자	인쇄 기술	인공지능 기술	이야기
생활영역	유목부족	도시국가 공동사회	국가	글로벌 사회	지구촌
사고의 패러다임	마력–신비의 패러다임	논리–철학적 패러다임	결정론적–과학적 패러다임	체계적 패러다임	정서
주요 기술	생존 기술	직조 기술	기계 기술	지적 기술	상상력

〈부록 2〉 내가 받은 교육, 해 온 교육, 해야 할 교육

– 초등교육발전연구. 제8집 Vol 8. 초등교육연구회

내가 우리나라 대한민국의 교육을 받기 시작한 것은 1948년 정부수립 하던 해 9월에 입학했던 것으로 생각된다. 그래서 초등학교 6년, 중학교 3년, 고등학교 3년, 교육대학 2년의 기본교육 14년을 받고, 중간에 중학교 졸업 후 1년, 고등학교 졸업 후 1년, 그래서 2년을 쉬게 되었다. 어쨌든 기본적으로 가르침을 받은 교육 14년이 내가 받은 기본교육기간이다.

그 후 가르치는 일을 하면서 야간으로 대학 2년, 대학원 2년 해서 4년을 더 배웠으므로 4년은 가르침과 배움(받은 교육)이 중복되는 기간이다. 그후 박사과정은 휴직상태에서 완전히 받은 교육기간 3년이 기본교육에 또 추가된다. 그래서 총 받은 교육기간은 21년이 된다. 대학원기간 5년을 연구기간으로도 계산할 수도 있으나 어쨌든 교육기간에 해당된다.

교육을 해 온 기간은 2005년까지 약 42년인데, 그중에서 3년 박사과정 휴직기간을 빼면 39년으로 계산된다. 다시 군입대 휴직기간을 빼면 가르치는 일을 한 기간은 37년쯤으로 생각할 수 있다.

그러나 여기서는 초등교사의 전문성의 측면에서 '받은 교육'과 '해 온 교육'을 살펴보려고 하기 때문에 받은(기본) 교육 14년(교사가 되기 위해서 받은 교육)과 해 온 교육(초등교사로) 약 15년(군 복무로 휴직기간 2년 6개월을 빼면 12년 반)을 대상으로 '해 온 교육'을 반성해 보고자 한다.

앞으로 '해야 할 교육'은 후배 교사에게 권고하고 싶은 내용으로 보아야 할 것이다. '받은 교육'을 통해서 은사님, 선배님들의 교사생활을 미루어 생각해 보고 내가 '해 온 교육'을 반성하여 앞으로 초등교사의 전문성 신장의 방향을 모색해 보고자 하는 것이다. 더 큰 의미로 확대하면 "한국의 초등교사: 어제·오늘·내일"쯤으로 제목을 잡아도 좋을 것이다. 그

러나 거창한 제목을 피하기 위해서 나 개인에 초점을 맞춘 것이다. 이러한 시도는 지극히 주관적이고 편견에 치우칠 위험이 있으나 자신의 경험에 바탕을 두고 있으므로 일면 실제적일 수도 있다.

받은 교육

36년간의 일제강점에서 해방이 되고 미군정 3년을 거쳐 정부수립 하던 해 가을에 초등학교에 입학하였으니, 당시 교육의 기틀이 잡혀 있지 못하였을 것으로 보인다. 그리고 지금처럼 모든 사람이 완전 취학하지 못하여 주변에 학교에 안 다니는 사람도 있었고 나이를 많이 먹은 학생도 있었다. 나는 호적이 늦어 늦게 들어간 것 이외는 제 나이에 입학한 셈이다. 6·25 전쟁으로 초등학교 3학년 때 공산교육으로 노래만 계속 불렀던 기억이 있다. 어린 눈에도 마을 청년이 갑자기 선생이 되어 나타난 것이 이상하게 보였다. 그리고 교과서가 없어 등사해 가지고 배웠고 미국 원조의 우유가루와 강냉이죽을 얻어먹은 것 같다.

시대상황으로 보아 정식 사범교육을 받고 교사가 된 사람도 많지 않았을 것으로 추정된다. 그래서 오르간(풍금)을 치면서 음악(노래)을 가르칠 수 있는 선생님도 한 학교에 몇 명 안 되었던 것 같다. 특히 시골학교의 경우는 더욱 그랬을 것이다.

희미한 기억으로는 교육에서 낭만 같은 느슨함이 있었던 것 같다. 싫증 나면 공차기도 하고, 시냇가로 목욕을 가기도 하고, 청소하느라고 많은 시간을 보냈던 것도 같다. 시간표대로 운영이 되었는지는 잘 모르겠지만 아주 엄격한 시간운영은 아니었던 것 같다. 시작종, 끝종이 있기는 했지만 선생님이 들어오는 시간이 공부하는 시간이었을 것이다. 교육과정 운영의 비엄격성은 동시에 교사의 재량권이 많았고, 그만큼 어떤 면에서는 인간적인 교육을 할 수 있었을 것으로 보인다. 기계적이고 획일적인 교육에서는 좀 벗어날 수 있었을 것이다.

그래서인지는 모르지만 수업시간 이외의 활동, 다시 말하면 과외활동, 특별활동에서 많은 것을 배웠던 것으로 기억된다. 과외활동이라야 학예회, 운동회, 자치회, 미약하지만 지금의 클럽활동 같은 것이 있던 것 같다. 나는 특별활동으로 '습자'를 배운 기억이 있다.

 수업시간에서 생각나는 것이 있다면 모두가 책을 붙잡고 큰 목소리로 일제독을 했던 기억과 외우기를 많이 했던 것 같다. 서당에서 읽고, 외우고, 쓰고 했던 수업방법의 영향이 컸을 것으로 본다. 당시에는 아직 동네에 서당이 한두 개 남아 있었다. 그 당시에 외운 것들이 아직도 많이 남아 있다. 외운 것도 유용하게 잘 쓰인다. 외울 것은 외우게 해야 한다고 생각한다.

 초등학교 시절에 있었던 가장 나쁜 기억은 '편애'다. 2학년 때 한 선생님이 그 학교 동료 선생님의 동생 두 아이를 특별히 사랑해 주는 것이 어린 아이들 눈에, 가슴에 가시를 박아 놓은 격이 되었다. 이 나쁜 기억이 나의 평생에서 지워지지 않는 것을 보면 편애가 어느 정도 나쁜 것인가를 알 수 있다. 사랑해 주더라도 드러나지 않게 속으로 '속사랑'을 해 주어야 할 것 같다.

 가장 인상에 남는 좋은 선생님, 존경하는 선생님은 역시 사범학교를 나오신 초등학교 3학년 때 선생님이신데, 그분은 어린이들의 자치성, 동기 유발을 잘 하셨던 것 같다. 어린이 자치회를 통하여 자치적으로 생활하게 하여 우리 반이 공부(매월 전교적으로 실시하는 일제고사에서도)도 1등, 청소도 1등, 환경미화도 1등, 퇴비(거름) 풀베기도 1등, 폐품수집도 1등이었다. 그래서 그 선생님이 농담으로 우리 반은 떠드는 것까지도 1등이라고 말씀하였던 기억이 생생하다.

 받은 초등학교 교육에서 전체적으로 생각해 보면, 그 당시 선생님들에게도 사범교육을 안 받은 사람도 있고 하여 교육이론과 '교수기술'은 부족했을지 몰라도 최소한 '열성'이 있었다. '헌신'이 있었고 교사의 '정신' 같은 것이 있었다. 이것은 아마도 유교문화의 바탕에서 나왔을 것이다. 선생님들의 보수는 어느 정도 받고 어느 정도 생활했었는지는 잘 모르겠지만 살림이 넉넉지는 못했을 것이다. 그래도 농촌에서는 선생님에게 고정된 수입이 있었으므로 괜찮은 편이었을 것이다. 초기에는 학생들이 사친회비로 농촌에서 쌀을 거두어 학교에 가지고 갔던 기억이 있다. 편애를 했던 선생님과 자치회를 잘 활용했던 선생님은 추후 나의 교사생활에 크게 영향을 주었다고 생각한다.

초등학교를 마치고 10km 이상이 되는 산골길을 걸어 중학교를 마치고 1년을 집에서 농사짓다가 중학교와 같은 면소재지에 있는 농업고등학교 농학과를 졸업하고 다시 1년을 농사 짓다가 서울교육대학 1회로 들어왔다. 사범고등학교에서 초급교육대학으로 개편되는 초기라서 교수와 교육과정, 시설들 모두가 정비가 안 된 상태여서 잘은 모르지만 고등학교와 비슷한 교육을 받았던 것 같다.

그런데 교육대학에 대한 자부심과 사명감만큼은 대단히 높았던 것 같다. 특히 사범학교와는 무엇인가 달라야 하고 나아야 한다는 것이 강조되었다. 특히 교대 1, 2회는 맏아들로서 현장에 좋은 인상을 심어 주지 않으면 안 되고, 뭔가 실력을 보여 주지 않으면 새로 개편된 교대의 존립 자체가 흔들린다는 사명감에서 사범교육을 받았던 것 같다.

그중에 하나 생각나는 것이 메가폰을 거꾸로 통과하는 '메가폰 통과법칙'이다. 들어올 때는 넓은 데로 많은 사람들이 들어오지만 통과하는 과정에서 들볶여, 나갈 때는 다듬어서 좁은 곳으로 적은 숫자만 교사로 나가게 한다는 소수정예 교육방침이다. 그래서 첫 학기에 재시험(E)과 낙제점수(F)가 반수 이상이었다. 그래서 서울교대 출신 1, 2회생으로 좋은 학점 기록을 가지고 있는 사람은 극히 드물게 되었다. 졸업 후 서울시교육청에서 임용할 때 성적순으로 하여 지방교대 출신보다 서울교대 출신이 불리한 입장이 되기도 했다. 그후로 학교의 방침을 좀 누그러뜨렸던 것으로 생각된다.

교대생의 고민은 예능교육에 있었다. 특히 '풍금(오르간)'을 통과하느라고 많은 고생을 했고, 대부분의 시간을 예능교과에 투자했다. 인상 깊었던 것 중 하나는 남학생도 실과의 가사지도를 위해서 똑같이 가사실습을 했고, 무용교육도 여자들과 똑같이 받았다.

개인적으로는 '아동연구회'를 조직하여 옛 '색동회'를 이어받으려고 했으나 2년의 짧은 기간이어서 목적을 달성하지는 못했고, 비교적 학교의 지원을 받는 가장 활발한 서클로 후배들에게 이어졌다. 또 학생도서위원회를 조직하여 도서관 운영에 참여하면서 많은 것을 배우고, 특히 신간 외국저널을 접할 수 있어서 좋았다. 이런 것들이 쌓여 나의 시각이 해외로 넓혀져 그 후 박사과정의 유학의 길로 연결되었는지 모른다.

2년간의 사범교육으로 만능선수, 팔방미인을 길러 낸다는 것은 애초부터 무리이므로 기본적 실력을 갖춘 사람, 기본적 태도를 갖춘 사람을 교사 후보자로 선발하여 스스로 노력하도록 동기유발하는 일이 사범교육에서 중요하다고 본다.

해 온 교육

사명감을 갖고 1964년 3월 처음으로 '교육'을 시작하게 되었다. '받은 교육'을 '하는 교육'으로 바꾸는 전환점이 되었다.

우선 아이들이 귀엽고 예뻤다. 아이들만 보면 나도 모르게 빨려들고 저녁때면 지쳐도 아이들이 좋았다. 아이들만 있으면 모든 걸 잊어버린다. 편지를 써서 주머니에 넣고 다니며 1주일 이상 부치는 것을 잊어버리기도 했다. 아이들을 가르치는 일에 대해서는 하나도 불만이 없었다. 아이들과 헤어질 때는 울기도 여러 번 울었다. 아이들을 두고 군대에 입대할 때, 서울시 교육연구원으로 자리를 옮길 때는 눈물을 흘렸다. 몸을 대학으로 옮기고 나서도 어린 아이들이 그리울 때가 많고 문득문득 내가 초등학교 교사라는 착각을 일으킬 때가 많았다. 이렇게 보면 나는 교수로서는 성공적일지 모르지만 교사로서의 삶은 실패한 것 같다. 논산훈련소의 행군대열에서도 길거리에서 재잘거리며 지나가는 아이들을 보면 대열에서 벗어나 아이들의 머리를 한번 쓰다듬어주고 싶은 충동을 일으킬 때가 한두 번이 아니었다. 대부분의 교사가 아이들과 가르치는 일 자체에는 불만이 별로 없을 것이다. 잡무나 쓸데없는 지시사항 등에 식상할 뿐이다.

나는 비교적 정해진 시간표를 지키려고 노력했다. 그래서 웬만해서는 "선생님, 체육해요?", "선생님, 음악해요?" 묻는 경우가 별로 없었다. 시간표에 의해서 자동적으로 아이들이 움직이게 된다. 시간표는 모든 사람들과의 약속이기 때문이다. 특별한 이유도 없이 선생님이 아이들과의 약속을 '행동'으로 안 지켜 놓고는 아이들 보고 약속을 지키라고 '말'로 가르치는 것은 아무런 교육적 효과가 없다.

받은 교육에서의 상처의 교훈으로 평생을 통해서 겉으로 드러나게 편애하지 않으려고 노력했으나 인간이기에 100% 공정했다고 맹세하지는 못한다. 더 예뻐 보이는 아이가 있으니 이를 어쩌랴! 많은 선생님으로부터 귀여움을 받아 온 아이가 있었다. 친구 아이들로부터 시기를 받게 되었다. 나 자신도 예뻐하면서도 겉으로는 다른 아이들보다 더 엄격했다. 그 애는 지금까지도 내가 자신을 미워했던 것으로 오해하고 있다는 것을 간접적으로 듣고 있다. 나마저 겉으로 보이게 사랑해 주었더라면 그 아이는 아마 친구들로부터 따돌림을 당했을지도 모른다.

초등학교 때의 존경하는 선생님의 영향으로 어린이회, 자치회를 활성화하여 자치적으로 행동하도록 노력하였다. 그래서 우리 반 아이들은 단결을 잘 했고 다른 반과 다르다는 최고의식도 가졌다. 아이들도 단결하니까 안 되는 일이 거의 없었고, 아이디어도 백출하는 것을 경험했다. 자치회는 동기유발과 연결되어 신나게 목표를 성취할 수 있었다. 아이들이 자기 반(학급)을 자랑하고 담임을 자랑하니 학부모도 지원해 주고 교사인 나 자신의 웬만한 실수도 용서받을 수 있었다.

아이들의 성적은 나온 대로 내주려고 노력했고 비교적 후하게 주려고 하지 않았나 생각된다. 이 철칙은 지금까지도 지키려고 노력하고 있다. 때로는 친구 아들의 성적도 내야 하고, 연수원에서 친척 동생, 대학원에서 동기생의 성적을 매겨야 하는 경우도 여러 번 있었으나, 이 성적 정확의 철칙을 지키려고 노력했다. 봐주려면 다른 사람까지 고스란히 성적을 올려 줘야지 최소한 순서가 뒤바뀌어서는 안 된다. 이것은 편애 않으려는 원칙과 마찬가지다.

하루에 한두 가지씩 재미있는 이야기를 준비해서 들려주어 느끼고 생각하는 시간을 주려고 노력했다. 그래서 항상 이야깃거리를 준비하기 위해서 메모를 해야 한다. 내가 들려준 이야기대로 제자들이 살아가고 있는지 궁금하다. 제자 중에 교사가 된 사람 중에는 나를 본받아서 이야기 들려주기를 실천하고 있다는 소식을 가끔 들었었다.

몇 가지 교사로서 해 온 일을 회상해 봤는데 지나고 보니 후회스러운 일이 많다. 나의 한마디 말로 상처를 입은 아이들도 있을 것이고, 사랑을 제대로 나누어 주지 못했던 것 같다. 지금 이름이 떠오르지 않는 사람이 모두 나의 사랑을 제대로 받지 못한 학생들일 것이다.

교사는 배운 대로 가르치게 된다. 그래서 교대 · 사대 등 교사양성기관의 교육방법이 가장 중요하다고 본다. 나는 이렇게 가르치지만 너희들은 나가서(교사가 되어) 저렇게 가르치라고 가르쳐 봐야 아무 의미가 없다. 가장 확실한 교육방법은 말로 가르치는 것, 글로 가르치는 것이 아니라 행동으로, 몸으로 가르치는 것이다(그래서 나의 교육수필집 제목을 「우리의 교육, 몸으로 가르치자」라고 하였다).

은사님들에게서 받은 사랑을 제자들에게 모두 반환해 주지 못하고 있다. 사랑의 빚을 지고 있는 셈이다. 이제 내 나이 60대 초반, 베풀어야 할 나이에 아직 베풀지 못하고 있다. 아마 영원한 빚으로 남기고 떠나야 할 것 같다.

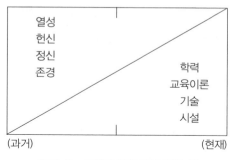

<그림 1> 교직의 잃은 것과 얻은 것

　은사님들 세대보다는 학력도 높아지고 보수도 좋아지고 국가의 틀도 잡히고 특히 1960년대, 1970년대 우리나라 도약기에 서울 시내 초등교사를 역임했으나 교사의 지위와 존경은 상대적으로 가라앉기 시작한 시기인 것 같다. 은사님들 세대는 다른 직업들이 많지 못하고 또 다른 직업들이 상대적으로 인기가 없는 속에서 교직에 매력이 있었으나 1960~1970년대 공업화, 산업화와 함께 교사의 지위와 자부심은 상대적으로 곤두박질하기 시작하였다. 이제 교사는 정신적 존경도 잃고 물질적 부도 잃고 있다. 후자보다는 전자가 더 큰 문제다. 학력과 이에 따른 교육이론과 기술, 시설이 보충·발전해도 전자를 잃으면 모든 것이 허사다.

　이제 교사존중의 민족운동을 벌여야 할 판이다. 교사(교사의 사기)를 잃어버려 놓고는 아무리 제도를 바꾸고, 교육개혁을 하고 시설과 교재를 현대화해도 모두가 허사가 된다. 이것을 활용할 교사(정신)를 잃어버렸기 때문이다. 국민들, 국가는 교사가 예뻐서가 아니더라도 자기들의 자녀를 가르치기 위해서라도 교사를 정신적으로라도 존경해 주어야(존경해 주는 체라도 해 주어야)한다. 교사를 위해서가 아니라 민족과 국가를 위해서다.

해야 할 교육

　지금은 모든 면에서 급격한 변화를 하고 있는 전환기다. 국제화, 개방

화에 의하여 교육에서도 변화가 요구되고 있다. 21세기에서 새로운 세기에 대비하지 못하면 우리는 퇴보의 낭떠러지로 떨어지고 말지도 모른다. 우리는 이미 88년 올림픽의 도약대·스프링보드로부터 도약과 비상은 고사하고 오히려 가라앉기 시작한 경험을 갖고 있다.

지금 현재의 여건·상태에서라도 교육의 방향과 방법을 바꾸면 교육의 효과를 더 높일 수 있다는 것이 나의 조그만 신념이다. 교육지도자·행정가가 방향을 잘 잡아 주고 교육자·교사가 지금 현재 하고 있는 똑같은 노력이라도 방법을 바꾸면 교육의 질은 더 올라갈 수 있다고 본다. 우리는 아직 열심히 하고 있는 것이다. 교사도, 학생도, 학부모도 열심히 교육에 참여하고 있는 것은 사실이다. 다만 입시 같은 쓸데없는 데 열심히 하여 귀중한 정력과 시간을 낭비하고 있는 데 문제가 있다. 교사가, 교육이 변하지 않으면 안 된다. "일본의 힘, 교육에서 나온다."고 하는데 국가의 생존, 경제와 기업의 존망은 모두 교육에 달려 있다 해도 과언이 아니다.

첫째, 사람으로서 살아가는 데 가장 필요한 공통기초를 최소한으로 줄여 철저한 교육을 하고 대신 개성과 소질을 살릴 수 있도록 선택의 기회를 최대한 넓혀 주어야 한다. 현재는 기초에도 철저하지 못하고 개별화를 위한 선택도 고려하지 못하여 평균인간을 길러 내고 있는 셈이다. 못하는 사람을 끌어올리는 데는 신경을 쓰고 있는지 모르나 잘 할 수 있는 싹을 잘라놓고 잘 할 수 있는 사람을 더 잘 하게 하는 데는 실패하고 있다. 새로운 세기는 평균인간을 원하지 않고 국민들도 평균으로 남아 있고자 하지 않는다.

둘째, 창의성 개발을 위한 창의적 교육을 하기 위해서는 창의적인 교사가 요구된다. 지금 우리 교사·학생·학부모가 열심히 하고 있는 만큼만 창의성 신장을 위한 교육에 바친다면 어느 정도 선진국 진입에 승산이 있다. 창의성 교육을 위해서는 창의적인 교사가 길러져야 한다. 이를 위해서는 교대의 교육이 창의적인 교육으로 변해야 한다. 창의성 교육은 개성존중의 개별화 교육과도 연결된다. 또 양의 교육이 아닌 질의 교육으로 전환되는 일과 맞물려야 한다.

셋째, 교과서에 나타나 있는 것만 가르치는 교사로부터 교육과정 운영자로 변신하지 않으면 안 된다. 교육과정에 맞추어 수업전략과 수업모형이 달라져야 한다. 이것이 우리가 해 온 교육(교사)과 앞으로 해야 할 교육(교사)이 달라져야 하는 중요한 차이일지도 모른다. 교사의 수준이 연구자의 수준으로 격상되어야 한다. 초등 박사 교사 모임인 '초등교육발전연구회'에 참여하는 사람들은 이미 새로운 시작을 한 것이다. 과거에 교육과정에 관하여 중앙에서 다루어지던 많은 일들이 밑으로 내려와 교사의 손에 의하여 결정되어야 할 시점에 와 있다.

넷째, 교대·사대 교사 양성 교육이 달라져야 교사가 달라질 수 있다. 이미 이에 대하여 약간 언급되었으나 이를 심각하게 받아들여야 한다. 먼저 교대·사대 교수가 교사 양성 교육에 애착을 가져야 한다. 자신의 전공이 교사양성이란 것을 잊지 말아야 한다. 또 현장과 밀착해야 한다. 교사 경력을 갖고 교수가 되어야 할 뿐만 아니라 영국에서처럼 주기적으로 현장교사로 근무하면서 실제로 초·중등학생을 가르쳐 봐야 한다. 학생들은 "배운 방식대로 가르치게" 되므로 교대와 사대의 수업방법이 바뀌어야 현장에서의 수업방법이 바뀔 수 있다.

다섯째, 마지막으로 교사의 전문직화(Professionalization)를 강조하지 않을 수 없다. 우리의 교육이 한 단계 비약을 하려면 교육을 직접 담당하고 있는 교직이 더 높은 수준으로 전문직화되지 않으면 안 된다. 교사의 완전 전문직 지향이 필자의 주장의 결론이 될 것인데 이를 중심으로 좀 더 자세히 부연해 보기로 한다.

초등교사의 전문성

세분화·특성화에 의한 전문화(Specialization)와 이를 포함한 직업으로서의 전문직화(Professionalization)는 약간 구분되어야 한다. 전문직화란 초등교사직이 하나의 전문직으로 성숙해야 한다는 것이고, 그래야만 교사도 살 수 있고 국가도 살 수 있다고 보는 것이다.

전문직의 특성이나 기준에 대해서는 지금까지 수많은 학자들이 제시하였으므로 여기서 다시 상세히 논의하고 싶지는 않다. 첫째, 고도로 전문화된 지식, 비장의 지식, 둘째, 장기간의 대학 훈련 프로그램, 셋째, 전문직화 판단을 하는 데 상당한 정도의 자율성, 넷째, 개인적·사적 이익보다는 봉사와 헌신을 강조하는 이념, 다섯째, 동료 실천가의 전국조직(단체)의 회원정신, 전문직의 특징과 기준으로 들 수 있다. 이러한 기준에 비추어 볼 때 초등교사는 의사나 변호사와 같은 완전전문직의 수준에 이르지 못하고 아직 반전문직 정도로 보고 있다. 전문직에 대한 견해도 합의론자(consensus theorists)는 ① 비장의 지식의 중요성, ② 전문직에의 사회화, ③ 봉사지향성을 강조하는 반면, 갈등론자(conflict theorists)는 ① 여러 직업 집단 사이의 권력 관계성, ② 전문화된 숙달과 이타적 동기에 대한 폭로적인 전문직적 요구, ③ 정당화된 신비의 수준으로 끌어올리고 직업으로 들어오는 사람을 통제하고 이미 직업에 들어온 사람들의 자기 이익을 보호를 위하여 전문직 단체의 권력을 강조하는 경향이 있다.

어떤 측면으로 보아도 교직은 아직 완전 전문직으로 인정받지 못하고 있으므로 이를 위해 부단히 노력하여 쟁취해야 할 입장이다. 전문직은 저절로 굴러들어 오는 것이 아니다.

교사들이 존경도 잃고 물질적 보상도 잃은 현시점에서 전문직 인정을 위한 노력으로 잃어버린 두 가지를 동시에 찾아야 하는 이것이 만만치 않은 도전이다.

첫째, 학력은 계속 높아져야 한다. 초등박사교사들 모임인 초등교육발전연구회처럼 석사·박사로 계속 연구해야 한다. 그것이 비장의 지식이 되고 장기간의 훈련도 되고 또 전문직 단체의 회원정신도 여기서 나온다고 본다. 초등교사가 박사를 했다고 해서 그것이 낭비라고 보지는 않는다.

교사의 학력이 높아져야 우선 깔보이지 않는다. 초등교사 다수가 고학력을 가질 때, 강력한 힘이 생길 것이다. 초등교사를 하찮은 직업으로 생각하여 고학력자가 갈등을 일으켜서는 안 된다.

둘째, 특수화, 세분화에도 노력해야 한다. 교과전담제도 확대해 나가고 행정전문가, 장학전문가, 수업전문가, 교육과정 전문가로 특수화, 전문화해 나갈 필요가 있다. 각 분야에서 세계적 존재로 인정받기 위해 부단히 노력해야 한다.

셋째, 교직도 고독한 직업에서 협동적 직업으로 옮겨 가야 한다. 혼자서 계획하고 실천하며 평가하는 외로운 노력으로는 교직이 전문직으로 부상하기 어렵다. 가르치는 과정에서도 협동적 노력을 해야 하지만, 강력한 전문직단체로서도 목소리를 내야 한다. 갈등론자의 주장처럼 전문직의 역사는 곧 인정받기 위한 투쟁의 역사다. 개인의 이익이 아니라 교직 전체의 이익을 위해서 똘똘 뭉쳐 목소리를 내야 한다. 의사회, 약사회, 변호사회를 생각하면 된다.

넷째, 고도의 도덕성과 윤리성을 유지해야 한다. 단체활동을 하더라도 노동자와는 다르게 해야 한다. 똑같이 행동하다 보니 똑같이 닭장차에 끌려다니고 전경들의 곤봉에 나뒹구는 선생님들의 모습이 전국 TV화면에 내비치게 된 것이다. 이렇게 되면 다른 동료 선생님들이 어떻게 아이들을 가르치고 어떻게 국민의 정신적 존경을 받겠는가? 가장 강력한 지도력은 고도의 도덕성과 윤리성에서 나온다.

다섯째, 국가와 국민은 교사에게 최고의 대우를 해 주지 않으면 모든 것을 잃고 나중에는 더 많은 후회를 하게 된다. 최고의 대우를 해 주어야 우수한 사람들이 교직으로 몰려들고 자부심과 긍지를 갖고 당당하게 전문인으로서 직업에 임하게 된다. 이것은 교사만을 위해서가 아니라 국민과 국가를 위해서다. 전문직화도 최고의 대우를 받을 때 가능해진다.

우리의 전 세대는 유교정신에 바탕을 둔 정신적 대우를 받고 나름대로 열성을 갖고 버티었을 것이다. 그 당시 교사는 특별한 존재였다. 전쟁 통에도 교사는 전쟁터에 나가지 않거나 단기복무를 시켰다.

우리 세대는 사범교육이 체계화되고 학력도 높아지고 보수도 높아졌으나 산업사회의 도래와 함께 교사의 지위는 상대적으로 하락하기 시작했고 국가에서도 교사를 특별한 존재로 생각해 주지 않는 정책을 썼다. 직업의 종류가 많이 생겨나면서 우수한 인력은 다 인기직종으로 빠지고 나머지 층에서 마지못해 교직으로 들어와 교직은 위기에 봉착해 있다. 교육을 통해서 무엇을 한다는 것이 어렵게 되었다. 산업화, 경제적 발전, 물질적 가치의 숭배로 정신세계에서 사는 교직은 점점 매력을 잃고 있다. 정신을 잃으면 다시 물질도 잃게 된다는 것을 알아야 한다.

교사가 대우를 받고 또 국가도 무한경쟁에서 살아남으려면 어쩔 수 없이 교육을 재건하지 않으면 안 된다. 교사들 자신은 교직의 전문직화를 위해서 피나는 노력과 단결을 해야 하고 동시에 국가도 교사에게 최고의 대우를 해 주어야 전문직으로 상승할 수 있어 교육도 살리고 국가도 살릴 수 있다.

우리는 열심히 일을 할 때 행복할 수 있다. 무언가 열심히 추구할 때 살아가는 재미도 있고 삶의 의미도 찾을 수 있다. 선생님에게 돈만 많이 주면 잘 가르치고 또 행복감을 가질 것인가? 돈 바라고 열심히 하는 것과 일 자체가 좋아서 열심히 하는 것과는 근본적으로 차이가 있다. 여건이 어려운 속에서도 무엇인가 추구하고 나를 찾으려고 할 때 살맛이 있는 것이다. 인생결산을 해야 할 때 하늘을 우러러 부끄럼 없이 열심히 연구하여 아이들을 가르치며 살아왔다는 결론이 나온다면 그것으로 만족할 수밖에 없다. 남이 알아주느냐, 국가가 인정해 주느냐는 부차적인 문제다. 나에 대한 나 자신의 인정, 나 자신의 자기결산이 더 중요하다. 천하를 얻고도 나 자신을 찾지 못하면 허사다. 어렵지만 같이 열심히 교사의 길을 걸어가자.

〈부록 3〉 한국교육의 딜레마

– 2000. 4. 3, 미국 미네소타대학교 교육대학 국제저명동창상 수상 특강 원고

1. 서 론

한국은 전통적으로 교육을 중시해 왔다. 자연자원이 부족한 나라가 러시아, 중국, 일본 등 강대국들 틈바구니에서 살아남기 위해서 우리는 교육에 의존해 왔는지 모른다. 거기에다 유교적 전통으로 교육과 인문을 숭상하게 되었다. 여기에다 일본의 일제강점기 정책의 영향은 한국의 교육열을 더욱 부채질하여 세계에서 교육열이 제일 높은 나라가 되었다. 대체로 유교적 전통과 식민지 경험을 가지고 있는 나라가 교육열이 높은 경향이 있다. 한국도 그중의 한 나라다.

이러한 높은 교육열의 덕으로 1960년대부터 1980년대에 이르기까지 30여 년 동안에 산업화를 이룩할 수 있었다. 우리의 교육은 그런대로 산업화 시대정신에는 알맞았던 셈이다. 그러나 이제 사회는 지식정보사회로 바뀌었는데 교육은 아직 산업사회교육을 하고 있다. 한국교육은 지식정보사회에 맞게 전환하지(transform) 못하여 지식정보사회를 지원하지(support) 못하는 데에 고민이 있다.

여기서는 지난 100여 년 동안 한국교육이 걸어온 주요 대목에 대하여 살펴보면서 우리 교육의 고민거리와 전환 방향을 제시해 보고자 한다.

2. 세 줄기 흐름의 잔재

한국교육에는 세 줄기 거대한 흐름이 밑바닥에 깔려 있고, 이 세 가닥의 흐름이 서로 뒤엉켜서 한국교육의 현상으로 나타난다고 본다.

그 하나는 전통적인 한국교육의 흐름이라고 본다. 전통적 한국교육은 소수 양반과 귀족을 위한 엘리트 중심 교육이었고 정부 관리양성을 위한

것이었다. 그러나 개별화 교육에 가까웠고 통합적인 인간을 위한 인간성 교육이 바탕에 깔려 있다는 좋은 점이 있었다. 이러한 교육이 AD 372년 (태학, 경당)~1900년경까지 계속된 것으로 볼 수 있고 이러한 전통은 지금의 교육의 밑바닥에 깔려 있을 것으로 가정된다.

다른 하나의 흐름은 일제강점기의 일본식 식민교육의 흐름이다. 1900년 대(실제로는 1883년 원산학교), 20세기 초부터 근대학교가 설립되기 시작되면서 일본의 영향을 받기 시작했고 일본의 식민교육이 시작되었다. 이 때부터 공교육(public education)이 시작된 셈이다. 동시에 일본에 대한 저항정신이 민족의식 고취를 위하여 사립계통의 민족학교가 설립되기 시작하여 근대학교가 시작된 것이다. 그래서 우리나라에는 지금도 사립학교를 많이 갖게 되었다. 그 결과 지금은 중등학교는 41%, 고등교육은 77%를 사립학교가 차지하고 있다.

일본의 식민교육은 중앙집권적이고 통제적이었다. 충실한 일본인을 만들려는 교육을 하였다. 복종과 순종만을 강요받게 되었다. 일본인을 위해서는 지배계층을 형성하기 위한 교육을 했고, 극히 소수 한국인에게는 즉시 일을 부려 먹기 위한 기술교육을 시켰었다.

일본식 교육의 영향으로 한국교육 밑바닥에는 강한 중앙집권, 통제, 지시, 명령에다 순종과 복종의 교육이 깔려 있을 것으로 본다. 그리고 지배층으로 상승하기 위한 강한 교육욕구, 그리고 지배층을 위한 관료가 되기 위한 인문분야 교육에 대한 욕구를 불러일으켰을 것이다.

또 하나의 세 번째 흐름은 미국교육의 영향이다. 1945년 일본으로부터 해방이 되면서 미군정 교육이 1948년 정부수립 전까지 계속되면서 미국교육체제와 방식을 한국교육에 심었다. 1948년부터 한국정부에 의하여 한국교육을 해 왔으나 현재까지도 미국교육의 영향에서 벗어나지 못하고 있다. 특히 필자를 포함하여 많은 미국 유학을 한 교육자들이 우리나라 교육을 담당하면서 미국교육의 사상과 이론을 한국교육에 실험하여 미국교육의 영향은 자연스런 현상이 되고 강력하게 작용하였다. 여기서 불행한 것은 미국교육의 영향이 아주 강력했음에도 완전히 미국식 교육도 학교에 정착하지 못했다는 점이다. 그것은 교육여건이 미국의 수준에 이르지 못하고, 또 지도자들이 자주 바뀌어 지속적이지 못했기 때문에 미국교육은 완전히 뿌리내리지 못했다. 거기다 미국의 기후 풍토와 한국의 것이 다르다는 원인도 있었기 때문이다. 또 앞에서 언급한 것처럼 한국교육의 밑바닥에 한국의 전통교육, 일본의 식민지 교육의 전통이 깔려 있기 때문에 완전히 미국교육이 정착할 수도 없었다.

그래서 현재의 우리의 교육은 ① 우리의 전통적 흐름과, ② 일본의 식민교육 전통, ③ 미국교육 영향이 혼재해 있다고 봐야 할 것이다. 그런데 세 나라 교육의 장점만을 따오지 못하고, 불행하게도 단점만이 남아 있는 것 같아 고민이다.

1950년대에는 우리 손으로 우리의 교육을 시작하자마자 한국전쟁으로 모든 것이 파괴되었다. 우리는 어려움 속에서도 국민들의 많은 교육적 욕구를 소화해 내야 했다. 먼저 우리는 문자해득 교육으로 문맹퇴치를 하고 초등교육에 집중 노력했다. 그래서 1950년대를 우리는 초등학교교육 연대라고 부른다. 이 정책은 다음 1960년대 산업화의 기초를 닦고 산업화의 저력이 되어 나중에 성공적인 것으로 평가되었다.

3. 산업사회 교육의 잔재

한국은 1960년대 초부터 갑자기 농경사회로부터 산업화로 전환하기 시작하였다. 그래서 60년대, 70년대, 그리고 80년대의 30여 년 동안에 우리는 산업화를 이룩하고 개발도상국이 되었다. 이것을 '한강의 기적'이라며 세계 사람들이 놀랐고 우리들 자신도 스스로 놀라 흥분하고, 열광하고, 성취감에 도취되기도 했다. 이러한 흥분과 자만이 잘못된 것이었다. 이것 때문에 결국 1990년대 IMF관리체제와 경제적 위기를 맞게 된 것으로 본다.

그러면 무엇 때문에 30년 짧은 기간 내에 산업화를 달성할 수 있었을 것인가? 산업화에 성공한 후의 평가는 '교육'이 밑에서 지원해 줬기 때문이었다는 것이다. 우리의 교육이 그런대로 산업사회 시대에는 알맞았던 셈이다.

우리의 교육은 산업사회의 공장모델이었다. 먼저 적은 돈과 시설, 인력을 가지고 대량 교육을 했다. 1960년대 필자가 초등학교 교사일 때 필자의 반에 88명까지 있었던 것으로 기억된다. 서울 시내 어떤 변두리 학교에서는 4부제에 한 학급에 120명의 학생이 있었다고도 한다. 일주일에 32시간(40분 1시간) 8개 교과를 가르쳤었다. 지금은 수업일수, 학교에 머무는 시간, 교육과정의 양, 지식의 양, 교과목 수 모두 양적으로는 세계적으로 제일 많다고 볼 수 있다.

둘째, 고도로 분업식이고 조립식이었다. 유치원－초－중－고교가 연계되거나 협동이 없었다. 학년 간, 학급 간 연결과 협동이 안 되었다. 지식을 파편조각으로 나누어 가르치고는 학생들 보고 이들 지식을 조합하여 스스로 전인(全人)이 되라고 한 셈이다.

셋째, 공장에서처럼 고도로 중앙집권적이고, 통제식이고, 지시적이고, 표준화, 평균적이고, 정형화·획일화 교육이었다. 개별화, 다양성, 선택의 기회를 보장할 수 없었다.

넷째, 실증주의 철학에 의하여 경험적으로 증명할 수 있는 것만 믿을 수 있는 지식이라고 했다. 객관화, 계량화, 측정, 시험이 강조되었다.

기타 모든 교육활동과 학교활동이 공장식과 같았다고 봐야 한다. 1960년대－1970년대에 우리의 중등교육이 팽창하고 우리의 정책지원이 중등교육 분야에 집중되어서 우리는 이때를 중등교육의 연대라고 부른다. 1980년대는 고등교육이 팽창하여 고등교육의 연대라고 하고 현재 고등교육 인구는 해당 연령인구의 78%다.

우리는 이 산업시대에 물질을 많이 얻고 GDP의 상승을 보았다. 반면에 우리는 잃은 것도 많다. 물질을 얻는 대신 한국인의 정신을 잃었다. 전통적 가치관과 규범이 파괴되고 윤리도덕이 무너졌다. 더불어 권위도 사라졌다.

4. 한국교육의 고민

1990년대부터 우리나라의 기운이 내리막길을 걷기 시작했다. 1988년 국제올림픽을 할 때가 한국의 기운은 절정이었다고 본다. 민주화를 한다고 나라의 기강과 질서가 무너지기 시작했다. 민주주의 리더십이 군사정권의 리더십을 슬기롭게 대체하지 못했기 때문이다. 산업화로부터 지식정보사회로 잘 전환하지 못했기 때문이다. 우리는 아직 산업사회의 사고와 구조, 문화에서 벗어나지 못한 채 21세기의 문턱을 넘고 말았다.

그래서 지금 한국교육에서는 교실 붕괴 현상이 나타나고 있다. 과거에는 교사가 학생을 통제할 수가 있었는데, 지금은 교사가 학생을 통제하지도 못하고 학생 스스로가 자신을 통제하지도 못하고 있다. 우리가 짧은 시간에 갑자기 산업화했던 것처럼 갑자기 학교가 무너지고 있는 것이다.

거기다가 교육개혁을 한다고 중앙집권적, 획일적, 하향식 접근을 하고 있어서 개혁을 확실하게 하지 못한 상태에서 우리 교육의 뿌리가 흔들리는 데 문제가 있다. 교육개혁을 한다고 경제논리, 정치논리로 교육을 접근하는데 한국교육은 중심을 잃고 표류하고 있다.

근본적으로 우리 교육의 고민은 산업사회 공장모형으로부터 지식정보사회, 문화예술사회, 인본사회에 알맞은 21세기형 모델로 변혁하지(transformation) 못한 데 있다.

21세기형 교육을 위해서는 먼저 우리의 교육을 인간화(humanization)하고 개별화교육(personalized education), 인성교육(character education)을 강조해야 한다. 둘째, 분량과 평등으로부터 질의 교육을 지향해야 한다. 셋째, 분업교육, 파편지식교육으로부터 통합교육의 방향으로 가야 한다. 관계성, 협력, 팀 접근을 해야 한다. 넷째 효과성, 효율성, 중앙집권 관료제, 획일화, 표준화로부터 다양성, 개별화, 선택의 자유가 보장되도록 해야 한다.

　지금까지 한국교육의 어두운 면이 많이 부각되었는데 밝은 면도 많이 있다. 무엇보다도 우리는 교육을 중시한 교육열이 높은 나라다. 지식정보사회에서는 '지식정보'를 기업이 공장에서 만들어 내는 것이 아니라 학교에서, 교육에서 만들어 내기 때문에 근본적으로 지식정보사회는 교육열이 높은 한국에게 매우 유리하다. 다만 교육방법만 지식정보사회에 맞게 고치면 된다.

　우리는 가능한 한 빨리 경제위기를 극복하고 교육에 투자하여야 하고 우리의 높은 교육열을 지식정보사회의 방향과 목적에 맞게 아낌없이 쏟아부어 새로운 교육의 시대를 위하여 지도력을 발휘해야겠다.

한국교육의 딜레마

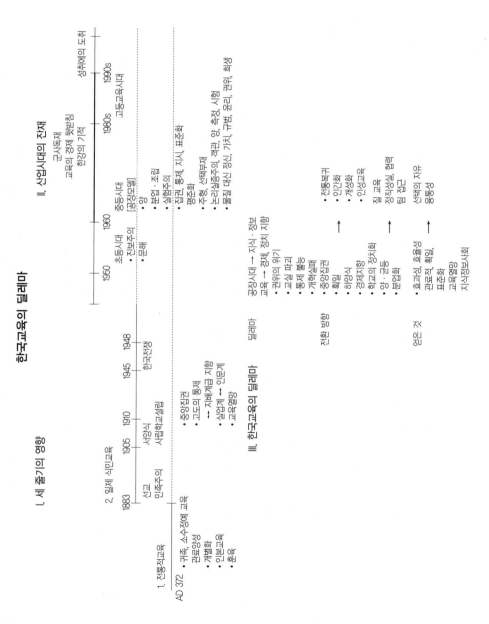

참 고 문 헌

정태범(2000). 교장의 양성체제, 한국교사교육 제17권 3호, 한국교원교육학회.

주삼환(1997). 변화하는 시대의 장학, 서울: 원미사.

주삼환(1999). 교육행정강독, 서울: 원미사.

주삼환(2000). 지식정보화사회의 교육과 행정, 서울: 학지사.

주삼환(2000). 학교장직의 전문성과 연임제, 초등교육 여름호, 한국초등교장협의회

천세영(1999). 정보사회교육론, 서울: 원미사.

Banathy, Bela H.(1991). *Systems Design of Education*, Englewood Cliffs, N.J.: Educational Technology Publications.

Beach, Don M. and Judy Reinhartz(2000). *Supervisory Leadership: Focus on Instruction*, Boston: Allyn and Bacon.

Beare, Hedley and Slaughter, Richard(1993). *Education for the Twenty-First Century*, London: Routledge

Drake, Thelbert L. and William H. Roe(1999). *The Principalship* 5th ed., Columbus, Ohio: Merrill.

Glatthorn, Allan A.(1994). *Developing a Quality Curriculum*, Alexandria, VA: ASCD.

Liberman, Myron(1995). *Public Education: An Autopsy*, Cambrige, Massachusetts: Havard University Press.

Maehr, Martin L. and Midgley(1996). *Transforming School Cultures*, Boulder, Colorado: Western Press.

Marsh, David D.(1999). *Preparing Our Schools for the 21st Century*, Alexandria, VA: ASCD.

Phi Delta Kappa(1996). *Do We Still Need Public Schools?*, Bloomington, IN: P.D.K.

Schlechty, Phillip C.(1991). *Schools for the Twenty-First Century*, San Francisco: Jossy-Bass Publishers.

Sergiovanni, Thomas J.(2001). *The Principalship: A Reffective Practice Perspective* 4th ed., Boston: Allyn and Bacon.

Seyfarth, John T.(1999). *The Principal: New Leadership for New Challenges*, Columbus, Ohio: Merrill.

Walling, Donovan R.(1995). *At the Threshhold of the Millenium*, Bloomington, Indiana: P.D.K.

〈부록 4〉 무명교사 예찬

- Herry Van Dyke/ 오천석 역

나는 무명교사(無名教師)를 예찬하는 노래를 부르노라.
전투에 이기는 것은 위대한 장군이로되
전쟁에 승리를 가져오는 것은 무명의 병사로다.

새로운 교육제도를 만드는 것은 이름 높은 교육가로되
젊은이를 올바르게 이끄는 것은 무명의 교사로다.

그가 사는 곳은 어두운 그늘
환란을 당하되 달게 받도다.

그를 위하여 부는 나팔 없고
그를 태우고자 기다리는 황금의 마차는 없으며
그의 가슴을 장식할 금빛 찬란한 훈장도 없도다.

묵묵히 어둠의 전선을 지키는 그.
무지와 우매의 참호를 향하여 돌진하는 어머니.
날마다 날마다 쉴 줄 모르고
청년의 원수인 악의 세력을 정복하고자 싸우며
잠자고 있는 정기를 일깨우도다.

게으른 자에게 생기를 불어넣어 주고
하고자 하는 자를 고무하며

방황하는 자에게 안정을 주도다.

학문의 즐거움을 가르치며
지극히도 값있는 정신적 보물을
젊은이들과 더불어 나누어 가지도다.

그가 켜는 수많은 촛불.
그 빛은 후일에 되돌아와 그를 기쁘게 하나니
이것이야말로 그가 받는 보상이로다.

지식은 책에서 배울 수 있으되
지식을 사랑하는 마음은 오직 서로의 접촉에 의해서만
얻을 수 있는 것이로다.

나라 안을 두루 살피되
무명의 용사보다 더 찬사를 받아 마땅할 사람이 어디 있으랴.
민주사회의 귀족적 반열에 오를 자, 그 밖에 누구일 것인고,
자신의 임금이오,
오, 인류의 종복인저!
그의 이름은 무명의 교사로다!

〈부록 5〉 교사의 기도

– 오천석(교육학자, 1901~1987)

주여 저로 하여금 교사의 길을 가게 하여
주심을 감사하옵니다.
저에게 이 세상의 하고많은 일 가운데서
교사의 임무를 택하는 지혜를 주심에 대하여
감사하옵니다.
언제나 햇빛 없는 그늘에서 묵묵히 어린이의
존귀한 영을 기르는 역사에 참여할 수 있는
기회를 주신 데 대하여 감사하옵니다.

주여, 저는 이 일이 저에게
찬란한 영예나 높은 권좌나 뭇 사람의 찬사나
물질적 풍요를 가져오지 않을 것을 잘 알고,
지루하게도 단조로우며 뼈에 사무치게도 외로운 것임을
잘 알고 있사옵니다.

제가 차지하는 사회적 지위를 천시하면서도
제가 완전하기를 기대하는
지난(至難)한 것임도 잘 알고 있사옵니다.

때로는 찢어지게 가난한 낙도에서,
때로는 다 찌그러진 몇 개의 단칸 초가밖에 없는
산촌에서 무지와 싸워야 하는

노역(勞役)임도 잘 알고 있사옵니다.

그럼에도 불구하고 이 길을 베풀어 주신
주의 은총을 감사하옵니다.

이 길만이 사람의 올바른 마음을 키우고
우리 사회와 나라를 번영으로 이끌며
인류를 구원할 수 있는 것임을 깨닫게 하신
주의 천혜(天惠)를 감사하옵니다.

주여, 그러나 저는 저에게 맡겨진 이 거룩하고도
어려운 과업을 수행하기에는
너무도 무력하고 부족하며 어리석습니다.

갈 길을 찾지 못하여 어둠 속에서 방황할 때
저에게 광명을 주시어 바른 행로를 보게 하여 주시고,
폭풍우 속에서 저의 신념이 흔들릴 때
저에게 저의 사명에 대한 굳은 믿음을 주시어
좌절하지 없게 하여 주옵소서.

힘에 지쳐 넘어질 때
저를 붙들어 일으켜 주시고,
스며드는 외로움에 몸부림 칠 때
저의 따뜻한 벗이 되어 주시며,
휘몰아치는 슬픔에 흐느낄 때
눈물을 씻어 주옵소서.

세속의 영화와 물질의 매력이 저를 유혹할 때
저에게 이를 능히 물리칠 수 있는 용기를 주시고,
제가 하고 있는 일에 의혹을 느낄 때
이를 극복할 수 있는 총명과 예지를 주옵소서.

주여, 저로 하여금 어린이에게 군림하는
폭군이 되지 않게 인도하여 주옵소서.
제가 맡고 있는 교실이 사랑과 이해의 향기로
가득하게 하여 주시고,
이로부터 채찍과 꾸짖음의 공포를 영원히
추방하여 주옵소서.
모른다고 꾸짖는 대신 동정으로 일깨워 주게 하시고,
뒤떨어진다고 억지로 잡아끄는 대신
따뜻한 손으로 제 걸음을 걷게 하여 주옵소서.

길을 잘못 간다고 체벌을 주기에 앞서
관용으로 바른 길을 가르치게 하시고,
저항한다고 응징하기에 앞서
애정으로 뉘우칠 기회를 주도록 도와주옵소서!

주여, 저로 하여금
혹사자가 되지 않게 하시고
언제나 봉사자가 되게 하여 주옵소서.
저로 하여금
젊은이의 천부적 가능성을 충분히 발휘할 수 있는
기회와 풍토를 마련해 주는 협조자가 되게 하시고,

억압이나 위협으로
자라 오르려는 싹을 짓밟는
포학자가 되지 않게 하여 주옵소서.

저로 하여금 모든 어린이를 언제나 신성한
인격으로 대하게 하시고,
그들에게도 그들이 살아갈 권리와
생활과 세계가 있음을 잊지 않게 하여 주옵소서.

그들은 성인의 축소판도 아니고
그의 완성물도 아니고,
저의 명령에 맹종해야 하는
꼭두각시도 아님을
항상 기억하고 있게 하여 주옵소서.

주여, 저로 하여금 교사라 하여 어린이의 인격과
자유와 권리를 유린할 수 있는 특권이 있는 것으로
착각하지 않게 하시고,
교사의 자리를 이용하여 어린이를
저의 목적을 달성하기 위한 수단으로 쓰지 않게 하시고,
의견을 무리하게 부과하는 대상물로
삼지 않게 하여 주옵소서.

교사의 임무는 어디까지나 어린이의 올바른
성장을 돕는 협력자요 동반자임을
잊지 않게 하시고,

그의 올바른 성장이 곧 저의 영광임을
기억하게 하여 주옵소서.

주여, 저로 하여금 현재 제가 지키고 있는
어린이들이야말로 장차 우리나라의 기둥이요,
우리 민족의 계승자임을 거듭 깨닫게 하여 주시고,

그럼으로써 저는 그들을 아끼고 소중히 여기며
그들을 도와 올바르게 키워야 할 막중한 책무가
저에게 있음을 의식하게 하여 주옵소서.

저로 하여금 오늘 제가 행하고 있는 일이
장차 어린이들의 생활과 행복을 좌우하고,
우리나라와 겨레의 운명을 결정하는
중대한 요인이 될 것임을 마음속에 깊이깊이
간직하게 하여 주옵소서.

주여, 저에게 힘과 용기를 주시어
십자가를 능히 질 수 있게 하시고,
저를 도우시어
긍지를 느낄 수 있는 스승이 되게 하여 주옵소서.

〈부록 6〉 배움을 사랑하는 사람들을 위하여

- 주삼환, 2009년 2학기 충남대 평생교육원 종강 연설

저는 공부하겠다고 대학원에 오신 여러분을 좋아하고 진심으로 존경합니다. 저도 어렵게 공부했고, 또 배우고 공부하기를 좋아하기 때문입니다. 알리스 로든이란 사람은 배움에 대하여 이렇게 이야기합니다.

1. 배움은 빠를수록 좋습니다.
2. 배움에 목말라야 합니다.
3. 배움과 지식에는 끝이 없습니다.
4. 배움과 마음의 창고는 완전히 채울 수 없습니다.
5. 배움은 바로 기쁨이어라.

1. 배움은 빠를수록 좋습니다.

인간의 교육은 빠를수록 좋다는 것입니다. 미국에서는 얼마 전까지 5세에 교육을 시작하는 것이 너무 늦다고 했습니다. 그런데 우리나라에서는 "세살 버릇 여든까지 간다."고 하여 3세 이전의 교육을 강조했습니다. 에릭슨이란 사람은 3개월에서 세 살까지의 기간을 인간에 대한 신뢰감을 형성하는 '결정적 시기(critical period)'라고 하여 강조했습니다. 아이들은 두 살이 되기 전에 말하고, 걷고, 조심하고, 수의 기초와 읽기의 의미를 알고, 대상물을 구별하고, 다른 사람과 나누고 협조하는 법을 배운다는 기적 같은 사실을 생각해 보십시오.

우리 조상들은 지식정보사회가 도래할 것을 예측하기라도 하였는지 태어나기 전부터 교육을 시작했습니다. 태어나기 전부터 교육을 시작한다는 것은 아이들은 태어나기 전부터 배울 수 있다는 뜻입니다. 그런데 저는 태

교를 시작했다는 사실보다 우리 조상들은 어머니 배 속에 있는 아이도, 임신하는 순간부터 한 인간으로 생각했다는 인간존중, 생명존중 사상을 더 높이 받들고 싶습니다.

어떤 교육학자는 임신한 엄마가 아기가 태어나기 전에 아기교육을 하려고 한다면 이미 늦었다고 충고합니다. 결혼이나 임신 전부터 교육을 계획해야 한다는 뜻일 것입니다.

이런 충고를 얼마나 받아들일지 모르겠으나 최소한 가능한 한 아기를 낳자마자 아기에게 책이나 읽기를 소개하고 도입하는 것이 이롭다는 것입니다. 유태인들은 책에다 꿀을 발라 놓아서 아기들이 책을 빨며 자연스럽게 책을 좋아하고 친해지도록 만든다는 것입니다.

예능이나 외국어도 가능한 한 빠를수록 좋다는 것을 여러분이 더 잘 알 것입니다. 그러나 늦었다고 할 때가 빠르다는 사실을 잊지 마십시오. 새로운 것에 도전하는 여러분, 여러분들에게는 지금 이 순간도 배움에는 빠른 것입니다.

지금 이 자리에 와서 공부하려고 생각도 해 보지 않은 사람에 비하면 여러분은 배움에 아주 빠르다는 사실을 알아야 합니다.

2. 배움에 목말라야 합니다.

배움에 배부르면 배울 수가 없습니다. 우리 모두는 시한부 인생을 삽니다. 어려서, 젊어서는 배움에 배불러 하다가, 살아갈 날이 좁혀 오면서 배움에 목말라 하는 경우가 있습니다. 또 배울 기회가 많이 주어졌던 사람보다 배울 기회를 상실했던 사람들이 더 배움에 배고파하는 경우가 많습니다.

83세 할머니가 평생교육원에서 일본어 과정을 성공적으로 마치고, 70세 할아버지가 영문과 한문과 학부에 입학하여 공부했습니다. 지방의 한 교수님은 교수로 정년퇴임하고 박사학위를 두 개나 가지고 있으면서 70

대에 새로운 분야에 또 박사학위에 도전하여 성공하셨다고 합니다. 그분을 본받고자 하는 한 대학교수님이 경영학 박사학위를 가지고 있으면서 충남대학 교육대학원 교육행정 전공 석사과정에 들어와 저와 같이 공부한 적이 있습니다. 이분들은 공부와 학위를 액세서리로 생각한 것이 아닙니다. 어떤 분은 자기 병이 돌이킬 수 없는 암이라는 사실을 알면서도 박사학위 논문을 기어이 마무리 짓고 말았습니다. 조지 레비스 박사는 교수로 정년퇴임하고, *World Books*라는 잡지의 편집장을 지내고, 낙농 일을 하다 퇴임하고, 70세에 스페인어 공부를 하고, 80세에 오르간 연주를 배우고, 84세에 Phi Delta Kappa의 교육재단 설립에 그가 가진 모든 것을 바쳤고, 89세에 돌아가셨는데 11년 후 100세 탄신 기념회에 그를 따르는 많은 사람들이 모여들었습니다. 이런 사람들은 "자신이 앉아 쉬지 못할 나무를 심습니다. 그러나 우리가 그들이 심은 나무 그늘에서 즐기며 쉬게 됩니다."

시청각 교육에서 많이 인용되는 에드거 데일 박사는 65세에 대학교수에서 퇴임하고도 월요일에서 토요일까지 하루도 빼놓지 않고 연구실을 지켰고, 학회나 강의, 발표장에서는 캐묻기를 좋아하고 끝없이 질문하기로 유명했다는 것입니다. 이분은 82세에 돌아가셨는데 죽을 때까지 파킨슨병에 걸렸음에도 불구하고 공부하고, 연구하고, 책 쓰기를 하여 돌아가시기 수개월 전까지 4권의 책을 출판했다는 것입니다. "사람은 짧은 지팡이로 먼 미래를 다 탐구하지 못합니다. 최고의 우수성을 발휘하기 위해서는 시간이 필요합니다."(2004년까지 미국 Ohio State University의 교육대학에는 Dale센터가 있었습니다.)

저의 대학원 은사님 한 분은 대학교수로 정년퇴임한 후에도 꼭 출근을 합니다. 흰 와이셔츠를 입고 넥타이를 매고 양복을 입고 가방을 들고 사모님과 인사를 나누고 출근을 합니다. 어디로 출근하는지 아십니까? 건넌방 서재로 출근을 하는 것입니다. 도시락을 싸 가지고 가시기도 하시고 도시락을 시켜 먹기도 합니다. 그리고 퇴근시간에 맞춰 퇴근하시고 사모님께 잘 다녀왔다는 인사를 합니다. 정년퇴임 후도 계속 책을 내시고 학회에 나가서 발표를 합니다.

저도 초등학교 교사를 하다가 박사가 되고 교수가 되면 손에서 책을 놓을 줄 알았던 돌아가신 어머님께서는 "너는 언제 공부가 끝나느냐?"고 하시던 말씀이 아직도 생생합니다. 저의 아이들은 공부하는 아빠의 뒤통수 모습만 보고 자랐습니다. 그래서 제가 빈둥빈둥 놀면 오히려 저를 혼냅니다. "아빠, 공부 좀 하세요."(졸저, 『우리의 교육 몸으로 가르치자』 책 안에 있는 한 제목)라고 말입니다.

육체적 식사도 해야 하지만 우리는 정신적 물도 마시고 식사도 해야 합니다. 정신적 양식, 배움에 목말라 해야 합니다. 정신적 식사에 목 타야 합니다.

3. 배움과 지식에는 끝이 없습니다.

돈이나 자연자원이나 시간의 공급에는 끝이 있고 한정이 있지만, 배움과 지식의 공급에는 끝이 없고 제한이 없습니다. 배움과 지식에는 "이만 하면 됐다."는 것이 없습니다. 아무리 퍼 넣어도 끝이 없습니다. 이 세상엔 영원히 마르지 않는 지식의 샘이 있습니다. 퍼 마셔도 퍼 마셔도 마르지 않는 지식의 샘입니다. 물, 물, 물, 물을 달라. 한 방울의 물이라도 더 마셔야 할 지식의 물을 달라. 우리가 다 마셔 말려 버릴 수 없는 지식의 샘이 있습니다. 계속 마시기 위해 도전해야 합니다.

4. 배움과 마음의 창고는 완전히 채울 수 없습니다.

지식의 샘에 바닥이 없듯이 신은 우리에게 지식을 받을 수 있는 마음의 그릇을 주셨습니다. 언제나 더 채워야 할 여지가 남아 있습니다. 더, 더, 더, 배우고 채워야 할 여지가 남아 있다는 것을 생각해 주십시오. 평생 공부하셔서 속 찬 남자, 속 찬 여자가 되어 주십시오.

5. 배움은 바로 기쁨이어라.

알지 못하던 어떤 새로운 것을 알게 되고 배우게 된다는 것은 바로 흥분과 열광, 희열 그 자체입니다. 이 세상 모든 사람들은 특별한 어떤 느낌을 좋아합니다. 특별하다는 것은 곧 아무도 모르는 어떤 것을 알게 되는 황홀경을 경험하는 것입니다. 우리가 배운다는 것이 단지 다른 사람이 발견해 놓은 사실이나 주어 담는 것에 그친다면 더 빨리, 더 좋게 치우는 진공청소기에 불과할 것입니다. 새로운 것을 얻고, 만들어 내야 할 것입니다. 배움의 과정은 치통처럼 나 혼자만의 것입니다.

매일 어떤 새로운 것을 배운다는 것은 우리가 사랑하는 축제나 잔치와 같고 하프와 춤, 의상과 패션의 변화, 따뜻한 목욕, 달콤한 사랑, 곤한 잠과 같습니다. 아니 이 모든 것보다 좋습니다. 배움은 병든 정신을 치료하고, 마비된 신경을 고치고, 권태를 흥분과 열광으로 바꿔 줍니다. 배움이란 해돋이나 해넘이를 보는 것보다 더 새로운 기분을 갖게 하고, 토요일 밤 목욕보다 더 산뜻한 기분을 줍니다.

유감스럽게도 이 세상 모든 사람이 다 지식의 샘으로부터 지식을 다 마실 수는 없습니다. 여러분처럼 마시고자 하는 사람만이 지식의 샘물을 퍼마실 수 있는 것입니다. 생을 낭비하는 사람은 배움으로부터 조기 퇴직하는 사람입니다. 직장에서의 퇴직은 있어도 배움에는 정년도, 퇴직도 없습니다. 지식의 창고는 결코 비워 둬서는 안 됩니다. 배움의 용량에는 경계나 제한이 없습니다. 배움의 포대자루는 무한정 들어갑니다.

배움의 포대자루, 배움의 배를 마음껏 가득 채우십시오. 배움의 기간을 흔히 "요람에서 무덤까지"라고 하는데 우리 조상들은 이를 앞뒤로 무한정 늘렸습니다. 임신에서부터 태교를 했고, 결혼 전, 임신 전부터 아이들 교육을 계획했으며, 무덤에 가신 후에도 비석에 새겨진 대로 "학생(學生)"

으로서 영원히 배운다고 생각했던 것입니다. 끝없이 배우려는 여러분께
격려의 박수를 보냅니다.

    여러분, 이제부터 신선한 배움의 겨울여행을 신나게 떠납시다.

〈부록 7〉 나의 교육고백

- 주삼환, 충남대학교 인문대학 교수연수회 · 정년환송회, 2007. 8. 23.

근무하던 충남대학의 인문대학장이 자꾸 정년퇴임 환송회를 열어 준다고 참석해 달라고 벌써 네 번째 전화를 했다. 나는 쑥스럽고 왠지 부끄러워 정년퇴임 기념식 같은 것은 참석 않는다고 여러 번 선언한 바 있다. 식장에 앉아 있으려면 퇴임하는 사람이 갑자기 훌륭한 사람으로 돌변하는 것을 너무 많이 보아 왔기 때문에 내가 그런 식장에서 찬사를 듣고 앉아 있을 수 없었기 때문에 나 자신은 정년퇴임식 같은 것은 안 한다고 결심했었다. 학장이 네 번씩이나 참석해 달라고 간청하니 학장의 일을 그르칠 수도 없고 하여 얼굴만 보이기로 했으나 귀중한 교수님들이 참석하는데 그래도 한마디 해야 할 것이 아닌가? 그래서 고백 아닌 고백을 하게 된 것이다.

* **教자와 붙어산 지 45년**, 1962년 서울교육대학교에 입학하면서 2007년 8월 정년하는 시간까지 45년 동안 '가르칠 교'자 하나를 붙들고 살아왔다. 뭐 잘났다고 남을 가르치겠다고 달려들었는지 모르겠다. 남을 가르치기 전에 나를 가르쳤어야 하는데 말이다.
* **교육행정의 教行과 함께한 지 약 35년**, 1973년 서울대학교교육대학원 교육행정전공 석사과정에 들어가 교육행정의 교행과 붙어산 지 약 35년이 흘렀다. 35년 뚫었어도 우리나라 교육행정은 문제 투성이다. 주삼환은 그동안 무엇을 했단 말인가? 염치가 없다.
* **충남대의 忠자와 함께한 지 25년 4반세기**, 20세기와 21세기의 두 세기를 살아가는 행복했던 시절을 정리해야 할 시점, 42.195km의 공직 마라톤을 무사히 완주하게 된 것에 감사할 뿐이다.

1. 敎자 생활(45년)은 반성과 후회의 연속. 솔직히 말하여 교 자가 무엇인지도 모르고 먹고살기 위한 출발이었다. 가르치는 일을 좋아하기는 했으나 즐기지 못한 것 같다. 그동안 제자를 충분히 사랑하지 못한 것 같다. 그동안 배울 생각은 안 하고 그저 무조건 남을 가르칠 생각만 한 것 같다. 나 가르칠 생각보다 남 가르칠 생각만 한 것이 문제일 것이다. 내가 가르친 것의 1/10이라도 내가 먼저 실천했더라면 보다 나은 나를 살았을 것이다. 5관을 통한 입력보다 출력이 과도하다 보니 골 빈 생활을 하고 적자 인생을 산 것이 아니가? 최소한 네 개를 보고 듣고 하나를 쏴야(눈2, 귀2: 입1) 깊이 있는 가르침이 되었을 것 아닌가? 가르치지 않고도 배우게 하는 방법은 없었을까? 敎 → 學 → 行으로 연결이 안 됐던 것 같다. 내가 가르친 것을 학생들이 과연 얼마나 배우고 또 나아가 얼마나 실천으로 옮겼을 것인가? 내가 가르친 대로 학생들이 인생을 살지 않는다면 나는 그동안 헛소리를 한 것이 아닌가?

2. 주삼(3)환(H)의 3H. 3H = Head(찬 머리, 이성) → Heart(따뜻한 가슴, 감성) → Hand(날랜 손발, 과감한 행동, 실천), 또는 Heart → Head → Hand에서 Hand로 실천이 안 되면 모든 게 무의미한 것이 아닌가? Head로 가르칠 것인가? Heart로 가르칠 것인가? 몸으로, 핸드 실천으로 가르치자니 어려웠던 것이다. 그러나 확실한 것은 '우리의 교육 몸으로 가르치는 것(나의 책 제목)' 이다. 敎육行정의 敎와 行이 일치하는 敎行[교육과 실천]이 되어야 하는 것이다.

3. 敎行(35년)의 이론과 연구, 실제. 교육행정을 35년 배우고 가르쳤지만 나의 이론이나 학설이 없었으니 나를 교육행정 학자라고 생각하기는 어렵다. 연구도 신통치 않다. 연구다운 연구, 걸작도 없다. 50여 권의 저서, 역서가 있으나 이렇다 할 연구물은 못 된다. 교육행정가로서의 실제 경험도

별로 없으니 교육행정가라고 부를 수도 없다. 학자라고 분류되기도 어렵고 교육행정 실천가(Practitioner)라고 분류하기도 어려운 것이다. 나 자신은 그저 하나의 교육자였다고 불러 줬으면 좋겠는데 제자를 충분히 사랑하지 못했으니 인간적인 교육자였다는 소리는 듣기 어렵게 되었다. 이것도 반성감이다. 국내용 교수로 끝나는 것이 아쉽다. 내 생각 중에는 그래도 국제무대에 내놓을 만한 것이 있었을지 모르는데, 우리말로만 쓰고 가르치다 보니 국내용 교수로 끝나게 된 것이다. 그래도 내 모교 미국 미네소타대학교에서 저명국제동창상(Distinguished International Alumni Award)으로 인정해 준 것은 조금 자랑스럽기도 하고 과분하기도 하다. 내 제자들과 후배들은 외국어도 잘 하니 국제무대로 뻗어나가기를 빈다.

4. 자식교육 = 제자교육 – 잘 하지 못해 반성, 그러나 잘 커 줘서 감사.

첫째, 내 아이들을 전적으로 믿고, 자기 일은 자기가 결정하여 살도록 모든 일을 맡기고, 가능한 한 간섭하려고 하지 않았는데, 이는 지금 생각해도 약간은 잘한 것 같다. 그러나 어린 아이들에게 어려서 너무 큰 부담을 준 것 같아 한편 미안한 생각도 든다. 나는 내 아이들에게 과외도 안 시키고, 학원도 안 보냈다. 그러니 그들이 얼마나 힘들었을 것인가? 나는 내 아이들에게 '공부해라.' 소리를 한 마디도 안 했다. '네 인생 네가 선택하여 살아라.' 내 자식교육의 전부다. 나는 한편 잔인한 아빠였다.

둘째, 가능한 한 아이들 앞에서는 모범을 보이는 체라도 하려고 하였다. 공부하는 체라도. 근검절약, 원칙, 남에게 폐가 안 되게 하려고 하였다. 나는 불신을 받고 무시당하는 것을 제일 싫어했다. 그래서 우리 아이들도 그것을 제일 싫어한다. 우리 아이들과 제자들은 믿음을 먹고 자랐다. 나는 주례의 말을 할 때가 제일 어려웠다. 나는 잘못하면서 새출발의 신랑신부 보고는 잘 하라고 하면 안 되기 때문이었다. 아이들과의 약속을 귀중하게 여기려고 했고, 특히 나와의 약속을 지키려고 하였다. 결심을 변치 않게 하려고 했다. 나는 자식과 제자를 두려워한다. 그래서 어버이날과 스승의 날 꽃을 받을 때가 제일 무섭다.

셋째, 비교적 강인하게 키우려고 했다. 나는 신체적인 건강을 나의 부모님으로부터 받았고, 또 자식에게 물려주려 했다. 딸 셋에게 전문직으로 일해야 차별받지 않고 산다고 어려서부터 가르쳤다. 단련 담금질(discipline 학문도)도 수없이 하려 했다. 겉사랑 아닌 속사랑을 하려고 하다 보니 오해도 받고 사랑을 보여 주지 못했다. 보여 줄 수 있는 사랑은 아주 작다. 나는 나의 이미지 관리에 실패(반성)한 셈이다. 난 척도 했어야 하는데, 나는 제자나 자식을 사나운 사자새끼로 키우고 싶었다.

5. 忠자와의 25년. 난 충남대학에 뿌리내리려 했다(그래서 부임하던 25년 전 1982년 3월 18일에 한 그루 은행나무를 내 연구실 가까이 심었다). 나는 나를 대학교수로 인정해 준 충남대학을 사랑하고 또 수많은 강의와 저작물을 통하여 홍보도 많이 했다. 그러나 충남대로부터 받은 것이 더 많다. 오늘 이 시간도 받기만 하고, 또 영광스럽게 물러나게 해 줘 감사할 뿐이다. 그런데 국가에 너무 충성할 필요는 없다고 본다. 정부는 교육자를 배신으로 몰아치고 있다. 나보고 다시 시작하라고 하면 자신과 가정, 제자들에게 충성하고 싶다.

* 사람들이 자꾸 물어본다. 퇴임 후에 무엇을 할 것이냐고? 나는 대답한다. 아무 계획 없다고. 이제부터 나는 자유인이다. 자유인은 시간적으로 부자이다. 그동안 원 없이 강의·강연도 했고, 원 없이 글도 책도(50여 권) 썼고, 불이익을 감수하면서도 원칙에 어긋났다고 생각하는 것을 원 없이 비판도 했다. 그동안 박수도 많이 받았고 칼럼을 읽고 시원했다는 소리도 많이 들었다. 반면 특정집단에서는 나를 많이 미워했을 것이다(이 점에서는 아쉬움 없다). 앞으로는 몰라도 그동안 행복했고, 또 지금도 행복

하다.

나에게 더 활용할 가치가 남아 있고, 또 쓸모가 있다고 하는 곳이나 사람이 있다면 그곳, 그 사람을 위해서 일할 것이다. 그러나 무료해서, 시간 보내기 위해서, 내 이익을 챙기기 위해서 억지로 일하지는 않을 것이다. 그럴 시간이 있다면 나를 위해 밀린 운동이나 할 것이다. 나를 필요로 하는 곳에 내가 있어야 한다. 정년을 해도 교육의 敎와, 교육행정의 敎行, 교육과 실천의 敎行, 충남대의 忠을 영원히 떠나지는 못할 것 같다. 45년, 35년, 25년 있었던 그 근처를 영원히 맴돌게 될 것 같다. 나와 인연을 맺었던 그곳 커뮤니티의 사람들, 아마 여러분들이 더욱 그리울 것이다.

여러분 고맙습니다. 많은 빚을 지고 갑니다. 忠과 여러분의 건강과 행운을 빕니다.

〈부록 8〉 춤을 추어야 하나

– 졸저 '우리의 교육 몸으로 가르치자' 2005. pp. 166-172

음악에 맞지 않는 춤, 추고 싶지 않은 억지 춤은 이제 그만 춰야겠다.

춤을 추려거든 음악(교육목적)에 맞는 춤,

마음에서 우러나는 신나는 춤을 춰야겠다.

젊은이들과 함께 생활하는 나로서는 젊은이들을 이해하고 그들과 같이 호흡하고 싶어서 사정이 허락하는 한 젊은이들의 모임에 나가 어울리고자 한다.

이러한 젊음이들의 모임에는 대개 노래와 대화, 때로는 춤도 따르게 된다. 이때 흔히 나도 노래나 춤을 지명받게 되는데 노래와 춤을 잘 못하는 처지인 나로서는 이러한 지명이나 차례에서 피하고 싶으나 피할 길이 없다.

말이 지명과 차례이지 거의 강요와 강제를 당하고 있는 것이다. 못한다고 다음 차례로 넘어가자고 하면 나의 약점을 알아차린 젊은이들은 나를 기죽이기라도 하려는 듯이 목청 높여 더욱 강요한다.

때로는 강의실에서 당한 것을 이런 자리에서 보복이라도 하려는 듯이, 마치 내 틀리고 못하는 모습을 보고 놀리고 즐기겠다는 태도로 더욱 강력하게 요구해 온다. 이렇게 되면 웬만한 강심장이 아닌 이상 억지 춤과 억지 노래를 부르지 않을 수 없다.

왜 나는 노래와 춤을 못할까? 책과 노트로 나의 생활 전부를 보내 버려서일까? 책과 노트를 붙잡고 사는 인생이어서 혹시 음정과 박자는 못 맞춘다고 인정하더라도 왜 노래 가사마저 외우거나 기억하지 못하는 걸까? 다른 것은 잘도 외우면서……

춤은 왜 또 못 추는 것일까? 적당히 흔들거나 발을 옮겨 놓으면 될 것도 같은데 그런 것도 못하다니……. 하여간 나는 젊은이들의 모임에 나갈 때마다 노래와 춤 때문에 부담감을 갖게 된다.

억지로 노래를 부를라치면 그들의 박자를 도저히 맞출 수가 없다. 못 추는 춤을 억지로 추기도 어려운데 음악이나 장단이 갑자기 바뀌면 더욱 곤란에 빠지게 된다. 때로는 여러 사람이 자기 음악과, 자기 장단에 맞춰 춤을 추라는 요구를 하기도 한다.

나는 좋아하지 않는 음악과 장단에 억지로 맞춰 꼭 춤을 추어야만 하는가? 누구의 장단에 맞춰 춤을 춰야만 하는가? 내 멋대로 흔들어 대거나 아예 춤을 안 출 수는 없을까?

모임의 구성원이라면 무엇인가 자신의 몫을 해내야 하겠는데 노래와 춤의 몫을 제대로 해내지 못하니 고민이 아닐 수 없다.

교육자들에게 때로는 맞지 않는 정치장단에 춤을 추라고 한다. 자유당 시절에는 선거철만 되면 가정방문을 나가라고 했던 것 같다. 그 후에는 어떤 때는 유신을 찬양하는 춤을 추라고 했다. 보리혼식 노래도 부르고 도시락 검사도 했다. 그런데 이제는 쌀밥 찬양가를 불러야 할 판이다. 반장 선출과 투표제를 없애고 임명하라고도 했었다.

교사들은 중공 오랑캐라고 교과서대로 열심히 가르쳤는데 중공오랑캐가 어느 날 갑자기 국빈대접을 받기도 했다. 이제 북한괴뢰군(정권)은 어디에 처박혔는지 모르게 됐다.

그 좋은 새마을 운동은 다 어디로 가고 새마을 주임은 무엇해야 하나? 때로는 배당받은 인원수만큼의 교사를 무조건 잘라 내기도 해야 했다.

많은 교직자 중에는 정치 장단에 억지 춤을 추었겠지만 상부의 누군가는 신나는 춤을 추었을 것이다. 그런데 아이들 눈에는 위에서 추는 춤은 안 보이고 자기들을 직접 가르치는 선생님들의 춤사위만 보이게 된다. 세월이 지난 지금 아이들은 선생님이 거짓말을 가르쳤다는 것을 알게 되었을 것이다.

동독의 교사들이 독일 통일 후에 공산주의 찬양론자로부터 자본주의

옹호자로 변신을 해야 하니 아이들 앞에서 무슨 꼴이 되겠는가?

　아이들 앞에서 망신을 안 당하려면 진실만을 가르쳐야 하고, 또 죽지 못해 억지 춤을 추더라도 맹목적이고 맹종적인 광란의 춤은 추지 말아야 할 것이다. 교사는 아이들 앞에, 역사 앞에, 떳떳해야 한다.

　정치 춤 말고도 갖가지 유혹의 춤이 교사를 기다리고 있다. 때로는 돈 같지 않은 돈을 가지고 춤을 추자고 한다. 마음 약한 사람은 춤바람에 넘어가기 쉽다.

　조금조금 춤을 추다 보면 아주 춤에 빠지게 되는 것이 춤의 마력이다. 그래서 한 나라 중앙의 장학사가 아예 입시정답 장사꾼으로 나서게 되기도 한다. 직업을 바꾸지 않고 무허가로 정답장사를 오래 하면 꼬리가 밟히지 않겠는가?

　배웠다는 사람과 높은 사람들은 나쁜 짓을 해도 크게 하고, 배우지 못한 사람과 낮은 사람들은 작게 나쁜 짓을 하는 모양이다.

　학부모들도 교사들 보고 자꾸 춤을 추자고 한다. 초등학교에서 교과 점수를 안 매기면 답답하다면서 졸라 대기도 한다.

　입시위주의 교육도 제도와 교육자와 학부모·사회의 합작 춤이다. (강제적)자율학습과 (정규)보충수업도 학부모와 교사의 짝짜꿍 춤이다. 방학을 주었다가 다시 보충수업으로 뺏는 것은 누구의 장난 춤인지 모르겠다.

　춤꾼들 중에 누구 하나만 철저히 저항하고 반대해도 안 될 춤판을 마음대로 벌이고 있는 것이다.

　어른들이 놀아나는 춤에 아이들만 녹아나고, 녹아나다 못해 어린 젊은 목숨을 끊는데도 어른들은 눈 하나 꿈쩍하지 않는다.

　각급학교의 교육목적이 분명히 따로 있고 국가의 교육과정이 있고 교육부의 시간배당 기준령이 엄연히 있는데, 왜 우리의 교육이 춤을 추고 마치 술 취한 것처럼 춤판에 놀아나야 하는지 알 수 없는 노릇이다.

　교육에 대하여 춤을 추자는 기관도 많다. 경찰서, 소방서, 보건사회부,

선관위, 이루 다 나열할 수가 없을 정도다. 모두가 교육을 시녀쯤으로 알고 춤을 추자는 것이지 정중한 요청을 하는 것도 아니다.

이제 교육에서 춤판은 그만 벌여야 한다. 교육이 중심을 잡고 궤도를 찾아서 제 갈 길을 가도록 해야 한다. 끌려다니고 억지 춤을 추다 보면 교육 본질을 잃어버리고 남의 노리갯감, 우스갯감이 되고 만다.

춤을 추려면 억지 춤을 추지 말고 교육자의 마음에서 우러나는 신바람 나는 춤을 추어야 한다. 신바람 춤은 오히려 바람직한 것으로 불러일으켜야 할 춤이다.

문민정부도 교육이 춤을 춰 주길 기대할 것이다. 그러나 문민정부가 기대하는 춤은 억지 춤이 아니라 신바람 춤이어야 한다.

그런데 지금 상황이 신바람을 일으키기에는 너무나 교육이 주저앉고 말았다. 교사지망생이 하위집단에서 채워지고 있으며, 기성교사와 학교 행정가도 나서서 춤을 추기에는 너무나 푸대접이다. 물질적으로도 푸대접이고 정신적·심리적으로 푸대접에 지쳤다.

장관이 춤을 춰도 교육 관료와 교육개혁위원회가 앞장서서 춤을 춰도 그렇게 쉽지 않을 것 같다. 그동안 춤을 추다 다친 사람이 너무 많다.

교장도 무능력, 권위주의자로 찍혔는데 바보가 아닌 이상 누가 앞장서 춤을 추겠는가? 억지 춤을 춘다고 하다가 오히려 잘못되어 잘릴 확률이 더 높다는 것을 웬만한 사람은 다 잘 알고 있다.

교육개혁위원회가 아무리 개혁하고 싶어도 교사와 교장이 안 움직이면 또 종이만 축내고 말게 될 것이다.

GNP 5%만 교육에 투자하면 세상이 엄청나게 바뀔 것으로 기대하지만 5%가 확보되어도 우리의 교육은 이미 승산이 없다. 우리보다 훨씬 GNP 자체가 많은 나라에서 6~8% 투자해도 국제경쟁력을 잃고 있다고 판단하는 나라들이 있다.

교육의 뒷받침 없는 장사, 기업, 군사, 정치는 밑 빠진 독이고 언 발에 오줌 누기라는 것을 지도자들이 알아야 한다. 두 치 앞도 내다보지 못하는 지도자를 믿고 누가 독무대 신바람 춤을 추겠는가?

장관과 관료만 바쁘게 춤을 추어 가지고는 교육의 질이 올라가지 않는다. 더더구나 교육개혁위원회만 신바람 나가지고는 수십만 교육자를 방관자, 구경꾼으로 만들고 만다. 장관과 관료가 바뀌면 그들이 또 무슨 춤을 추려나 하고 교원들은 호기심을 가지고 구경거리를 기다리게 된다. 장관 자신이 춤을 추려하지 말고 교사들에게 춤을 추게 할 수 있는 동기를 부여해 줘야 한다.

교사들이 반드시 돈만을 요구하는 것은 아니다. 돈이 따라붙으면 더욱 좋겠지만 그들에게 정신적 심리적 존경을 붙여 줘야 한다. 물질도 잃고 정신도 잃은 교원들은 교육무대에서 주인공으로 나서서 춤을 출 기분을 느끼지 못하고 이제 차라리 구경꾼의 자리로 옮겨 앉고 말았다.

신나게 고고나 트위스트를 추다가 음악이 그치고 대부분의 춤꾼들이 자리로 들어가고 블루스 선율의 음악이 흐르고 있는데, 한두 사람이 아직도 음악이 바뀐 줄도 모르고 열심히 고고를 추고 있는 모습을 상상해 보라.

교육자는 보수적 기질이 있기 때문에 시대(음악)가 바뀌었는데도 낡은 춤을 추고 있을 수 있다. 또 새로 나온 춤을 배우기가 바쁘게 돌아가고 있다.

음악에 맞지 않는 춤, 추고 싶지 않은 억지 춤은 이제 그만 춰야겠다. 춤을 추려거든 음악(교육목적)에 맞는 춤, 마음에서 우러나는 신나는 춤을 춰야겠다.

정부와 교육지도자, 교육 행정가는 교사들이 마음에서 우러나 신바람 춤을 출 수 있는 동기와 무대를 마련해 주는 데 초점을 맞춰야 할 것이다.

자리를 차지한 사람들의 춤을 교원들이 구경꾼의 입장에서 즐기게 하지 말고, 교원들이 주인공으로 춤을 추게 교육행정과 정치지도력으로 지원해 주어 교원의 춤바람을 지켜보는 성취의 희열을 맛보게 되기를 기대한다.

〈부록 9〉 89세 미국 할머니 선생님의 정년

– Margaia Fichtner, 2006. 5. 16. 마이애미 해럴드.

할머니 선생님 69년 만에 마침내 정든 교단을 떠나다
–거의 두 선생님 몫에 해당하는 근무를 한 미국 플로리다 주
최장수 공립고등학교 교사가 마침내 교단을 떠나다.–

89세 헤이절 할리(Hazel Haley) 선생은 고급영어반 학생들에게 셰익스피어의 「맥베스」를 가르치고 있다. '굿바이' 미스 할리 선생은 작별 인사를 한다.

2004. 4. 11. 미스 할리 반

레이크랜드고등학교(LAKELAND)

아침 7시 45분, 교실은 아직 깜깜하고 문은 잠겨 있다. 오, 맙소사, 오늘은 할리 선생님이 안 보이네요.

"언제나 선생님은 이 시간이면 교실에 계셨는데……." 층계 근처에 힘없이 서 있는 학생이 말했다. 어제 제일연합감리교회에서 시끌벅적하게 끝난 고별파티의 흥분의 여독에다가 오늘 있을 '맥베스' 연극의 마녀 장면을 가르칠 내용이 합쳐진 때문인가, 어쨌든 불길한 예감이 든다. 그러나 잊어버리자. 그러자 조그맣고 꾸부정한 노인이 모퉁이를 돌아 복도로 들어오기 시작한다.

"난 한 번도 늦어 본 적이 없는데……." 할리 선생이 말똥거리는 눈을 하고 말한다. '나는 5시 10분 전에 일어나, 6시 5분에서 7분 사이에 출근해. 이게 내가 묶어 매 놓은 시간이야. 그런데 오늘은 내가 게으른 사람을

위해 동정심을 발휘하여 6시 30분까지는 문을 안 열려고 해.'

　매 학년말은 의식과 작별의 시기이기는 하지만 레이크랜드고등학교는 요즈음 전근과 작별식으로 깊은 슬픔에 빠져 있다. 우리가 아는 한 플로리다 주뿐만 아니라 미국 전체에서 가장 오래 근무한 공립학교 교사인 89세 헤이절 할리 선생님이 69년 만에 드디어 정년을 맞게 되었는데 이 학교에서만 67년 근무하고 책으로 빽빽하게 채워진 이 핑크색 한 교실만 54년간 사용하였다.

　몇 년 전 플로리다 주의회는 각 교육구청으로 하여금 베테랑 교사의 정년을 유보할 수 있도록 입법 조치를 하였는데 드디어 시간이 흘러 할리 선생이 떠나게 되었다. 네트워크 카메라맨들이 이 역사적인 기록을 담기 위해 여기를 찾아왔다. 할리 선생은 레이크랜드고등학교의 미식축구 '대전함(Dreadnaughts)' 팀을 사랑하는데 금년 국가챔피언을 놓쳤지만 그건 별 문제가 아니다. 이 학교의 진짜 챔피언은 바로 할리 할머니 선생님이기 때문이다.

　'할리 선생님은 내 평생 잊을 수 없는 선생님입니다.' 라고 4학년 트라비스 브리톤 군은 말한다. 이제부터 이 학교에서 모든 게 달라지고 특별한 상황이 전개되게 된다. 할리 선생님을 잃게 된다는 것이다. "우리 학교가 세계 최고의 학교야. 실제 세계에서 이만 한 학교가 없다고 나는 항상 말한다." 수십 년 전 자신이 할리 선생을 초청하기로 결정했던 초대 레이크랜드고등학교 마크 토마스 교장은 말한다. "잘한 일이었지. 학생들은 내년에 할리 선생님이 학교를 떠난다는 사실을 모르고 있다. 학생들은 정말 훌륭한 교육을 받을 수 있었다고 생각해. 학생들은 영국문학에 관하여 맘껏 배웠다고 생각해. 그런데 헤이절은 역시 헤이절이야."

13,500명의 학생들

그동안 헤이절 선생은 이 학교에서 13,500명의 학생을 가르쳤는데 거기에는 플로리다 전 주지사이자 미상원의원이었던 고 로톤 차일스도 있다. 그러나 이번 학기 4학년의 세 고급영어반에는 존경과 사랑을 듬뿍 받는 사람들이 있다.

"나의 매일의 영감은 이들 젊은 학생들과 갖는 만족감과 행복감으로부터 나온다. 생각해 봤어요? 학생들은 나에게 많은 자극과 흥분, 기쁨을 돌려줬어요. 난 매일 그리울 거예요. 내 생애 대부분을 차지하는 내 인생의 전부였어요. 난 이에 의지해 살아왔어요. 어떤 때는 벅찼고 어떤 때는 신통치 않기도 했지만 그게 내 삶의 활력소였어요. 아이들에게서 받은 에너지는 무엇과도 바꿀 수 없어요."라고 할리 선생은 말한다.

오늘의 교재는 맥베스 비극 4막, 그래서 멍청한 눈에다 음산함, 무서운 유령과 살인, 그러나 공부는 항상 문학과 인생 사이에서 자유롭게 빠르게 오간다. "두 번 세 번 하다 보면 여러분의 기대에 어긋나기도 하지만 나쁜 짓도 그게 편안하기도 해져요. 처음 부모님을 속일 때는 불안해지지만 두 번 세 번 하다 보면 익숙해지는 것처럼 말이지요."라고 할리 선생은 말한다.

삶을 가르친다

"할리 선생님은 영어만 가르치는 게 아니에요. 인생에 대하여 가르쳐요." 4학년생 토리 하비가 말한다. 토리의 어머니도 한때 할리 선생의 학생이었다. "할리 선생님은 학생이 선생님에게 특별한 학생으로 생각한다는 것을 알게 해 줘요. 내가 고등학생일 때 내가 어디로 가야 할지 방향을 모르고 방황하기도 했어요. 그때 할리 선생님은 나를 학교에 재미를 붙이게 해 줬어요. 배움을 열망하게 해 줬어요."라고 자기를 할리 선생님의 11세 딸이었다고 스스로 말하는 1987년도 학생 로빈 해리스라는 옛날 제자는 말하였다. 해리스 씨와 그녀의 딸은 500명이 넘는 할리 선생의 팬에 속한다. 할리의 팬 중에는 지역사회 유지, 동료 근로자, 친구, 학생과 동창들, 심지어는 할리 선생의 우편배달부 등이 섞여 있다. 교회에서 열리는 정년 고별파티에 집에서 만들어 온 마실 것과 쿠키를 먹으며 이야기를 나누고 있다. "선생님이 지금까지 나를 기억하고 있어요." 돌아오는 7월에 80세가 되는 1940년 반 학생인 조 켈리가 말하였다. "물론 선생님은 모든 사람에게 그렇게 말씀하시겠지만 아마 정말 모두를 기억하고 있을 거예요. 난 정말 선생님을 잊을 수가 없어요."

정말 할리 선생에 대하여 알아야 할 것이 있어요. 할리 선생님 자신이 이 학교 1933년 졸업생이에요. 할리 선생은 결혼도 안 하고 독신으로 살았지만 선생님이 가르친 모든 학생을 진정 사랑하는 '내 자식들'로 여겼어요. 선생님은 평생 친영국계이며 영국 대처 수상과 영국 여왕으로부터 받은 감사의 편지를 행복한 표정으로 내보일 것이다.

성공적으로 임무를 마친 할리 선생님은 인생이란 작은 기쁨의 연속에 불과하다고 믿는 분이다. 인생행로에는 긴 선택의 끈이 있는데 각각의 선택에는 정확한 결과의 대가가 따른다. 당신의 정년파티를 찍는 비디오에 멋있게 찍히고 싶다면 편집자가 절벽이라고 외치고 매운 거 쏟아 버리라고 하더라도 품위 있게 행동해야 한다. "난 아이들과 함께 있는 게 좋아. 그 하루하루가 내 전 인생이야. 그러나 집에 오면 난 문을 닫고 옷을 벗고 편하게 돌아다니지."

4학년 학생 크리스타 헐베보스는 3년 전에 할리 선생님 반이었는데 집에 올 때마다 이런 이야기를 한다. "아이들은 젊은 선생님들을 좋아하지만 할리 선생님이 젊은 선생님들을 제친다고 한다. 왜 그럴까요? 할리 선생님은 우리들을 아니까요. 나는 할리 선생님을 내가 다니는 대학으로 모셔 가서 계속 배웠으면 좋겠어요."

마지막 수업 날

근데, 크리스타 할 수 없지. 할리 선생님이 마지막으로 정든 교실을 떠날 때 필요한 모든 걸 가져가지는 않을 것 같다. 귀퉁이에 있던 핑크색 곰

인형, 교탁 옆에 걸려 있던 여자용 우산, 영국 국기. 그게 전부겠지. 아마 그것도 안 가져갈지 모르지.

"나는 지금까지 너무나 많은 보상을 받은 사람이야. 그래도 뭐 할 일을 찾아봐야겠지. 세 곳 일자리에서 오라고 해요. 그중 하나를 골라 일해야겠지."

"올라잇, 귀여운 사랑하는 것들. 누구 질문 있어요? 여러분 책을 덮겠어요? 정말 잘했어요. 고마워요. 정말 말도 잘 들어요. 잘 따라 줬어요. 오케이, 귀여운 것들. 잘 있어요. 사랑하는 것들, 바이. 꼬마 녀석들. 바이, 달링. 귀엽지 않아요? 바이."

〈부록 10〉 미국 N.C. 최고령 중학교 교사

- Sherry Youngquist, 2008. 1. 26. 윈스턴세일럼 저널.

미국 노스캐롤라이나 파일럿마운틴에 75세 교사가 가르치고 있다.

노스캐롤라이나 파일럿마운틴—도로시 캘러웨이 선생님은 몇 년 전에 정년을 할 수 있었지만 지금까지 별로 정년을 생각해 보지 않았다. 캘러웨이 선생님은 매일 아침 파일럿마운틴중학교로 걸어가 학생들이 자기에게서 무엇을 필요로 하는가만 생각한다. 어떤 학생은 아마 수학의 비율에 관한 학습을 이해하지 못할지도 모른다. 어떤 다른 학생은 자기에게 맞는 신발을 필요로 하고 있을지도 모른다. 그리고 이 선생님은 그 전날 학급을 혼란스럽게 한 다른 학생을 위해 기도하기도 한다. "난 내가 좋아하지 않는 한 아이를 제대로 가르친 적이 없어. 난 자기방어적이었고 지금까지 그렇게 말해 왔고, 그런 아이를 싫어하고 있어. 그러면 안 되지. 75세, 캘러웨이 선생님은 노스캐롤라이나 주에서 가장 나이 많이 먹은 선생님들 중 한 명이다. 이 선생님은 컴퓨터보다 칠판을 좋아하고 스마트보드와 상호작용 공학 시대에 계속 오버헤드 프로젝터(OHP)를 고집한다. 그리고 교실 중앙에 있는 작은 자기 철제 책상 앞에 앉지 않고 학생들이 수학문제를 푸는 동안 이 학생 저 학생을 옮겨 다니며 살펴보기를 좋아한다. 그리고 빨간 연필을 가지고 다니며 아이들이 푸는 문제를 체크한다. 이 여선생님이 가르치는 7학년 학생들은 백분율을 계산하기 위해 계산기를 사용하지만 종이에 문제를 푼 다음에 답을 확인하기 위해서만 사용하게 한다. 이 선생님의 목소리는 각 음절에 따라 올라가고 내려간다.

"352페이지로 넘기세요. 문제 11과 12, 13번을 풀면 내가 체크할 거예요."

두 아이가 뒤에서 속삭인다. "선생님 여기 있어요. 선생님은 얘기하길 바라지 않는데……." 이야기하는 아이들을 돌아보지도 않고 말한다.

캘러웨이 선생님은 2007~2008학년도가 시작되기 전에 50년 이상 근무한 노스캐롤라이나 7명 교사 중 한 명에 해당된다고 노스캐롤라이나 주교육청 대변인 린다 풀러 씨는 말한다. 다른 선생님들은 정년한 나이다.

캘러웨이 선생님은 1932년 석탄광산 지역에서 태어나 버지니아 서남부 산악지역에서 간호사로 일했다. 6남매 중 장녀로 버지니아 보이세베인에서 고등학교를 졸업하고 간호학교로 가기 위해서 집을 떠났지만 그녀의 고약한 향수병은 그녀를 고향으로 불러들였다. 그녀의 아버지가 교직을 제안하였다.

"아버지는 단지 뭔가 해야 하지 않겠느냐고 말씀하셨어요. 난 교육의 길로 들어섰어요. 뒤돌아 보면, 부모님께 말하지도 않았는데 부모님이 그렇게 하도록 말씀하셨어요. 지금 생각하면 정말 감사할 일이지요."

1952년에 보이세베인에서 교직을 시작했다. 한 달에 182달러를 벌었다. 여름방학에 래드퍼드대학(Radford College)에서 교직 학위를 마칠 수 있도록 허락받았다. 6년 후 노스캐롤라이나로 옮겨 와 윈스턴세일럼(Winston-Salem)에서 가르치기 시작했다. 결혼하고 딸을 하나 뒀다. 1964년 캘러웨이 선생님은 파일럿마운틴 초등학교 교사가 되었다.

그 후 중학교 교사가 되어 계속하고 있다. 2학년에서 8학년까지의 학생들에게 독서, 수학, 그 외 다른 과목까지 가르쳤다. 캘러웨이 선생님의 제자인 마릴린 토마스 학교 데이터관리자, 데니스 로손 교장이 같은 학교 파일럿마운틴중학교에서 함께 근무하고 있다.

"놀라지 말아요. 캘러웨이 은사님은 항상 우리를 즐겁게 해 준 것으로 기억돼요. 실망할 게 하나도 없어요."라고 1969년에 수학을 배운 제자 로손 교장 선생님은 말한다.

세월이 흘러갔다. 아이들은 캘러웨이 선생님보고 성경에 대해서 얘기해 달라고 조른다. 선생님과 학생들이 함께 기도를 한다. 캘러웨이 선생님은 민권운동 시대와 냉전시대를 거쳐 새로운 세기에 이르기까지 가르치고 있다.

세상은 변해 왔고 파일럿마운틴중학교도 세상과 함께 변해 왔다. 오늘날 7학년 소년들은 귀에 이어링을 끼고 있다. 이들은 스마트폰을 사용하고 있다. 캘러웨이 선생님은 너무나 많은 서류처리를 해야 한다. 그 많은 일을 하지만 컴퓨터로 성적을 처리한다. 캘러웨이 선생님의 성경책은 다른 많은 책과 함께 책상 위에 놓여 있지만 교실에서 이것을 읽어 주는 일은 없다.

학생들의 가정생활도 또한 바뀌어 왔다. 학부모들은 자기들이 어렸을 때보다 훨씬 관대해지고, 요즘 아이들은 집에서 별로 동기유발 되어 있지 못한 것 같다고 캘러웨이 선생님은 말한다. 때로는 동기유발 되지 않은 행동이 학교에서 나타난다.

학생들은 캘러웨이 선생님이 공평하게 대해 주는 것을 좋아한다. 12세 7학년 학생 에리카 케네디는 이 세상에서 1주일 동안 어떤 누구와 함께 지낼 기회가 주어진다면 기꺼이 캘러웨이 선생님과 함께 지내고 싶다고 일기에 썼다고 한다.

"캘러웨이 선생님의 한 다른 측면은 쿨한 측면이라고 생각하는데 그러면서도 다른 사람으로 하여금 뭔가 할 수 있게 만들 수 있는 능력이 있는 분이다. 캘러웨이 선생님은 뒷머리에도 눈을 가지고 있는 분 같다."고 케네디 학생은 말한다.

흔히 풍기 문제를 일으키는 학생들은 대개 어떤 형태의 주목을 받으려고 애쓴다고 캘러웨이 선생님은 말한다.

캘러웨이 선생님은 자기가 학교에서 터프하다는 평을 받고 있다는 것을 잘 알고 있다. 그러나 때때로 아이들은 통제불능 상태에 빠지기도 한다. 한 학생이 어느 날 자기 아버지 신발을 신고 학교에 왔다. 그건 눈에 띄게 너무 큰 것이었다. 그걸 보고 캘러웨이 선생님은 그 학생에게 나이키 운동화 한 켤레를 사 주었다. 몇 년 후 그 학생은 캘러웨이 선생님 교실로 장미꽃을 보내왔다.

"지금 당장은 내가 좀 거칠어 보이기 때문에 나에게 감사하다는 표현을 잘 안 하지만 세월이 지난 언젠가는 나에게 감사를 표시해요."라고 캘러웨이 선생님은 말한다.

캘러웨이 선생님은 이른 새벽 4시에 일어나 그날 일을 준비한다. 때로는 밀린 시험지를 채점하기도 한다. 그런 다음 윈스턴세일럼에 있는 집에서 파일럿마운틴에 있는 학교로 운전해서 온다. 아주 자주 6시 40분에 도착하는 첫 출근자가 된다.

"오 예, 침대에서 일어나 두 발로 바닥을 디디고, 하느님께 감사하고, 이제 학교로 출발." 이렇게 말한다. 잠시 숨을 돌리고. "난 정말 아이들을 사랑해." 이렇게 말한다. "문을 열고 걸어 나오는 바로 그날(퇴임일)이 아마 내 생애에서 가장 슬픈 바로 그날이 될 거야. 제발 시간을 좀 더 주시길……."

〈부록 11〉 하버드대학 역대 총장 명단

1636: Harvard College established.(370년 역사, 현 27대 총장 2001 취임, 평균 13.2년 재임), Harvard 졸업생 22/27, Harvard 교수 6/27명,

* 21.Charles William Eliot (1834-1926) Term of office: 1869-1909 (longest presidency in Harvard history). 35세에서 75세까지 40년 총장,

* 9. Edward Holyoke (1689-1769) Term of office: 1737-1769 (died in office on June 1, not long before his 80th birthday, making him the oldest to serve as Harvard President). 80세 근무 중 사망, 최고령 총장.

1. Henry Dunster (1609-1659) Term of office: 1640-1654

   Education: Magdalene College, Cambridge University, England (B.A. 1631; M.A. 1634).

   Professional background: Clergyman, educator.

   Immediate past position: Schoolmaster and church curate in Bury, England.

2. Charles Chauncy (1592-1672) Term of office: 1654-1672 (died in office in February).

   Education: Trinity College, Cambridge University (B.A. 1614; M.A. 1617; B.D.

   [Bachelor of Divinity] (1624).

   Professional background: Greek lecturer at Trinity; vicar to several English churches.

   Immediate past position: Minister in Scituate, Mass.

3. Leonard Hoar (ca. 1630-1675) Term of office: 1672-1675.

Education: Harvard College (A.B. 1650; A.M. 1653);
Cambridge University, England
(M.D. 1671).

Professional background: Ecclesiastical posts in England,
biblical scholarship.

4. Urian Oakes (ca. 1631-1681) Terms of office: Acting President,
1675-1680; President, 1680-1681 (died in office on August 4)

Education: Harvard College (A.B. 1649; A.M. 1652).

Professional background: Ecclesiastical posts in England,
grammar-school headmaster, orator.

Immediate past position: Minister in Cambridge, Mass.

5. John Rogers (1630-1684) Term of office: 1682-1684 (died in
office on July 12)

Education: Harvard College (A.B. 1649; A.M. 1652).

Professional background: Assisted (without ordination) his
brother-in-law William Hubbard's ministry and practiced
medicine (without medical training) on parishioners
in Ipswich, Mass.

Immediate past position: Presumably as above.

6. Increase Mather (1639-1723) Terms of office: Acting President,
1685-1686; Rector (a unique title), 1686-1692;
President, 1692-1701.

Education: Harvard College (A.B. 1656); Trinity College,
Dublin, Ireland (A.M. 1658).

Professional background: Pastor of North (Second) Church,

Boston, Mass.

Immediate past position: As above (Mather continued his Boston pastorate during his 16-year Harvard executive term).

7. John Leverett (1662-1724) Term of office: 1708-1724 (died in office on May 14).

Education: Harvard College (A.B. 1680; A.M. 1683).

Professional background: Lawyer, judge, legislator, provincial envoy.

Immediate past position: Provincial Councilor, Eastern Maine.

8. Benjamin Wadsworth (1670-1737) Term of office: 1725-1737 (died in office on March 27).

Education: Harvard College (A.B. 1690; A.M. 1693).

Professional background: Clergyman. 1728: James Bradley detects stellar aberration, the apparent motion of stars caused by Earth's rotation. This observation provides the first solid confirmation of the Copernican heliocentric theory.

9. Edward Holyoke (1689-1769) Term of office: 1737-1769 (died in office on June 1, not long before his 80th birthday, making him the oldest to serve as Harvard President).

Education: Harvard College (A.B. 1705; A.M. 1708).

Professional background: Clergyman.

Immediate past position: Pastor to a church in Marblehead, Mass.

10. Samuel Locke (1732-1778) Term of office: 1770-1773.

Education: Harvard College (A.B. 1755; A.M. 1758).

Professional background: Clergyman.

Immediate past position: Pastor in Sherborn, Mass.

11. Samuel Langdon (1723-1797) Term of office: 1774-1780

Education: Harvard College (A.B. 1740; A.M. 1743).

Professional background: Clergyman.

Immediate past position: Pastor in Portsmouth, N.H.

12. Joseph Willard (1738-1804) Term of office: 1781-1804 (died in office on September 25).

Education: Harvard College (A.B., 1765; A.M. 1768).

Professional background: Clergyman.

Immediate past positions: Pastor of the First Parish, Beverly, Mass.; first corresponding secretary (1780) of the American Academy of Arts and Sciences.

13. Samuel Webber (1759-1810) Term of office: 1806-1810 (died in office on July 17).

Education: Harvard College (A.B. 1784; A.M. 1787).

Professional background: Clergyman.

Immediate past position: Hollis Professor of Mathematics and Natural Philosophy (Harvard).

14. John Thornton Kirkland (1770-1840) Term of office: 1810-1828.

Education: Harvard College (A.B. 1789; A.M. 1792).

Professional background: Clergyman.

Immediate past position: (Probably) Pastor of New South Church, Boston, Mass.

15. Josiah Quincy (1772-1864) Term of office: 1829-1845.

Education: Harvard College (A.B. 1790; A.M. 1793).

Professional background: Lawyer (with service in the U.S. House of Representatives and the Massachusetts Senate).

Immediate past position: Mayor of Boston.

16. Edward Everett (1794-1865) Term of office: 1846-1849.

Education: Harvard College (A.B. 1811; A.M. 1814); University of Göttingen, Germany (Ph.D. 1817)

Professional background: Clergyman, orator, government official (with service in the U.S. House of Representatives and the Massachusetts governorship).

Immediate past position: U.S. Minister to Great Britain.

17. Jared Sparks (1789-1866) Term of office: 1849-1853.

Education: Harvard College (A.B. 1815; A.M. 1818), Harvard Divinity School (studies, 1818; HDS did not grant degrees at this time).

Professional background: Clergyman, historian.

Immediate past position: McLean Professor of Ancient and Modern History (est. and first held [by Sparks] in 1838, Harvard).

18. James Walker (1794-1874) Term of office: 1853-1860.

Education: Harvard College (A.B. 1814; A.M. 1817), Harvard Divinity School (studies, 1817; HDS did not grant degrees at this time).

Professional background: Harvard professor.

Immediate past position: Alford Professor of Natural Religion, Moral Philosophy, and Civil Polity (Harvard).

19. Cornelius Conway Felton (1807-1862) Term of office: 1860-1862 (died in office on February 26).

    Education: Harvard College (A.B. 1827; A.M. 1830).

    Professional background: Educator (with service on the Massachusetts Board of Education, as Regent of the Smithsonian Institution, and as president of a Boston physical-education society).

    Immediate past position: Eliot Professor of Greek Literature (Harvard).

20. Thomas Hill (1818-1891) Term of office: 1862-1868.

    Education: Harvard College (A.B. 1843; A.M. 1846), Harvard Divinity School (completed studies, 1845; HDS did not grant degrees at this time).

    Professional background: Clergyman, mathematician, educator.

    Immediate past position: President of Antioch College, Ohio.

21. Charles William Eliot (1834-1926) Term of office: 1869-1909 (longest presidency in Harvard history).

    Education: Harvard College (A.B. 1853; A.M. 1856).

    Professional background: Chemist.

    Immediate past position: Professor of Analytical Chemistry (M.I.T.).

22. A(bbott) Lawrence Lowell (1856-1943) Term of office: 1909-1933.

    Education: Harvard College (A.B. 1877), Harvard Law School

(LL.B. 1880).

Professional background: Harvard government professor.

Immediate past position: Eaton Professor of the Science of Government (Harvard).

23. James Bryant Conant (1893-1978) Term of office: 1933-1953.

Education: Harvard College (A.B. 1913, as a member of the Class of 1914).

Harvard University (Ph.D. 1916).

Professional background: Chemist.

Immediate past position: Sheldon Emery Professor of Organic Chemistry (Harvard).

1950-53: The Korean War.

24. Nathan Marsh Pusey (1907-2001) Term of office: 1953-1971.

Education: Harvard College (A.B. 1928), Harvard University (A.M. 1932; Ph.D. 1937).

Professional background: College president.

Immediate past position: President of Lawrence College, Appleton, Wis.

25. Derek Curtis Bok (b. March 22, 1930) Term of office: 1971-1991.

Education: Stanford University (A.B. 1951), Harvard Law School (J.D. 1954), George Washington University (A.M. 1958).

Professional background: Lawyer, Harvard law professor.

Immediate past position: Dean of Harvard Law School.

26. Neil L. Rudenstine (b. Jan. 21, 1935) Term of office: 1991-

2001.

Education: Princeton University (B.A. 1956), Oxford University (B.A. 1959; M.A. 1963), Harvard University (Ph.D. 1964).

Professional background: English and American literary scholar.

Immediate past position: Executive Vice President, Andrew W. Mellon Foundation, New York.

27. Lawrence H. Summers (b. Nov. 30, 1954) Term of office: 2001-2006

Education: Massachusetts Institute of Technology (B.S. 1975), Harvard University (Ph.D. 1982).

Professional background: Economics professor, served in a series of public-policy positions. Immediate past position: Secretary of the Treasury of the United States.

28. Drew Gilpin Faust(2006-present)

〈부록 12〉 정년 6년 보고서

- 주삼환, 충남명예교수회소식, 40, 2013. 4.

우리 명예교수회장으로부터 '정년생활 보고서'를 제출하라는 명령을 받았다. 딱딱한 이론이나 연구보고서가 아니라 '생활보고서'를 쓰라는 조건까지 달아 주었다.

나는 가르칠 敎자와 붙어산 지 45년, 교육행정의 敎行과 35년, 초등교사의 師자와 15년, 충남대의 忠자와 26년 붙어살다가, 2007년 8월말 42,195km를 완주하고 공직 정년을 맞았다. 특별한 정년계획 없이 정년에 부닥쳤다. 그 당시는 다만 지금까지 앞만 보고 달려왔으니 좀 쉬면서 건강이나 돌보며 자유의 몸으로 여유 있게 살아 보자는 생각뿐이었다.

퇴임식도 갖지 않고 참석하지 않았었는데 어떻게 알았는지 여기저기서 시간 강의를 해 달라는 주문이 들어오기 시작했다. 그리고 나도 생각해 보니 산이나 운동장이 내가 지금 이 시간에 있어야 할 자리인가 하는 질문을 던지면서 불러 주는 사람들이 고맙기도 하여 시간강의에 응하게 되어 지난 6년간 전임 때보다 더 많은 강의를 맡게 되었다. 어떤 학기는 월~금 일주일이 꽉 차고도 늦게 요청한 곳은 소화하지도 못하게 되어 미안한 때도 있었다. 2013년 1학기도 화, 수, 목 3일에 11학점을 담당했고, 2학기엔 현재까지 3일 7학점을 약속했다. 학부 강의가 준비와 평가에 어려움이 있지만 젊음이 귀엽고 예쁨을 느낀다. 저녁 8시, 또는 9시 반 강의를 끝내고 캠퍼스를 걸어 나올 때 상쾌함이 정년 전에 느끼지 못했던 어떤 다른 감정이다. 정년 전이나 후인 지금이나 강의는 내 체질에 맞는 것 같다.

역시 생산성은 줄었다. 정년 전에는 1년에 평균 2권의 저서 또는 역서를 출판했는데, 정년 후 2008년 1권, 2009년 2권, 2010년 3권, 2011년 1권, 2012년 0권, 2013년 1권으로, 정년 6년에 8권으로 정년 전보다 줄었다. 그리고 2권만 저서고 나머지가 역서니 역서가 많은 것은 머리 쓰기가 싫은 탓인가 보다. 시간이 많아지니 생산이 늘어야 하는데 오히려 줄어든 것은 역시 내 마음의 나태와 에너지 감소의 탓이 아닌가 생각된다.

강의가 없으면 가능한 한 금요일은 50년 지기 친구들과 서울 근교 낮은 산을 걸은 후, 1만원씩 내고 점심을 먹으며 옛이야기를 나누거나 잡담으로 오전을 보내게 된다. 매주 만나는 이 친구들은 자식보다도 더 자주 만나는 사이가 되었다. 그리고 주말은 대개 가족과 보내거나 밀린 일을 처리한다. 매일 2시간 정도(가고 오고, 씻고)는 근력운동(헬스)을 하는 셈이고, 그사이 1일 정도는 2시간 정도 자전거를 타고 서울 대치동 집에서 한강변으로 하여 암사동까지 가거나, 탄천을 따라 분당 차병원까지 달리거나, 양재천을 따라 과천까지 간다. 기분 좋은 시간이다.

정년 덕에 신문은 다 펼쳐 보는 셈이다. 아침 식전에 한 신문을 보고 저녁에 잠이 안 오면 아이패드로 가끔 다른 신문들의 오피니언을 클릭하여 사설과 칼럼을 본다. 매일 아침 인터넷으로 세계 교육소식을 접하고 검색해서 본다. 정년 후에는 비교적 눈을 아끼고 귀를 많이 쓰는 편이다. 라디오를 주로 듣고, 잠이 잘 안 올 때는 아이패드를 통하여 BBC나 미국 라디오를 켜 놓고 들리는 대로 듣는다. 지하철 안에서도 라디오나 음악, 녹음 강의를 듣는다. 강의가 있는 날은 오전에는 주로 강의 준비하고 오후에 강의를 한다. 새로운 내용보다 주로 그동안 해 놓은 것을 이용해 먹는 셈이다.

정년하면 정치문제나, 교육문제, 교육행정이나 정책 문제에는 일체 생각도 안 하리라 결심했었다. 그동안 비판한 것도 많고 또 내가 걱정해 봐도 아무 소용이 없을 것이기 때문이다. 그런데 평생을 교육과 함께 살아오다 보니 제 버릇을 버릴 수가 없나 보다. 입만 열면 '창조경제' '창조과학' 그러는데 어떻게 '창조교육'을 하지 않고 경제와 과학의 꽃과 열매만 따 먹겠다는 것인지 알 수 없는 노릇이다. 아무리 바빠도 뿌리인 창조적인 인간교육부터 하거나 급하면 최소한 병행이라도 해야 할 것 아닌가? 교육부는 굳어진 관료들을 채워 놓고, 굳어진 획일교육에다 교과서만 외우고 교과서만 시험문제 내라고 하면서 창조경제, 창조과학의 열매를 따 먹을 수 있겠는가? 근본적인 문제는 우리나라 교육에 있다.

우리나라 지도자들은 마치 5년만 살고 말 것처럼 말하고 행동하고 있다. 5년 안에 모든 것을 다 해 버리고 말 것처럼 하고 있다. 대한민국은 5년 후에도 여전히 돌아가고 있을 것을 생각하여 기초를 먼저 다지는 일을 해야 할 것이다. 지도자들은 자기 임기만 넘길 생각을 버려야 한다. 내가 정년을 했어도 충남대는 여전히 굴러가고 있으며, 내가 이 세상을 떠나도 충남대는 여전히 살아서 발전하고 있을 것을 생각해야 한다.

나에게 남아 있을 시간을 어떻게 '의미 있게' 보내느냐가 나에게 주어진 과제다. 건강만 챙긴다고 그게 의미 있는 일은 아닐 것이다. 건강을 지켜서 그 건강을 의미 있게 써야 할 것인데 말이다. 교육을 통해서 남에게 영향을 주는 삶을 살아왔으니 앞으로 남은 동안도 가족이든, 제자든, 친구나 주변 사람이든 다른 사람에게 의미 있는 영향, 인간적인 향기를 풍길 수 있었으면 좋겠다.

자꾸 정년하고도 계속 책을 놓지 못하고 있어 가족에게 미안한 감이 있다. 계속 나 중심으로 인생을 살고 있으니 말이다. 제일 두려운 것은 앞으로 있을지 모르는 치매다. 몸이 불편하더라도 내 정신으로 인생을 마감하고 싶다. 그리고 빨리 모든 것을 정리해야 할 터인데 그게 안 되어 문제다. '내 이름 부르면' 빨리 뛰어나가야 할 텐데 말이다. 아직도 욕심을 버리지 못하고 있으니 그게 문제다. 엊그제 의사는 나보고 "하고 싶은 운동 반만 하고, 먹고 싶은 것도 반만 먹고, 모든 것을 반씩만 하라."고 한다. 빨리 모든 걸 아름답게 정리하고 버선발로 뛰어나갈 수 있어야 그것이 바로 행복일 텐데……

저자 소개

주삼환

〈약력〉

충남 당진 신촌초등학교, 합덕중학교, 합덕농업고등학교(현 합덕제철고등학교) 졸

서울교육대학교 졸, (구)국제대학교 영문과 학사, 서울대학교 교육대학원 교육행정전공
  석사, 미국 미네소타 대학교 대학원 교육행정전공 박사

서울 시내 초등교사 약 18년, 충남대학교 교수 약 26년

한국교육행정학회장, 인문사회연구회 이사 역임

미국 오하이오주립대학 객원교수, 한국대학교육협의회 파견교수

현 충남대학교 명예교수

〈저 · 역서〉

21세기의 한국교육: 진단과 처방(학지사, 2016)

교육행정 및 교육경영(공저, 학지사, 2015)

불가능의 성취(학지사, 2009)

미국의 최우수 학교 블루리본 스쿨(공저, 학지사, 2009)

교육행정 사례연구(공저, 학지사, 2007)

교육행정철학(공저, 학지사, 2007)

한국대학행정(시그마프레스, 2007, 문화체육관광부 우수도서)

장학의 이론과 기법(학지사, 2006)

한국 교원행정(태영출판사, 2006, 문화체육관광부 우수도서)

학교경영의 이론과 실제(공저, 학지사, 2006)

미국의 교장(학지사, 2005)

수업장학: 수업예술과 수업과학 지원(공역, 학지사, 2015)

교육리더십: 연구와 실제(역, 학지사, 2013)

교육윤리리더십: 선택의 딜레마(공역, 학지사, 2011)교원의 전문적 능력개발(공역, 시그마
  프레스, 2011)

교육행정윤리(공역, 시그마프레스, 2010)

학업성취 향상 수업전략(공역, 시그마프레스, 2010)

리더십 패러독스(공역, 시그마프레스, 2009)

도덕적 리더십(역, 시그마프레스, 2008)

대한민국 한 교사의 삶과 생각:
주삼환 교육 75

2016년 9월 10일 1판 1쇄 인쇄
2016년 9월 20일 1판 1쇄 발행

지은이 • 주삼환
펴낸이 • 김진환
펴낸곳 • (주) **학지사**

　　　04031 서울특별시 마포구 양화로 15길 20 마인드월드빌딩
대표전화 • 02-330-5114　　팩스 • 02-324-2345
등록번호 • 제313-2006-000265호

홈페이지 • http://www.hakjisa.co.kr
페이스북 • https://www.facebook.com/hakjisa

ISBN 978-89-997-1045-2　03370
정가 13,000원

이 도서의 국립중앙도서관 출판시도서목록(CIP)은 서지정보유통지원
시스템 홈페이지(http://seoji.nl.go.kr)와 국가자료공동목록시스템
(http://www.nl.go.kr/kolisnet)에서 이용하실 수 있습니다.
(CIP 제어번호: CIP2016018154)

●·············· **교육문화출판미디어그룹 학지사** ··············●
심리검사연구소 **인싸이트** www.inpsyt.co.kr
원격교육연수원 **카운피아** www.counpia.com
학술논문서비스 **뉴논문** www.newnonmun.com